현대 고려인 인물 연구 1

러시아의 중심 : 모스크바와 유럽 러시아

지은이 **송 잔나**

러시아 모스크바고등경제대학 한국학과 교수
러시아 과학아카데미 산하 러시아역사연구소 역사학 박사
러시아 고려인의 역사를 연구 중이다.

옮긴이 **김종헌**

고려대학교 역사학연구소 연구교수
러시아 모스크바국립대학교 역사학 박사
러시아 극동정책사, 근대 한러관계사, 고려인 역사 등을 연구 중이다.

현대 고려인 인물 연구 1
러시아의 중심 : 모스크바와 유럽 러시아

초판 1쇄 인쇄 2022년 2월 18일
초판 1쇄 발행 2022년 2월 25일

지은이	송 잔나
옮긴이	김종헌
펴낸이	윤관백
펴낸곳	도서출판 **선인**
등 록	제5-77호(1998.11.4)
주 소	서울시 양천구 남부순환로48길 1(신월동163-1) 1층
전 화	02)718-6252/6257
팩 스	02)718-6253
E-mail	sunin72@chol.com

정가 34,000원
ISBN 979-11-6068-677-7 94900
ISBN 979-11-6068-676-0 (세트)

이 저서는 2016년도 대한민국 교육부와 한국학중앙연구원(한국학진흥사업단)의
해외한인연구사업의 지원을 받아 수행된 연구임(AKS-2016-SRK-1230003)

동국대학교 대외교류연구원 연구총서 8
동국대학교 인간과미래연구소 연구총서 6

현대 고려인 인물 연구 1

러시아의 중심 : 모스크바와 유럽 러시아

송 잔나 지음 | 김종헌 옮김

간행사

'현대 고려인 인물 연구'는 2016년 한국학중앙연구원의 '한국학 특정 분야 기획연구 해외한인연구' 과제로 선정되어 3년 동안 러시아와 중앙 아시아 각국의 한인들이 "현재 어디에서 어떻게 살고 있는가"를 종합적으로 살펴본 결과물이다.

160여 년 전 궁핍과 지방 관료의 탐학을 피해 두만강 너머 러시아 연해주로 이주한 한인들의 후손인 고려인들은 지금 4, 5세대를 넘어 6, 7세대까지 이어지고 있다. 첫 이주 당시 13가구 40여 명으로 출발했던 고려인 디아스포라는 현재 50만여 명을 헤아리고 있다.

구소련 시기 소비에트 공민으로 독자적 정체성을 형성해 왔던 고려인 사회는 1991년 소련의 해체로 인해 대격변을 맞이했다. 소련은 해체되어 15개의 공화국으로 분리되었고 예전의 소련 공민들은 러시아 국민으로, 카자흐스탄 국민으로, 우즈베키스탄 국민 등으로 나뉘어졌다. 사회주의 사회에서 자본주의 사회로 변화하는 과정에서 이전의 생활환경이 송두리째 변화했다. 고려인들은 독립된 국가와 새로운 사회에 적응해야만 했다. 급격한 이주가 뒤따라왔다. 이전까지 자신들의 터전이라고 생각해왔던 집단농장과 도시의 직장을 뒤로 한 채 새로운 삶의 터전을 찾아 떠나기 시작했다.

모두가 고통스러운 시기였다. 구소련의 맏형이었던 러시아는 곧 모라토리움을 선언하고 기나긴 경제 침체로 접어들었고, 독립한 중앙아시아 국가들에서는 민족주의가 기승을 부리기 시작했다. 원래 그 땅의 주인이 아니었던 고려인들에게는 더욱더 고통스러운 시기였다. 냉전은 끝났지만 냉전의 그늘이 아직 드리워져 있어 역사적 고국으로부터의 충분한 도움도 기대하기 힘들었다.

하지만 변화와 고통은 누군가에게는 기회이기도 했다. 더구나 고려인들은 강제이주라는 극한의 고통을 슬기롭게 극복해낸 경험이 있었다. 시간이 흐르면서 러시아와 중앙아시아 각국의 고려인들은 서서히 자리를 잡아가며 그 국가와 사회의 각 분야에서 두각을 나타내기 시작했다. 정계에 입문하거나 관계에 자리를 잡기도 하고, 자본주의 사회에 적응하며 뛰어난 수완으로 괄목할 만한 경제적 성과를 이룩하기도 했다. 문화, 예술 분야에서 두드러진 성과를 내기도 하고, 올림픽과 세계선수권대회에서 메달을 획득하기도 했다. 구소련 시기에 이어 학계에서도 존경받는 학자들이 배출되었다. 이들은 각지에서 고려인협회 또는 고려인민족문화자치회 등을 조직하여 러시아와 중앙아시아 각국의 소수민족으로서 정체성을 확립해가고 있다.

이 학술총서는 오늘날 러시아와 중앙아시아 각국에서 두각을 나타내고 있고, 소수민족으로서 고려인 사회를 이끌어가고 있는 이들이 누구이며, 어디에서 어떻게 활동하고 있고, 그들의 미래는 어떠할 지를 연구한 결과물이다.

고려인들의 현재 모습을 종합적으로 연구하기 위해 지역적 특성과 세대적 특성으로 구분하는 연구방법을 동원했다.

지역은 다음과 같이 크게 8개로 나누었다.

① 러시아의 중심 – 모스크바와 유럽 러시아, ② 고려인의 고향 – 러시아 극동 연해주, ③ 중앙아시아로부터의 탈출구 – 시베리아 일대, ④ 새로운 삶을 찾아서 – 남부 러시아, ⑤ 강제동원의 땅 – 사할린, ⑥ 강제이주 된 터전에서 1 – 카자흐스탄, ⑦ 강제이주 된 터전에서 2 – 우즈베키스탄, ⑧ 재이산 – 대한민국과 유럽, 미주의 고려인.

세대는 다음과 같이 3세대로 나누었다.
① 은퇴한 원로들 – 선배세대, ② 왕성한 활동 – 기성세대, ③ 고려인의 미래 – 신진세대.

위와 같은 연구방법을 통해 3년 동안 연구한 결과물을 지역별로 1권씩 총 8권의 학술총서를 저술했다. 러시아로 작성된 총 7권의 학술총서는 고려인 디아스포라에 관심이 있는 연구자, 일반대중, 관련 기관들이 그 내용을 쉽게 이해할 수 있도록 한글로 번역했다.

총 8권의 학술총서는 동일한 연구방법과 서술체계를 갖추고자 했지만 지역적 특성의 차이, 고려인들의 지역별 분포의 차이, 공동연구원들의 서술 경향 등에 따라 각각 공통된 형식과 내용을 가지면서도 차별성도 가지고 있다.

본 사업단은 학술총서를 통해 고려인들의 정체성에 대한 이해를 높이고, 한국인과 고려인들의 상호관계를 정립하는데 기여하고, 더 나아가 한국과 러시아 및 중앙아시아 각국 관계의 미래에 기여하고자 했다. 그래서 본 사업단은 고려인과 관련하여 보다 많은 내용들을 조사하고 정리하여 서술하고자 했다.

그러나 러시아와 중앙아시아에 널리 분포되어 있으며, 끊임없이 유동하는 고려인 인물들을 객관적이면서 종합적으로 조사하고, 이를 총서로 작성하기에는 많은 한계가 있었다.

　나름의 성과와 기여에도 불구하고 내용의 부족, 자료의 부정확, 번역의 오류 등 학술총서의 문제점은 본 사업단, 특히 연구책임자의 책임이다. 이에 대한 질정은 앞으로 고려인 연구에 더 매진하라는 애정 어린 채찍질로 여기고 겸허히 받아들이고 한다.

2022년 2월
연구책임자

목차

1부

제2세대 러시아 고려인

서론

　최근 25년 동안 러시아의 경제와 사회정치적 활동은 일련의 심각한 충격을 겪었으며, 그 결과 전 국민의 다양한 사회 집단이 다양한 근본적 변화의 효과를 느낄 수 있었다. 소비에트 체제의 경제적, 정치적 위기 그리고 그것과 연관되어 침체의 마지막 시기에 인간의 의식 속에서 나타난 정신적, 도덕적 위기는 한 때의 위대한 제국 소연방의 해체로 나라를 이끌었다.

　러시아연방의 시민으로서 고려인은 20세기 말에 발생한 이 지구적 사건의 참가자였다. 자신의 '고려사람' 또는 '고려인'이라고 부르면서 포스트 소비에트 시기에 러시아연방 유럽 지역에 거주하고 있는 민족 공동체 연구가 본 연구의 주된 과제이다. 이 문제의 연구를 통해 "현대의 고려인들이 러시아 땅 어디에서 어떻게 살고 있는가?"라는 질문에 대한 답을 구할 수 있을 것이다.

　이 연구에서 다루는 문제는 사회사, 기록사, 러시아 고려인의 역사 등 여러 분야의 교차점에 있다.

　설정된 과제를 해결하기 위해 여타 연구 방법과 함께 역사적 과정을 연구함에 있어 인적 배경을 연구하는 프로소포그래피적 방법은 그 시대의 정치 및 사회지도자들의 경력에 대한 포괄적인 설명을 통해 그들의 경력, 즉 역사에서 사람들의 자기실현 방법을 분석함으로써 널리 사용되었다. 프로소포그래피는 역사에서 작동하는 집단들의 일반적인 특성에 대한 연구이며, 두 가지 주요한 문제를 다룬다. 첫째, 그들이 정치적 행동을 수행하는 방식, 둘째, 다른 사회 구조와 관련하여 사회 이동성의 방법 및 조건들. 이 책은 사회적 이동성의 특징을 구별하는데 특별한 관심을 기울이고자 한다. 이 연구 방법은 한계가 존재하기는 한다. 즉 인간의 삶은 다양한 요인에 영향을 받는다. 연구를 위해 선별된 개인은 서로 차이를 보이며, 또한 전체를 대표하는가 하는 문제도 있다. 고려인들의 삶의 기록을 예로 들어 보면, 소련 해체 이후 여러 세대의 고려인 사회의 역동적인 단면들을 제시하는 것이 중요했다. 자료를 제시하는 접근 방식은 전기 데이터를 사용하여 서로 다른 역사가들이 서로 다른 목적으로 사용할 수 있는 정보를 제공할 수 있도록 했다. 원자료 제공을 지향하는 방법으로 빅 데이터 개념을 토대로 발전시켰다. 이러한 방법의 도움으로 소련 붕괴에서 민주적인 러시아로의 역사적 발전을 보여줄 수 있었다.

러시아의 유럽 지역에 거주하는 고려인들의 전기를 작성함에 있어, 이 집단을 제도적 측면에서 특정 지역으로만 한정하지 않고 여러 거주지역을 상정했다. 때로는 연구 대상 지역에 명시된 범위를 넘어서는 고려인도 포함했음을 밝혀둔다. 이것은 소련 해체 이후 공간에서 모든 시민들에게 정치, 사회 경제적 조건은 동일하지만 영토나 지리적 위치에서는 차이를 보이고 있기 때문이다.

제시된 과제의 해결을 위해 러시아에서 150년 넘게 살고 있는 '고려사람'이라는 민족 공동체로서 고려인 형성의 역사를 살펴보고, 반세기의 단절 시기에 발생했던 이주의 과정을 추적해 보아야만 한다. 이주

원인을 파악하면 역사적 단절 속에서 한인의 민족의식과 정체성의 변환을 설명할 수 있다.

1990년대 러시아에서 발생한 사회체제의 붕괴 및 소연방의 해체와 연관된 사건은 세계사에서 특별한 지위를 차지할 것이다. 러시아는 자주적 발전의 길을 택했으며, 국가조직은 민주주의의 새롭고 견고한 기초로 전화했다. 인류의 섬세하고도 민감한 영역 중 하나인 민족 간 관계 체제를 포함하는, 러시아 사회의 다양한 측면들에서 근본적 변형이 나타났다.

1920년대에 그랬던 것처럼 러시아 다민족 공동체는 다시 한 번 더 극히 중요한 문제들, 각 민족의 자결권과 국가조직과 영토에 관한 민족 문제를 해결해야 했다. 과거의 역사로 돌아가면서 반드시 기억해야 하는 것은 소연방 형성의 원인 중에서 볼셰비키들의 정치적 중앙집권화의 노력과 경제적 합목적성이 주된 것으로 분리된다.[1] 국가 변방에서의 소비에트 권력 강화와 전쟁으로 파괴된 국가 경제의 재건이 볼셰비키의 과제에 속했다.

혁명 이후 경제와 산업 잠재력의 설립을 목적으로 국가의 지도부는 산업 및 농업 시설의 전 소연방적 건설을 공표하고는 인구가 많은 지역으로부터 인구가 적은 지역으로의 주민 이주 정책을 실행했으며, 그와 동시에 그런 시설의 건설을 위해 노동 자원의 모집이 진행되었다.[2] 고려인들은 그 모든 과정에 능동적으로 참가했다.

---

1) Красовицкая Т.Ю. Конфликт идеалов и практик ранней советской государственности, механизмы и практики этнополитических процессов (1917–1929 гг.) // Этнический и религиозный факторы в формировании и эволюции российского государства / Отв. ред. Т.Ю. Красовицкая, В.А. Тишков. М., 2012. С.179.

2) Сон Ж.Г. Российские корейцы: всесилие власти и бесправие этнической общности. 1920 – 1930. М., 2013. С.404 – 418.

소연방의 지구적 이주 정책의 조건 속에서 지리적 요소는 어떤 역할도 수행하지 못했다. 1920년대까지 최초의 고려인 이주민들에 의하여 지켜졌던 영토와 문화적 소속에 대한 전통적인 연결은 소비에트 정권이 들어서면서 약화되었다. 산업화 시대의 대량 생산 양식은 영토적 의존에서 인간의 소외로 이어졌다. 소비에트 대중문화의 형성과 확산은 '고유한 정치 문화적 공동체가 의식적으로 받아들인 전통을 지닌 동일 시에서' 발생하는, 모종의 총체적 의식의 형성이라는 이념으로 귀결되었다.[3]

그에 더하여 소비에트 정권은 민족 간 관계에 우선순위를 두었다. 볼셰비키 이념이 민족 문화에 앞서 국제적 문화의 계급적 본질에서 구축되었다. 1920-1930년대 국가에 의해 가장 중요한 것으로서 선언된 나라의 사회경제적 발전의 주된 방향(산업화, 집단화, 문화적 혁명 및 기타)이 자신의 민족적 가치에서 '소비에트 인민'이라는 단일한 범주의 가치권역으로 주민들을 이동시켰다.

1920-1930년대 주민들의 모든 사회, 정지 그리고 문화적 활동은 당과 국가 기관의 통제 하에 있었다. 민족의 자기표현 범주 내에서 전개되었던, 그러나 '위에서' 발기되었던 것이 아닌 사회 활동 형태는 받아들일 수 없는 것으로 간주되었으며, '부르주아 민족주의적'인 것으로 낙인 찍혔다. 민족 집단의 통제되지 않은 규합, 그 집단이 지닌, 공식적인 이념과 다른 이념의 국내 유포는 국가 권력을 위해 심각한 흥분제였다.

이미 러시아 제국 내에서 조직되었다는 점에서 차이를 지니고 있었던 소비에트 고려인들은 이런 조치들을 고통스럽게 체험했다. 20세기 초 극

---

3) Хабермас Ю. Гражданство и национальная идентичность // Хабермас Ю. Демократия. Разум. Нравственность. Московские лекции и интервью, М. Академия. 1995. С. 222.

동의 집거하던 장소에서 고려인들은 사회 조직을 설립했다. '청년회(Общество молодых), "고려민족회(Корейское национальное общество)', '고려인 노동진흥회(Корейское общество развития труда)'[4] 등의 단체는 자신의 활동을 적극적으로 수행했다. 이 조직의 정관에는 한국어 신문의 발행이 규정되어 있었던 바, 이것 또한 고려인 자체 조직의 높은 수준을 증명해주고 있다. 1930년대 고려인 사회조직과 대중매체들이 해산되었다.

1930년대 논농사를 짓는 고려인 농부들[5]은 농업 전문가들을 필요로 했던 지역인 북캅카스와 중앙아시아로 이송되었으며, 광부들은 무르만스크(Мурманская)주, 툴라(Тульская)주,[6] 우크라이나(Украина), 쿠즈바스(Кузбасс) 등에 위치한 탄광에서 일했다.

각각의 고려인들은 내일은 자부할 수 있는 사람이 되기 위해 노동을 하면서 러시아 사회 내에서 자신의 위치를 찾으려했다. 혁명 이후 많은 고려인들이 볼셰비키가 진행하던 슬로건을 의심했으며, 앞에서 무엇이 그들을 기다리고 있는지 누구도 알지 못했다. 그러나 한국으로 돌아간 이들은 그리 많지 않았는데, 경제적인 면에서 한국이 러시아에 있는 것보다 훨씬 더 복잡하고 힘들었기 때문이었다.

소비에트 극동 지역에서 중앙아시아로 고려인을 강제 이주시킨 것과 관련된 역사의 비극적인 한 페이지에도 불구하고 소비에트의 고려인들

---

4) 다음을 보시오. Корейцы на российском Дальнем Востоке (вт.пол. XIX – нач. XX вв) : Документы и материалы в 2-х кН. Книга 1. Владивосток: РГИА ДВ, Информационно-рекламное агентство «Комсомолка ДВ», 2004. С. 337 – 353, 360 – 375.

5) Сон Ж.Г. Указ. соч. С. 173.

6) 다음을 보시오. Бугай Н.Ф., Сим Хон Ёнг. Общественные объединения корейцев России: конститутивность, эволюция, признание. М.: Новый хронограф, 2004. – 370 с.

은 러시아(소연방)를 자신의 두 번째 모국으로 생각했다. 1930년대 말까지 소비에트 인간의 일반적인 사고방식을 지닌 고려인들이 이미 존재했으며, 그들은 자신의 조국(소연방)을 수호할 준비가 되어 있음을 보여주었고, 국가의 사회, 경제 발전에 적극적으로 참가했다. 고려인들은 '소비에트 인민'이라는 명칭 하에 단일한 공동체의 일부가 되었으며, 소연방이 돌연 붕괴되었을 당시 나라 전체가 오랜 시간 동안 한 때 '단일한 소비에트 인민'에게 무엇이 일어났는가를 파악할 수 없었다.

1990년대 민족 문제에 있어서 국가 정책은 특별한 현실성을 지니게 되었다. 러시아의 보존과 통일성은 과거 박해를 받았던 러시아 고려인들을 비롯한 인민들의 복권을 포함하여 다민족 관계의 수많은 문제를 올바르게 해결하는 것에 직접적으로 의존적이었다. 민족 과정의 계속된 발전, 국내에서의 평화와 시민 합의의 수립에 부응할 수 있을 균형잡힌 해결을 내리는 것도 극히 중요하다. 과거 소연방의 수백만 시민들의 노력의 결과 상응하는 법률이 채택되었다.

1991년 4월 26일 '박해 받은 인민들의 복권에 관한' 러시아연방 법률이 채택되었다.

1993년 4월 1일 러시아연방 상원에서 '러시아 고려인의 복권에 관한' 결의(№ 4721-1)가 채택되었다.

정의가 승리한다고 말하는 것처럼 고려인들은 고려인 인민이 '일본의 밀정'이 아니었고 아니라는 증거로서 오랫동안 기다렸던 복권을 받아냈다. 마침내 '고려사람' 전체 세대에서 낙인이 사라졌다. 그러나 그날을 기다리지 못하고 수천 명의 고려인들이 세상을 떠났다. 고려인 노인 세대의 가슴 속에 평화와 안정이 찾아왔다.

페레스트로이카는 러시아 사회의 모든 삶의 영역에 투명성을 제공해 주었고, 러시아문서보관소의 자료를 사용할 수 있게 해 주었다. 처음으로 제정러시아 정부가 특별 공로로 인정한 고려인으로 이름이 알려지게 되었으며, 고려인 출신으로 최초로 러시아 장군이 된 김인수 (Ким Ин С, 졸로타레프 빅토르 니콜라예비치 / Золотарев Виктор Николаевич))가 있다.

특별 공로로 다양한 상을 수항한 러시아 고려인 명부[7]

이름	수상년도	직책	정부 포상
최 표트르 (Цой Пётр)	1902	얀치헤 도헌	스타니슬라프 리본에 "부지런함에 대하여"라고 쓴 금급 훈장 (정부 포상, 1902)
김 표트르 (Ким Пётр)	1902	아디미 도헌	스타니슬라프 리본에 "부지런함에 대하여"라고 쓴 금급 훈장 (정부 포상, 1902)
최 니콜라이 (Цой Николай)	1904	크라베 마을 농민, 영적 부서에서	스타니슬라프 리본으로 가슴에 착용한 은급 훈장 (1904. 12. 6.)
니가이 이반 (Нигай Иван)	1904	크라베 마을 농민, 영적 부서에서	스타니슬라프 리본으로 가슴에 착용한 은급 훈장 (1904. 12. 6.)
오가이 바실리 (Огай Василий)	1911	포크로프 정교회 교리 교사	스타니슬라프 리본으로 가슴에 착용한 은급 훈장 (정부포상, 1911)
안 И.И. (Ан И.И.)	1913	시넬니코보 주민	로마노프 왕조 300주년 기념 전시회에서 양잠 전시로 러시아 동식물협회로부터 은급 훈장 (1913)
강 메포디 파블로비치 (Кан Мефодий Павлович)	1913	브루시예프 교구 학교 교사	알렉산드로프 리본으로 가슴에 착용한 은급 훈장 (정부포상, 1913. 5. 6.)
김 프로코피 (Ким Прокопий)	1913	수하노프 교구 학교 교사	알렉산드로프 리본으로 가슴에 착용한 은급 훈장 (정부포상, 1913. 5. 6.)
최 레프 (Цой Лев)	1913	블라디보스토크 포크로프 교구 학교 이사	블라디미르 리본으로 목에 거는 은급 훈장 (정부포상, 1913. 5. 6.)
조 니칸드르 (Тио[Тё] Никандр)	1916	카자크 2등 대위, 1차 세계 대전 참전 용사	А.А. 브루실로프(А.А. Брусилов) 장군 휘하에 남서부 전선 공세에서 보여준 특별한 용기를 위한 황금 무기상을 러시아 군대의 지휘에 의해 수여 (브로실로프 돌파) (1916)

---

7) Петров А.И. Корейская диаспора на Дальнем Востоке России 1897-1917 гг. Владивосток: ДВО РАН, 2001. С. 341.

◎ 김인수 (Ким Ин Су, 졸로타례프 빅토르 니콜라예비치/
Золотарёв Виктор Николаевич,? - 1925)[8]

　　김인수의 생애사는 뛰어난 군사적 공로로
제정러시아의 최고상을 수상한 모범적인 군
인의 생생한 사례이다. 러시아에서 민주화가
시작되지 않았다면 고려인 출신의 유명한 장
군의 이름을 우리는 결코 알지 못했을 것이
다. 소련 시대에 적군에 맞서 싸웠던 백군은
공산주의자들의 명백한 적이었기 때문이다.
1990년대까지 제1차 세계대전과 내전기
(1918-1923)에 관한 문서들은 비공개였다.

러시아 신민, 위대한 돈스코이 부대 소속 육대소장, 통역장교, 러일전쟁(1904-
1905) 참전자, 항일투쟁 참전자.
제1차 세계대전 초 크라스노프(П.Н. Краснов) 장군 지휘 하의 혼성카자크
부대 소속 대령으로 남서전선의 전투에 참전.

전적을 기려 다음과 같은 훈장을 수여받음 :

1904-1905	검이 수여되는 성안나 2등 훈장
1908.03.17	"1904-1905년 한국으로의 진군" 공적을 기리는 흉장
1916.06.27	리본이 달린 검이 수여되는 성안나 3등 훈장
1916.06.27	리본이 달린 검이 수여되는 성스타니슬라프 3등 훈장
1917.05.17	검이 수여되는 스타니슬라브 2등 훈장
1917.01.03	뛰어난 군사적 공적을 기리는 게오르기 병기

---

8) Хан В.В. Ким Ин Су (Золотарёв Виктор Николаевич) (? – 1925) // URL:
https://koryo-saram.ru/kim-in-su-zolotarev-viktor-nikolaevich-1925-
sudba-geroya/

1917년	김인수는 군복무 경험이 있는 고려인으로 구성된 고려인 특수부대를 러시아 육군 내에 주도적으로 창설했으나, 이후 더 진전되지 않았다.
1917년 12월	돈스코이 부대에 배속되었다.
1918년 10월 6일	육군소장으로 진급하면서 졸로타례프 빅토르 니콜라예비치로 개명했다.

군복무 경력

1918년 10월 29일 - 12월까지	남동부전선 살스키(Сальский) 분건대장
1918년 12월 - 1919년 2월까지	남동부전선군 소속 마닉츠스카야(Манычская группа) 부대 지휘관
1919년 11월 1일까지	체르카스스키 군관구 알렉산드롭스크 그루셉스키시(현재 로스토프주 샤흐틔시) 수비대장
1920년 1월	전함 '하노버(Ганновер)'호 편으로 국경을 넘어 터키 - 발칸 - 러시아 극동 - 만주 - 중국으로 탈출.
1920년 6월 28일	김인수는 돈스코이 부대에서 러시아 동부변경(Российская Восточная Окраина) 전(全)무장군 수석위원회 참모부로 파견되었다.
1922년	백군의 일부와 함께 러시아를 탈출하여 만주로 향했다.
1924년	중국에서 군복무를 시작했다. 중국 내전의 참전자이다. 장쭤린(張作霖) 원수 산하 육군의 제1러시아혼성여단(후일 제2군 소속 제14연대)의 참모부 산하에서 위탁 영관 장교로 근무했다.
1925년	중국의 키아닝(Кианинг)에서 돌격전 중에 전사했다. 중국의 상하이에 매장되었다.

1980년대 말과 1990년대 초반 중앙아시아, 그중에서도 우즈베키스탄, 북캅카스에서 의미가 있었던 사회적 과정들이 다른 소수민족과 같이 포스트 소비에트 공간의 고려인들을 그대로 내버려 두지 않을 수 없었다. 민족 간 갈등으로 인해 구 소련 지역으로부터 한인 주민의 이주 증가가 확연하게 늘어났다. 포스트 소비에트국가의 영토에서 고려인의 정착 지역이 확연하게 확장되었다. 벨로루시, 우크라이나, 부분적으로 발트 3국, 크림 공화국 등에서 고려인 거주 지역이 형성되었다. 그러나 대부분의 고려인은 러시아 영토에 남아 있다.

고려인들 앞에 새로운 지평선이 열렸다. 경제적 그리고 정치적 성격의 우선적 과제들이 고려인들 내에서 논의되었다(고려인 자치주 형성, 민족 지역의 복구, 권력기관과 국가 기관 업무에서의 대표기능 강화와 기타).

현재 고려인 공동체는 러시아연방의 거의 모든 연방주체 내에 분산되어 살고 있으나, 그들의 취업 분야는 다르다. 한 연방주체에서 고려인의 대부분은 농업 분야에 종사하고 있으며, 다른 곳에서는 산업생산에 종사하고 있다. 유럽 지역 러시아의 기후 조건에 따라 북쪽 지역에 위치한 지역에서는 고려인들이 대부분 공업 생산에, 그리고 남쪽 지역에서는 농업 분야에 종사하고 있다.

제1장
유럽 러시아 지역 지리, 연방 구성 주체, 인구, 경제

러시아연방 헌법에서 러시아는 다민족 국가임을 강조하고 있다. 그 영토에는 190개가 넘는 민족이 생활하고 있으며, 그 속에 지역 원주민 소수민족과 토착민족이 포함되어 있다. 2010년 러시아인은 1억 3,720만 명의 러시아 인구 중에서 80.9% 또는 1억 1,100만 명을 차지했다.

러시아 대통령 푸틴의 2000년 5월 13일자 "연방관구 내 러시아연방 대통령 전권대표에 관한" 대통령령 №849에 부응하여 7개의 연방관구가 설립되었으며, 이는 그 이후 8개로 증설되었다. 러시아연방 유럽 지역에 5개의 연방관구가 포함된다. 즉 중앙(Центральный), 북서 (Северо-Западный), 남부(Южный), 북캅카스(Северо-Кавказский), 프리볼시스키(Приволжский) 등으로 이 지역에 러시아연방 55개 연방주체가 포함된다(표 1을 보시오).

〈표 1〉 러시아연방 유럽지역 내의 연방주체[1]   단위: 천 명, 천 ㎢

연방주체	행정중심지	면적	주민 (2010.01.01.)	공식포털
중앙연방관구				
벨로고로드주	벨로고로드	27.1	1,530.1	벨로고로드주 주지사와 정부
브랴스크주	브랸스크	34.9	1,292.2	브랸스크주 행정부
블라디미르주	블라디미르	29.1	1,430.1	블라디미르주 행정부
보로네시주	보로네시	52.2	2,261.6	보로네시주 행정부
이바노보주	이바노보	21.4	1,066.6	이바노보주 정부
칼루가주	칼루가	29.8	1,001.6	칼루가주 국가 권력 기관
코스트로마주	코스트로마	60.2	688.3	코스트로마주 행정부
쿠르스크주	쿠르스크	30	1,148.6	쿠르스크주 행정부
리페츠크주	리페츠크	24	1,157.9	리페츠크주 행정부
모스크바	모스크바	1,081	10,563.0	모스크바 정부
모스크바주	모스크바	45.8	6,752.7	모스크바주 국가권력 기관
오룔주	오룔	24.7	812.5	오룔주 행정부
랴잔주	랴잔	396	1,151.4	랴잔주 행정부
스몰렌스크주	스몰렌스크	49.8	966.0	스몰렌스크주 행정부
탐보프주	탐보프	34.5	1,088.4	탐보프주 행정부
트베리주	트베리	84.2	1,360.3	트베리주 행정부
툴라주	툴라	25.7	1,540.4	툴라주 행정부 기관
야로슬라블주	야로슬라블	36.2	1,306.3	얄로슬라블주 행정부
북서연방관구(칼리닌그라드주 제외)				
아르한겔스크주	아르한겔스크	589.9	1,254.4	아르한겔스크주 행정부
볼로그다주	볼로그다	144.5	1,213.6	볼로그다주 정부
카렐리야 공화국	페트로자보드스크	180.5	684.2	카렐리야 공화국 국가권력 기관
코미 공화국	시크티브카르	416.8	951.2	코미 공화국 국가권력 기관
레닌그라드주	상트페테르부르크	85.9	1,629.6	레닌그라드주 행정부
무르만스크주	무르만스크	144.9	836.7	무르만스크주 정부
노브고로드주	노브고로드 벨리키	54.5	640.6	노브고로드주 행정부

---

1) 다음을 보시오. http://www.novrosen.ru/Russia/regions.htm;https://ru.wikipedia.org/wiki и др. Электронный ресурс: 검색일 2016.09.20.

연방주체	행정중심지	면적	주민 (2010.01.01.)	공식포털
프스코프주	프스코프	54.5	688.6	프스코프주 국가권력 기관
상트페테르부르크	상트페테르부르크	1,439	4,699.3	상트페테르부르크 행정부
독일인 자치관구 (아르한겔스크 주 일부)	나리얀-마르	176.8	42.3	독일인 자치관구 행정부
남부연방관구				
아디게야	마이코프	7.7	440.3	아디게야 공화국 정부
아르한겔주	아스트라한	49	1,007.1	아르한겔주 행정부
볼고그라드주	볼고그라드	112.9	2,589.9	볼고그라드주 정부
칼미크 공화국	엘리스타	74.7	283.2	칼미크 공화국 정부
로스토프주	로스토프나도누	101	4,229.5	로스토프주 행정부
크라스노다르변강	크라스노다르	75.4	5,229.1	크라스노다르 행정부
크림 공화국	심페로폴	26.08	1,975.505	크림공화국 정부
세바스토볼	세바스토폴	1.08	383.907	세바스토폴 정부
북캅카스연방관구				
다게스칸	마하트칼라	50.2	2,977.4	다게스탄 공화국 행정부
인구셰티야	마가스	3.5	413.1	인구셰티야 공화국 행정부
카바르디노발카 르스크 공화국	날칙	12.4	859.8	카바르디노발카르스크 공화국 정부
카라차예보체르케 스스크 공화국	체르케스스크	14.2	478.5	카라차예보체르케스스크 공화국 행정부
북오세티야알라니야	블라디캅카스	7.9	712.9	북오세티야알라니야 공화 국 행정부
스타브로폴 변강	스타브로폴	66.1	2,786.1	스타브로폴 변강 정부
체첸	그로즈니	16.0	1,269.1	체첸 공화국 행정부
프리볼즈스키연방관구(우랄의 남쪽)				
바시코르토스탄 공화국	우파	143	3,778.5	바시코르토스탄 행정부
키로프주	키로프	120.4	1,391.1	키로프주 정부
마리 엘 공화국	요시카르올라	23.4	698.2	마리 엘 공화국 정부
모르도비야 공화국	사란스크	26.1	826.5	모르도비야 공화국 국가권력 기관
니제고로드주	니즈니 노브고로드	76.6	3,323.6	니제고로드주 정부

연방주체	행정중심지	면적	주민 (2010.01.01.)	공식포털
펜자주	펜자	43.4	1,373.2	펜자주 정부
사마라주	사마라	53.6	3,170.1	사마라주 정주
사라토프주	사라토프	101.2	2,564.8	사마라주 정부
타타르공화국	카잔	67.8	3,778.5	타타르 행정부
우드무르티야 공화국	이제프스크	42.1	1,526.3	우드무르티야 정부와 대통령 행정부
울리야노프주	울리야노프	37.2	1,298.6	울리야노프주 주지사와 정부
추바시 공화국	체보크사리	18.3	1,278.4	추바시 국가권력기관

러시아 유럽지역은 지리적으로 동유럽에 속한다. 그 경계는 우랄산맥, 카자흐스탄과의 국경 그리고 쿠마(Кума)와 마니츠(Маныч) 강이다. 경계 남쪽은 캅카스 산맥이며, 서쪽 지역부터 우크라이나, 벨로루시, 리투아니아(Литва), 라트비아(Латвия) 그리고 에스토니아(Эстония)와 국경을 접하고 있다. 면적은 약 3,960,000제곱킬로미터이다(러시아 영토의 23%, 전체 유럽 면적의 약 40%). 러시아의 유럽지역은 동유럽(러시아) 평원에 위치해 있으며 러시아 내에서 가장 인구밀도가 높고 발전된 지역이다.

중앙연방관구[2]는 러시아연발 18개 연방주체로 구성되어 있다(표 1을 보시오). 관구 면적은 652,800제곱킬로미터(러시아 영토의 3.8%)이고, 인구는 3,840만 명(2010년)이다. 이 인구 중 3,126.1만 명이 도시에 거주하고 있으나, 717.6만 명은 농촌 지역에 살고 있다(2010). 인구밀도에 따르면 중앙연방관구가 연방관구 중에서 수위(1제곱킬로미터당 57명)를 차지하며, 고도로 도시화된 지역에 속한다. 즉 주민의 근

---

2) 다음을 보시오. http://megabook.ru/article Электронный ресурс: 검색일: 2016.10.21.

3/4이 40개의 대규모 도시에 거주하고 있다. 민족 구성은 러시아인 3,470만 명(91.3%), 우크라이나인 75.6만 명(2 %), 타타르인 28.8 만 명(0,8 %), 아르메니아인 24만 9,220명(0,7 %), 벨로루시인 18만 6,320명(0,5 %), 아제르바이잔인 16만 1,850명(0,4 %), 유대인 10만 3,710명(0,3 %), 조지아인 8만 7천 명(0,2 %), 몰도바인6만 7,800명 (0,2 %), 모르드바인 6만 7,500명(0,2 %).

　　관구 영토는 몇 가지의 자연 지역, 즉 침엽수림 지역, 혼합림 지역, 활엽수림 지역, 삼림초원 지역, 초원 지역 등에 위치해 있다. 관구 영토의 대부분은 볼가와 돈 강 유역에 속한다. 가장 중요한 천연자원은 쿠르스크(Курск) 자기이상분포지역의 철광석(이하 KMA), 지질학적 매장량에서 KMA는 세계 1위를 차지하고 있다. 깊지 않은 매장상태 철광석의 높은 품질은 채광 효율성을 보장해주고 있다. 광물 자원 중에서 백토, 석회석, 내화벽돌용 점토, 이회, 건축용 모래, 규사, 주형용 생사 등이 대규모 매장되어 있다. 이 관구는 연료 및 에너지 자원은 풍부하지 않다. 연료용 자원은 트베리(Тверская)주, 스몰렌스크(Смоленская)주, 칼루가(Калужская)주, 툴라(Тула)주 그리고 랴잔(Рязанская)주 등 5개 주가 위치한 모스크바 근교 갈탄 분지에 매장되어 있다. 석탄의 예비 매장량은 약 40억 톤이며, 매장 깊이는 최고 60미터, 지층의 두께는 20-46미터이나, 광산지질학적, 수리학적 조건은 불리하다. 모스크바 근교의 석탄은 품질이 낮다(낮은 열량, 높은 습도, 화산재와 유황). 이 관구의 북부와 중부는 이탄(泥炭) 생산지이다.

　　중앙연방관구의 경제 복합체에서 주도적 역할을 하는 것은 제조업이다. 다른 분야 중에서 농업(특히 관구의 남쪽), 건설업, 상업 그리고 공공급식이 뛰어나다. 제조업 분야에서 주도적 역할을 하는 것은 높은 부가가치를 지니고 있으면서 과학기술 발전을 결정하는 분야이다. 이

분야는 기계공학과 금속가공(생산품의 22%가 넘는다), 식품가공 산업(22%가 넘는다), 전기에너지(약 20%) 등이다. 이 관구의 경제에서 철금속 야금학, 화학 및 석유화학산업, 건축자재 산업 등이 현저하다.

관구 경제의 전문화가 지역적으로 분화되어 있다. 관구의 남쪽(중앙 흑토지대)은 광산업, 야금산업, 식품산업, 기계공학과 화학의 일부 분야, 그리고 심지어 집약적인 농업생산 등으로 전문화되어 있다. 관구의 북쪽과 중앙(중앙경제지역)에서는 고도로 발전한 다양한 분야의 기계공학, 금속 가공, 화학 산업, 군사산업단지, 경공업 분야 등이 뛰어나다. 중앙연방관구의 산업 단지 구조에서 선도적 분야는 기계 공학과 금속 가공이다. 이 관구에서는 로켓우주 산업, 항공기건조, 전자 및 무선 산업, 철도 기계 공학, 정밀기계 제작, 수치 프로그램 제어 공작기계, 로봇기술 등이 개발되고 있다. 제조업 구조에서 중요한 위치를 차지하는 것은 화학 산업으로서 화학 비료는 물론, 합성수지, 플라스틱, 에스테르 등의 유기 합성물도 생산한다.

이 지역은 러시아 경공업 생산품의 1/3까지 생산하고 있으며, 러시아 국내에서 면, 린넨, 울, 시크 등 각 직물의 출하에서 수위를 차지하고 있다. 고도로 발전된 식품산업에서는 설탕, 밀가루와 시리얼, 식물성 식용유, 육류, 주류, 과자, 과일과 채소, 담배 산업이 앞서 나가고 있다. 중앙연방관구는 가장 대규모의 인쇄 제품 생산지 중 하나로서, 이 제품의 상당량이 모스크바(Москва), 모스크바주(Московская область), 툴라(Тула), 트베리(Тверь), 야로슬라블(Ярославль), 랴잔(Рязань) 등에 위치한 콤비나트에서 생산된다. 모스크바 지역(모스크바와 모스크바주)은 연방 예산으로 들어오는 관구 수입의 84%를 보장하여 관구 경제에서 주위를 차지하고 있다. 관구는 주민의 현금 소득에서 지역적으로 러시아 내 가장 눈에 띄는 차이를 보여주고 있다(모스크바와 칼루가주 간에는 10배의 차이가 난다). 중앙연방관구의 연료에너지 단지는 러시아에서 가장 강력한 발전, 발전된 정유산업, 석탄 및 이탄 산업체 등을 포함하고 있다. 관구 영토 내에는 모스크바, 랴잔, 야로슬라블에 위치한 정유공장은 소비자들에게 중요한 종류의 석유제품을 공급하고 있다.

중앙연방관구 지역에는 러시아의 수도로서 1,100만 명이 넘는 인구를 지닌 모스크바가 위치한 만큼 러시아에서 가장 규모가 큰 경제, 정지, 학문 그리고 문화 센터가 존재한다. 모스크바는 러시아에서 최대 규모의 재정 중심지이며, 광범위한 교통서비스 복합체를 보장하는 가장 중요한 교통의 요지이다. 이곳에서는 러시아의 서비스, 도소매 무역 분야 등에서 가장 높은 수준에 도달했다. 모스크바에서는 정보와 통신 서비스 분야가 개발되고 있다. 모스크바의 산업 생산에서 주도적 역할을 하고 있는 것은 첨단 기계 산업, 자동차 제조, 공작기계제작, 전기동력, 건축자재 생산, 다양한 분야의 경공업과 식품산업 등이다. 관구의 다른 생산 중심지 중에서는 보로네시(Воронеж), 툴라, 야로슬라블 등이 특출하다. 유리한 경제지리적 위치, 생산과 과학기술의 잠재력과 발전 등이 중앙연방관구의 지속적인 경제발전의 전제 조건이다.

북서연방관구[3](표 1을 보시오)는 상대적으로 크지 않는 영토(전체 영토의 10%)를 차지하고 있으며, 러시아 인구의 약 10%가 집결되어 있어 평균 인구밀도가 킬로미터 당 8명이다. 관구의 중심도시는 상트페테르부르크이다.

관구의 경제 특화는 우선적으로 관구가 지니고 있는 유리한 지리적 위치, 즉 발트 해로의 출구, 발트 3국 및 핀란드 그리고 발전된 중앙관

---

[3] 다음을 보시오. https://geographyofrussia.com/severo-zapadnyj-federalnyj-okrug/ Электронный ресурс: 검색일: 2016.10.21.

구 및 북부 원료 기지와의 접경 등에 의해서 결정된다.

북서연방관구의 수많은 산업체를 위한 원료 기지가 되는 것은 유럽 지역 러시아 북부에 있는 광물 자원이다. 예를 들어 볼호프(Волхов, 레닌그라드[Ленинград]주)시의 알루미늄 공장들은 현지 티흐빈 (Тихвин) 원산지의 보오크사이트와 콜스키(Кольский) 반도의 하석 (霞石)을 사용해서 일한다. 우흐타(Ухта)시에 있는 정유공장은 코미 (Коми) 공화국에서 송유관을 통해 운송되는 원유를 이용하고 있다.

콜스키 반도의 인회석(燐灰石)과 현지의 인회토(燐灰土)는 킨기세 프(Кингисепп)시에 있는 인산비료 생산에 사용된다. 노브고로드 (Новгород) 화학 종합공장은 가스관을 통해 배달되는 천연가스를 원 료로 이용하여 질소 비료와 고분자 재료를 생산하고 있다.

(볼로고드[Вологодская]주)체레포베츠키(Череповецкий) 철강 종합공장 '세베르스탈(Северсаль)'은 상트페테르부르크의 금속집약 적 기계 제작 기업에 금속 압연을 제공하고 있다. 이조르스키 (Ижорский) 공장과 '엘렉트로실라(Электросила)'(상트페테르부르 크)는 에너지 설비를 생산하고 있으며, 그중에는 원자력 발전소를 위한 것도 포함되어 있다. 아드미랄테이스키(Адмиралтейский)(상트페 테르부르크)와 비보르그스키(Выборгский) (비보르그시) 조선소는 원자력 쇄빙선, 대형 유조선, 벌크선, 어선과 연구용 선박을 건조하고 있다. 상트페테르부르크에서는 지하철용 객차와 '키로베츠(Кировец)' 라는 상표로 중장비와 금속가공 기계를 생산하고 있다.

정밀기계제작은 상트페테르부르크시가 보유한 능숙한 노동 요원들 과 과학기술적 잠재력 덕분에 발전할 수 있었다. 계측기 제작, 컴퓨터 기술, 정밀 광학, 가전제품 등 제품 목록은 충분히 많다.

북서연방관구의 유리한 지리적 위치(발트 해로의 출구)는 이 관구의 도로교통 부문에서의 특화를 결정지었다. 항구를 상실하자 탈린 (Таллинн), 클라이페드(Клайпед), 리가(Рига) 그리고 벤트스필스 (Вентспилс)에서는 러시아의 발트 항구를 통관하는 수출입 물량이 급격하게 증가했다. 이 분야의 경제 상승은 핀란드 만에서 운용 중인 항구의 확대와 새로운 항구 건설에 따라 평가할 수 있다. 현재 운용 중인 상트페테르부르크(가장 대규모), 칼리닌그라드(부동항), 발티스크 (발트함대의 주요 기지) 그리고 비보르그 등 네 개의 항구가 있으며, 우스티루가(Усть-Луга), 바타레이나야(Батарейная)만(소스노비 보르 [Сосновый Бор]시 근처) 그리고 프리모르스크(Приморск)에 새로운 항구가 건설 중이다.

러시아와 핀란드 국경에 새로운 현대식 화물자동차용 세관 검사소들이 개소되었다. 이 검사소들은 이미 존재하는 검사소의 업무를 경감시켜주며, 국경 통과 시 러시아와 외국인 운수종사원들의 시간 손실을 확연하게 줄여주고 있다.

항구 경제 어업 및 운송선, 조선 및 선박 수리소, 수령기지 및 어류통조림 기업이 포함된 복합 단지이다. 어업은 발트해 뿐만 아니라 대서양에서도 행해진다.

어업은 이 지역의 전문적인 주요 분야 중의 하나이다.

칼리닌그라드주[4] 러시아 최서단 외곽에 위치한 이곳은 1945년 포츠담 회담의 결정으로 소련의 일부가 된 옛 동프로이센의 일부이다. 이 지역은 적은 면적(국토의 0.1%)을 차지하며, 발트해, 리투아니아 및 폴란드 사이의 러시아 영토이다. 인구는 국가 인구의 0.6%이며 도시(77%)에 집중되어 있다. 이 지역의 인구 밀도는 63명/㎢으로 높은 편이다.

---

4) См.: http://gov39.ru/region/ Электронный ресурс: Дата обращения: 21.10.2016.

중심은 칼리닌그라드시이며, 대도시는 소베트스크와 페르냐홉스크이다. 칼리닌그라드 항구는 프레골랴 강 하구에 위치하고 있으며, 대형 선박이 통과할 수 있는 심해 수로를 통해 바다와 연결되어 있다. 어업과 항만 경제가 이 지역 특화의 주요 부분이다.

칼리닌그라드주의 특징은 프리모르 및 팔민스크 노천 매장지에서 채굴되는 전 세계 호박 매장량의 90%를 포함하고 있다는 사실이다. 호박은 소나무 수지를 물로 굳히고 광택을 낸 것으로, 의약, 화학 공업 등에서 사용되지만 가장 중요한 것은 보석으로 가치가 있다는 것이다. 이것은 발트해의 상징이다.

유럽 북부는 전체 러시아 철광석 생산량의 1/4, 인회석(인산염 비료 생산을 위한 원료)의 경우 9/10을 차지한다. 유럽 북부는 석탄, 석유, 가스, 비철 및 희귀 금속의 공급지이다.

수 년 동안 러시아 경제 개혁에서 유럽 북부의 경제, 생산 인프라 및 지질 탐사 분야의 자본 투자 규모가 감소했다. 생산량도 감소했다. 그러나 최근 몇 년 동안 산업 생산량 증가에 긍정적인 추세가 있었다.

페초르스크 분지의 석탄과 티만-페초르스크 석유와 가스 지점의 석유와 가스 개발은 네네츠 자치구 뿐만 아니라 코미공화국에서 수행하고 있다.

원자재는 지역 북부 대부분의 도시에서 전문적인 산업 분야이다. 계획 경제 기간에도 석유 및 가스전 지역에서 티만-페초르스크 지역의 생산단지는 우흐타시를 중심으로 형성되었다. 여기에는 대형 정유소가 운영되고 있으며, 소스노고르스크에는 가스처리공장이 있다. 티만-페초르스크 지역의 매장지와 중부 및 북서부 지역의 가공 공장을 연결하는 파이프라인이 건설되었다. 이것은 우신스크-우흐타-코틀라스-야로슬라블-모스크바 송유관과 북틀-우흐타-그랴조베츠 가스 파이프 라인

(서부 시베리아에서 출발하여 "시얀니베 세베르" 가스 파이프라인의 일부)이며 모스크바와 상트페테르부르크, 벨로루시, 라트비아, 에스토니아로 연결된다. 또한 임업, 목공, 펄프 및 제지, 철, 비철 야금 산업이 발전하고 있다.

남부연방관구[5]는 (표 1을 보시오) 아디게야(Адыгея), 다게스탄(Дагестан), 인구세티야(Ингушетия), 카바르디노발카리야(Кабардино-Балкария), 칼미크(Калмыкия), 카라차예보체르케스스크(Карачаево-Черкесия), 북오세티야(Северная Осетия) 그리고 체첸(Чеченская) 공화국, 크라스노다르(Краснодарский) 변강과 세바스토폴(Ставропольский) 변강, 아스트라한(Астраханская), 볼고그라드(Волгоградская) 그리고 로스토프(Ростовская)주 등을 포함한다.

연방관구의 중심 도시는 로스토프나도누(Ростов-на-Дону)이며, 바로 이 도시에 남부연방관구 내 러시아 대통령 대표부가 위치한다.

2010년 1월 19일자 메드베데프 대통령의 대통령령에 의하여 남부연방관구에서 **북캅카스연방**[6]관구(표 1을 보시오)가 분리되어 나왔다. 이후 남부연방관구의 구성에는 아디게야와 칼미크 공화국, 크라스노다르 변강, 아스트라한, 볼고그라드, 로스토프주가 포함되었다.

2016년 7월 28일자 블라디미르 푸틴 러시아연방 대통령의 대통령령에 부응하여 국가 권력 기관 활동의 효율성 제고를 목적으로 크림연방관구가 남부연방관구에 포함되었다. 남부연방관구 내 대통령 전권대표로 블라디미르 우스티노프(Владмир Устинов)가 임명되었다.

관구의 면적은 분할 이전에 589,200제곱킬로미터(러시아 영토의

---

5) 다음을 보시오 http://megabook.ru/article Электронный ресурс: дата обращения: 15.11.2016
6) 위를 보시오.

3.5%), 인구는 2,290만 명(러시아 인구의 15.8%)이었다. 인구 밀도는 제곱킬로미터 당 36.8명이며, 인구의 70.7%가 도시에 거주한다. 민족 구성은 러시아인 1,480만 명(64.6%), 체첸인 129만 명(5.6%), 아바르츠인 785,320명(3.4%), 아르메니아인 615,120명(2.7%), 카바르디나인 511,730명(2.2%), 다르긴츠인 488,820명(2.1%), 오세티야인 476,460명(2%), 쿠미크인 399,090명(1.7%), 우크라이나인 396,640명(1.7%), 인구스인 391,770명(1.7%)이다. 1989-2002년의 전 러시아 인구조사 자료에 따르면 인구 수가 가장 증가한 곳은 다게스탄(43%), 카바르디노발카리야(20%), 스타보로폴스키 변강(13%), 북오세티야(12%), 크라스노다르스키 변강(11%) 등이다.

남부연방관구의 면적은 분할 이후 416,800제곱킬로미터(러시아 영토의 2.4%)이다. 인구는 2010년 인구조사에 따르면 1,385만 명이며, 그중 865만 명이 도시에 거주 중이고, 농촌 거주 인구는 520만 명이다.

남부연방관구의 영토에는 분할 이전까지 전 러시아 온천수 매장량의 73%, 광천수 매장량의 30%, 텅스텐 산지(41%), 원유(2%), 가스(7%), 석탄(3.5%), 동(3%), 아연(2%), 금(2%), 은(2%), 납(2%) 등이 집중되어 있었다. 남부연방관구는 러시아에서 가장 중요한 농산물, 즉 곡물, 육류, 우유, 생선, 사탕무우, 채소, 과일, 메론 작물 등의 생산지이자 공급지이다.

남부연방관구는 아조프 해, 흑해, 카스피 해 등 3개의 바다로 향한 출구가 있다. 관구 영토 내에는 러시아에서 가장 대규모의 강인 돈가 볼가 강이 흐르며, 이 두 강은 치믈랸스키(Цимлянский) 댐과 볼고돈스키(Волго-Донский) 항해용 운하에 의해 하나의 수력 체제로 연결된다.

프리볼즈스키 연방관구[7](표 1을 보시오). 본 관구의 영토는 러시아 영토의 6.1%를 차지한다. 이곳에는 다민족 주민이 거주하며 주민 수는 러시아 전체 시민의 21.3%에 달하는데, 이것은 주민 수에 있어서 중앙 연방관구에 이어 두 번째 많은 연방관구에 해당된다. 이 관구의 국내총생산은 전 러시아의 15%가 넘는다.

관구에는 총 14개의 지역이 포함된다. 즉 6개 공화국(바시코르토스탄, 마리 엘, 모르도비야, 타타르, 우드무르스크, 추바시), 페름 변강 그리고 7개의 주(키로프, 니제고로드야, 오렌부르그, 펜자, 사마라, 사라토프, 울리야노프)이다. 본 연방관구의 중심 도시는 니즈니 노브고로드이다.

중앙 및 남부연방관구와 함께 본 연방관구는 러시아에서 가장 인구 밀도가 높은 곳에 속한다. 23개의 민족영토 행정 단위 중에서 6개가 본 연방관구에 속한다(21개 공화국 중 6개). 그러나 두 지역에서만 대표민족이 인구의 50%를 상회한다(추바시 공화국과 타타르 공화국).

프리볼즈스키연방관구의 영토에는 러시아(70% 이상), 타타르, 바시키르, 추바스, 우드무르트, 모르도바, 마리츠, 코미페르먀키 등이 거주하고 있으며, 다른 민족이나 인종 집단도 있다.

이 관구 주민의 대부분은 러시아 정교를 믿고 있으며(약 70-75%), 이슬람은 20%를 넘는다. 이 지역 주민들이 러시아에서 무슬림을 지지하는 이들의 40%를 차지한다. 무슬림의 중요한 학술적 신학대학, 영적 통제 및 대규모 예배 의식은 타타르와 바시코르토스탄 공화국에 집중되어 있다. 그러나 종교행정 무슬림 세부단위(회교설법자, 이슬람 사원, 교회, 본 교단의 개별적인 구성원인 선교사)는 관구 전 지역에 존재한다.

---

[7] 다음을 보시오. http://megabook.ru/article Электронный ресурс: дата обращения: 15.11.2016

또한 이 지역에서는 유대교(페름, 사마라, 우파, 니즈니 노브고로드에서 회당을 운영), 천주교(페름, 우파), 루터교(페름, 사라토프) 및 일부 다른 교단(예를 들어, 침례교와 볼가 남부 주들에서 그레고리안 "아르메니아" 교회) 대표들이 활동하고 있다. 그러나 이러한 종교 대표자들은 여론 형성에 큰 영향력을 미치지는 않는다.

일부 지역에서 국가의 사회 구조의 민주적 기반이 발전함에 따라 이전에 박해받은 종교적 경향과 민족 신앙이 부활하고 있다(이교도-마리엘, 모르도비야, 페름 변강주, 구신앙 – 페름 변강주, 니제고로드, 키로프주).

볼가 지역은 시베리아와 극동을 연결하는 남북 및 동서 국제 운송회랑의 교차로 뿐만 아니라 러시아 유럽 및 유럽 국가와 동아시아 국가를 연결하는 독특한 교통 요충지이다.

서부 시베리아에서 출발하는 대부분의 파이프라인은 볼가 지역을 통과하여 화학 산업 발전에 기여하며, 가스를 포함한 연료 자원을 지역에 지공하는 비용을 절감한다.

이 나라에서 가장 큰 석탄 광맥은 쿠즈바스에서 북서부 및 흑해 항구까지 지역을 관통하고 있다.

이 지역의 지리적 위치의 경쟁 우위는 서부 카자흐스탄, 우즈베키스탄 및 타지키스탄으로의 편리한 출구를 포함하고 있다는 것이다.

이 지역의 특징은 생산 잠재력이 상당하다는 것이다. 러시아의 모든 산업 생산량의 1/4, 자동차 산업의 85%, 항공기 건설의 65%, 석유 화학 제품의 40%, 조선의 30%, 군수 산업 단지 생산의 30%가 이곳에 집중되어 있다.

혁신 산업 기업의 1/3이 이 지역에 집중되어 있으며, 러시아 기술 수출량의 약 절반이 이 지역에 포진되어 있다.

러시아 연방 구성 기관의 총 투자 잠재력을 평가할 때, 우선 순위 5개 지역(바시코르토스탄 공화국, 타타르 공화국, 페름 변강주, 니제고로드 및 사마라주)이 있다. 이는 생산, 금융, 혁신, 천연 자원 및 투자 평가라는 소비자 요소 측면에서 높은 성과를 보여주고 있다.

이 지역의 전통적인 전문 분야는 기계 공학이다. 이 지역에 위치한 기업은 이 산업에서 생산되는 부가가치 부분에서 연방 관구 중에서 가장 큰 비중을 차지하고 있다(전체 러시아 지표의 33% 이상). 볼가 지역에서 자동차의 73% 이상(트럭의 경우 90% 이상), 버스의 85% 이상, 자동차 엔진의 80%가 생산된다. 이 산업에서 볼스키, 고리콥스키, 캄스키, 울리야놉스키와 기타 자동차 공장들은 국가에서 가장 큰 대표적인 기업이다.

본 관구의 여러 지역에서는 항공, 로켓 우주, 그리고 에너지 기계 제작, 조선, 기계, 공작기계 등의 산업이 광범위하게 발전되었다.

이 관구는 비료, 합성수지와 플라스틱, 타이어, 가성소다 생산에서 주도적 역할을 한다.

프리볼지예는 석유 채굴량과 천연가스 생산량(오렌부르크주에 채굴지가 집중되어 있다)에서 우랑연방관구 다음으로 두 번째 지위를 차지하며(이 지역에서 러시아 채굴량의 약 20%가 생산된다).

프리볼스스키연방관구의 다기능 농업복합단지는 러시아 농업생산량의 1/4, 곡물 생산의 1/3을 차지한다.

이 관구에서는 교통 기반의 발달 정도가 매우 높다. 철도의 부설 비율이 러시아연방에서 중앙연방관구와 남부연방관구에 이어 3위를 차지한다(면적 1만 제곱킬로미터 당 철도 길이 143킬로미터). 도로 건설 비율은 러시아에서 2위를 차지한다(1,000제곱킬로미터 당 도로 길이 140킬로미터).

본 연방관구 전체 지역 생산 구조의 특징은 제조 산업에서의 높은 비중으로 24.5%(러시아에서는 19.3%)이며, 유용 광물의 13.7%(러시아에서는 10.5%) 등이다. 본 관구가 통과지역임에도 불구하고 전체 지역 생산물의 9.7%가 운송되어서, 러시아 전국 평균값(10%)에 해당된다.

이처럼 검토된 지역들은 중요한 사회경제적 지역이자 인구 밀도가 높은 다민족 문화 중심지이다.

1. 지역별 고려인 거주 현황

소연방에서 진행되었던 이주 과정은 무엇보다 우선적으로 국가 자체의 경제적 수요과 연관되어 있었다. 러시아(소비에트) 고려인은 뛰어난 쌀 농사꾼으로서 유럽 지역, 특히 전국적 규모에서 논농사를 계획하고 있었던 북캅카스 지역에서 요구되었던 이들이었다.[8] 청년 전문가들은 고등교육기관을 졸업한 후 소연방의 여러 도시로 흩어졌는바, 이들은 극동에서 자발적으로 이주한 고려인들이며, 강제수용소에 감금되었던 고려인들은 교도소에 남았는바, 이 모든 사실들은 통계학적 분석을 실행하는데 일정한 난점으로 작용하고 있으며, 거주지와 고려인의 수를 정확하게 규정할 수 없게 만들고 있다.

이 문제를 해결하려면 무엇보다 우선적으로 국내 이주의 근본적인 원인을 검토하면서 1990년까지 한인들의 분포를 반드시 분석해야 한다. 그런 목적에서 1939, 1959, 1979, 1989, 2010년에 전소연방 고려인 인구조사 분석이 실행되었다.

---

8) Сон Ж. Указ. соч. С. 322 – 339.

1939년의 전 소연방 인구조사는 소연방에 182,339명의 고려인이 살고 있으며, 그중 러시아공화국에 13,524명, 우크라이나 공화국 845명, 벨로루시공화국에 15명, 그루지아공화국에 14명, 아제르바이잔공화국에 14명, 아르메니아공화국에 4명, 투르크메니스탄공화국에 40명, 우즈베키스탄공화국에 72,944명, 타지키스탄공화국에 43명, 카자흐 공화국에 96,453명, 키르기스스탄공화국에 508명의 한인이 거주했다. 15개 공화국으로 이루어진 거대한 지역에 고려인들은 이미 그 당시 11개 연방 공화국에 거주하고 있었다. 우리 관점에서 보면 그 고려인들은 극동에서 강제 이주되었던 카자흐 공화국과 우즈벡 공화국을 제외한 나머지 지역으로 자발적으로 이주했으며, 그곳에서 본인 스스로를 낯선 언어를 사용하는 공화국 내에 있는 '이방인'으로 느꼈을 리는 없어 보인다.

러시아공화국 내에서 소비에트 고려인들(13,254명)은 48개 변강과 주 그리고 자치 공화국(1939년 전 소연방 인구 조사)에서 살고 있었다. 인구조사가 1937년 이후, 즉 소비에트 고려인들이 극동 지역에서 강제 이주 된 이후에 실행되었음에도 불구하고 유럽지역의 고려인이 6,894명(50%)에 달했으며, 그들 중 대규모 한인 집단이 볼고그라드(스탈린그라드)주에 거주하고 있었고(2,790명), 그들 중 194명이 도시에, 나머지 2,596명이 농촌에 거주했다(그림 1, 표 2). 그들은 1937년에 극동에서 강제 이주된 고려인 어부들로서 아스트라한에 배치되었는데,[9] 이후 모두 카자흐스탄으로 재차 이주되었다.

인구조사에 따르면 모스크바와 모스크바주에는 각각 440명과 627명의 고려인이 있었으며, 77명만이 농촌에 거주등록을 했고 나머지 사람

---

9) ГАРФ. Ф.Р. – 5446. Оп. 29. Д. 48. Л. 20.

들은 도시에서 생활했다. 모스크바 다음으로 고려인의 수가 많았던 곳은 페름주로서 368명이며, 그중 161명이 도시 거주자, 207명이 농촌 거주자였다. 첼랴빈스크(Челябинская)주에는 291명으로 그중 도시 거주자 79명, 농촌 거주자 212명이었다. 레닌그라드(상트페테르부르크)와 레닌그라드주에는 각각 195명과 213명의 고려인이 기록되어 있었으며, 그중 11명만이 농촌 거주자였다(표 2). 1939년 인구조사 자료를 분석하면 13,524명의 고려인 중에서 러시아공화국 유럽 지역에 거주한 이들이 6,894명인데 농업인구가 다수를 차지하는 페름과 첼랴빈스크 두 주를 제외하면 주로 대규모 산업도시에 거주했다.

이처럼 러시아 유럽 지역의 고려인은 많은 지역과 도시 그리고 농촌에 거주하고 있었다. 여기서 농촌 인구들이 도시 주민으로 이주하는 경향이 목격된다. 고려인들은 능동적으로 도시화되어 자신의 운명을 바꿔나갔다.

1959년 인구조사에 따르면 러시아 유럽 지역 내 한인 거주지의 이주 지도가 극적으로 변경되면서 겨우 13개 지역에서 총 13,812명(표 3, 그림2)만 존재했다. 1939년하고 비교했을 때 고려인의 수가 겨우 300명 늘었을 뿐이다. 그 원인은 1937년 민족 단위에 따른 탄압 이후 올바른 민족 정책의 부재극동 지역으로부터의 강제 이주, 엄격한 행정적 통제 등에서 찾을 수 있다.

스탈린 사후 소비에트 고려인의 역사에서 특별한 새로운 한 페이지가 열렸다. 고려인들은 중앙아시아와 카자흐스탄을 벗어나 재이주할수 있게 되었다. 많은 원인들이 고려인들로 하여금 강제 이주되었던 곳을 벗어나도록 만들었다. 첫째, 거대한 영토에 분산되고, 친족 관계를 상실한 이들은 친척이나 친구와 살기를 바랐다. 둘째, 중앙아시아와 카자흐스탄의 고온 건조한 기후에 적응하지 못한 이들은 여러 가지 질병을 앓아야 했다. 북캅카스의 기후가 한국의 기후와 매후 유사했다. 그래서 당시에도 고려인들이 북캅카스로 활발하게 이주했다.

1950년대에 진행되었던 경제개혁은 인민경제의 발전 속도는 물론, 인민의 복지에도 유익하게 반영되었는데, 소비에트 고려인도 그것과 전적으로 관련이 있다. 경제개혁 성공의 주된 원인은 인민 경제 지도의 경제적 방법을 부활시켰다는 것에 있었다. '경제의 얼굴을 인간을 향해 돌리고, 농업과 소비재 생산의 발전 가속화를 통한 인민 복지에 대한 국가의 우선적 관심에 관한' 문제를 최초로 제기했다.[10]

1950년대 말 소련 지도자들은 집단생산 계획의 지도 시스템이 위기에 있음을 현실적으로 인식하고 있었다. 집단농장은 국가의 농업생산물 조달 계획을 만성적으로 이행하지 않았다. 주요 활동이 농업에 머물러 있던 소비에트 고려인 중에는 실제로 불법 임대한 땅에 농산물을 경작하는 집단들이 등장했다. 고려인 집단이 나타난 곳에서는 상황이 개선되기 시작했다. 집단농장과 국영집단농장의 구성원들은 계약을 체결하여 고려인들에게 자신의 농토를 임해해주었다. 이런 조건에서 고려인들은 가을이 되면 남은 일정량의 농산물을 지불해야만 했으며, 나머지 생산물은 시장에서 자유롭게 판매했다. 이런 활동이 고본지(Кобонди)로 불리기 시작했다.

발레리 한(В.С. Хан)이 심헌용과 함께 공동으로 소연방에서 최초로 고본지의 역사적 의미에 대해 서술했다.[11] 두 저자의 정의에 따르면 "고본지는 소연방 농업에서 고려인에 의해 도입된 (반합법적)집단 임대 계약의 독특한 형태이다. 소연방에서는 최초의 사적인 그리고 최초

---

10) Маленков Г.М. Речь на сессии Верховного Совета Союза ССР. 1953, август.
11) 다음을 보시오. Хан В.С., Сим Хон Ёнг. Корейцы Центральной Азии: прошлое и настоящее. М.: Изд-во МБА, 2014.

에는 순수하게 고려인 방식의 기업 형태로, 고본지는 자율의 원칙과 자급자족 그리고 경제적 동기에 기초하고 있었다. 고본지가 최종적 결과를 지향하고 있었던 만큼, 고본지 집단의 수확은 일반 집단농장이나 국영농장 생산대의 수확보다 몇 배나 더 많았으며, 그로 인해 고려인의 생활수준은 소연방 평균 생활수준보다 몇 배 더 높았다. 페레스트로이카 당시 고본지는 농업 경영의 한 방식으로 검토되기 시작했다."[12]

달리 표현하면 경제적 자유(국가계획경제의 범위 내에서 가능했던 그런 형태로서), 자신의 노동과 주도로서 보다 더 잘 살겠다는 것을 향한 적극적인 (즉 현실에서 실행되는) 노력, 위험의 원칙에 따라 살 수 있다는 것 등이 고본지의 특징짓고 있음을 저자들은 강조하고 있다.[13]

소비에트의 경제학자들은 고본지가 통치의 사회학적 체제에 어울리지 않았던, 그리고 소비에트 입법에 따라 금지되었던 기업농이었기 때문에 이 고본지에 수천 명의 사람들이 관여되었음에도 불구하고 그것을 '못 본 것'이거나 '주목하지 않으려 했던 것'이라고 두 저자는 정당하게 강조하고 있다. 본인의 관점에 따르면 원인은 고려인들이 경작지의 비옥도와는 상관없이 거두어들이는 수확의 양이 최고의 조건과 가장 비옥한 토지에서 경작하던 다른 농부들의 수확을 몇 배나 더 상회했다는 것에 있었다. 이것은 19세기 말 러시아 극동지역에 최초로 이주한 고려인들에 의하여 이미 증명된 논쟁의 여지가 없는 사실이다.

이런 이유에서 러시아의 남부 지역에서는 고려인의 수가 증가했다. 1959년 인구조사를 보면 로스토프주에 2,368명, 다게스탄 자치공화국에 2,116명, 체첸인구세티야 자치공화국에 1,726명, 북오세티야 자치공화국에 646명 등 고려인 주민의 수가 확연하게 증가되는 것이 목격

---

12) Хан В.С., Сим Хон Ёнг. Указ. соч. С. 144.
13) Хан В.С., Сим Хон Ёнг. Указ. соч. С. 146.

된다. 이 지역에서는 고려인들이 집단의 형태로 논농사 경작에 적극적으로 종사했다.

1950년대 중반 체첸인구세티야 자치공화국 내에 있는 니즈니예(Нижние)와 베르흐니예 아찰리키(Верхние Ачалыки) 농촌에서 고려인 구역이 잘 알려져 있다. 대조국전쟁(제2차 세계대전 또는 대독전쟁 - 역주) 당시 인구시(Ингуши) 인의 강제 이주 이후 집단농장 농지는 경작되지 않고 있었는데, 중앙아시아에서 이주한 고려인들이 거주를 목적으로 토굴을 파서 그 농토를 경작했다. 소규모 주민이 구데르메스(Гудермес), 우루스마르탄(Урус-Мартан), 하사뷰르타(Хасавюрта), 데르벤타(Дербента), 키즐랴르(Кизляр), 다게스탄 공화국에 나타났다.

러시아 유럽 지역의 북부에서는 모스크바와 모스크바주가 인구수에서 앞서며, 이 지역에서는 1,979명의 고려인이 거주 등록되어있었다. 첼랴빈스크(449명), 툴라(381명), 쿠이비셰프(사마라)(275명) 같은 산업 도시에 주민의 수가 다수를 차지했다(표 3과 그림 3을 보시오). 1959년 무렵 러시아 유럽 지역의 도시와 농촌에 거주하는 고려인 인구는 각각 6,165명과 7,647명이었다.

1979년의 인구조사 결과는 러시아 유럽 지역 내 고려인의 분포 지도를 얼마간 다른 형태로 보여주고 있는바, 36,109명의 고려인을 모스크바로부터 러시아 유럽 지역의 가장 남쪽 끝과 북쪽 끝에 있는 59개 지역에서 만날 수 있다(표 4, 그림 3을 보시오).

예를 들어 북캅카스의 카바르디노발카르스카야 자치공화국에 4,949명, 로스토프주에 5,783명, 북오세티야 자치공화국에 2,797명, 스타브로폴 변강에 2,670명 등의 고려인의 있었다. 그와 동시에 다게스탄 공화국(727명), 체첸인구세티야 자치공화국(859명)에서의 고려인

수가 확연하게 감소되었음이 목격되며, 칼미크 자치공화국에 1,073명, 볼고그라드주에 1,240명이 공식적으로 거주하여 새로운 고려인 거주 지역이 등장했다.

이에 더해 고려인 주민 중에서 농민의 수가 줄어들었으나, 도시 주민은 증가했다. 직업적 측면에서 고려인들의 주요 직업은 고봉지라고 불리는 농업이었다. 고려인 중에서는 도시화가 목격되지만, 그것은 오직 소비에트 고려인들에게만 독특한 것으로 그들이 도시 농업 인구의 지층을 충원했다.

러시아 남부 지역에서의 고려인들은 1950년대부터 시작하여 유사한삶의 형태를 유지하고 있었다. 그들은 자치 공화국의 수도, 변강과 주의 도시, 즉 블라디캅카스(Владикавказ, 오르조니키제[Орджоникидзе]), 날칙(Нальчик), 엘리스타(Элиста), 볼고그라드(Волгоград), 로스토프나도누(Ростов-на-Дону), 스타브로폴(Ставрополь), 퍄티고르스크(Пятигорск), 키슬로보드스크(Кисловодск), 미네랄니예보디(Минеральные Воды), 크라스노다르(Краснодар)에서 그리고 다른 도시에서 영구주택을 획득했으며, 늦가을부터 초봄까지 도시에서 자기 시간을 보낸 후 초봄에 들판으로 나가서 농작물을 재배했다. 스타브로폴 초원지대의 적절한 기후, 경작하지 않는 땅, 비옥한 토지, 토지에 대한 애착과 근면 등은 상대적으로 단기간 내에 고려인들이 사회적 지위와는 별개로 자신의 경제적 지위를 상승시킬 수 있도록 해주었다(개인주택, 자동차 그리고 다른 물질적 부를 구매했다).

농촌근로자의 노동이 가장 권위가 낮고 저임금으로 여겨지는 지역에서, 고려인은 부지런한 노동으로 자신의 생활수준을 사회에서 가장 높은 지위의 그것과 비슷한 정도로 유지했다.

고본지와 같이 저마다의 독특한 현상은 구 소연방에서만 볼 수 있었다. 현재 고려인들은 쓸데없는 문제로 곤란한 상황에 빠지지 않으려 노력하고 있으며, 더 이상 매년 봄에 움막을 만들지 않고 여름철에 밭일을 위한 살림집을 짓지도 않는다. 로스토프나 볼고그라드주 같은 곳에서는 교통수단을 지닌 고려인들이 마치 도시 거주자들처럼 매일 자신의 밭으로 출퇴근하고 있다.

1959년부터 1970년대에 걸쳐 고려인들은 러시아의 남쪽 지역을 향해 지속적으로 이주했는데, 이런 이주의 원인은 다음과 같다. 첫째, 전국에 존재하는 사회주의적 생활양식에도 불구하고 각 민족자치공화국은 자신의 특성, 고유문화와 언어를 지니고 있었기 때문에 보다 편한 근로 조건을 찾았다. 새로운 조건 속에서 고려인들은 자신이 거주하는 지역의 토착 민족과의 관계를 반드시 구축해야 했던바, 이를 위해서는 일정한 도덕적, 심리적 노력이 필요했다. 둘째, 자치공화국 내에서 문화와 교육 수준은 서로 달랐는데, 이것이 다른 지역으로의 이주 원인 중 하나였다. 본질적으로 관용의 존재 또는 다른 표현으로 민족 간 소통의 문화 수준이 매우 중요했다.

러시아 유럽 지역에서도 고려인의 거주 지역이 확장되었다. 상트페테르부르크(Санкт-Петербург, 레닌그라드[Ленинград])와 레닌그라드주에 2,762명, 모스크바(Москва)와 모스크바주에 4,281명, 아르한겔스크(Архангельск)시의 가장 북쪽 지역에서는 140명이 등록되었으며, 무르만스크(Мурманск)에 197명의 고려인이 있었다. 러시아 유럽 지역의 동쪽인 스베르들로프(Свердловская)주에 618명, 페름(Перм)주에 358명이 거주하고 있었으며, 가장 서쪽인 칼리닌그라드주에 138명의 고려인 주민이 있었다.

1979년 36,109명의 고려인 중 29,213명이 도시인이었으며, 농촌주민은 6,896명이었다. 이 자료는 소비에트 고려인의 도시화를 뚜렷하게 보여주고 있다.

전소연방의 1989년 인구조사는 다음과 같은 러시아 유럽 지역의 고려인 거주 통계지표를 보여주고 있다. 모든 고려인 43,436명 중 도시인이 35,429명, 농촌 주민이 8,007명이었다(표 5와 삽화 4를 보시오). 이지역에서의 전체 인구 증가 경향과 지속적인 도시화 추세가 존재했다.

수도인 모스크바와 상트페테르부르크, 북쪽 지역인 무르만스크, 사마라주와 첼랴빈스크주에서는 고려인의 수가 현저하게 증가하는 모습이 관찰되었다. 주요 인물들은 과학 및 기술인력, 공학기술자, 의료종사자, 학생, 문화 및 예술 종사자로 구성되었다.

러시아의 남부인 로스토프주, 볼고그라드주, 아르한겔주, 카바르디노발카르스크(Кабардино-Балкарская) 소비에트 사회주의 자치공화국에서는 고려인이 계속해서 증가했다. 이 지역에서 고려인의 주된 활동은 농업 분야에 머물렀다.

러시아 유럽 지역의 연방 구성 주체 별 고려인의 수에 관한 최근 통계자료는 표 6에 제시되어 있다. 1989년의 인구조사와 비교했을 때 모든 연방 관구에서 고려인의 수가 증가했다.

의심의 여지없이, 1990년대의 사건들은 전 소연방 고려인의 삶에 영향을 주어 중앙아시아, 즉 타지키스탄, 우즈베키스탄, 키르기스 출신의 이주자들이 러시아 유럽 지역의 모든 곳에서 정착하기 시작했다.

모스크바(9,783)와 모스크바주(5,537) 이외의 중앙연방관구에서 고려인은 다음과 같은, 즉 랴잔주에 667명, 보로네시주에 672명, 칼루즈스크주에 638명, 트베르주에 719명, 툴라주에 772명이 정착했다.

북서연방관구에서 고려인은 상트페테르부르크(4,031명), 레닌그라드주(1,122명), 칼리닌그라드주(731명), 노브고로드주(341명), 코미공화국(196명), 카렐리야공화국(100명), 프스코프주(119명) 등지에 거주

등록되었다.

남부연방관구의 모든 연방 구성 주체들 내에서 고려인의 수가 증가되었다(표 6을 보시오). 이 정보는 고려인의 중요 직업 활동이 농업에 머무르고 있다는 사실을 증명해준다.

북캅카스연방관구에서의 이주 과정이 이루어진 곳은 카바르디노말카르스크공화국(4,034)과 스타브로폴스키주(6,759) 등이다.

프리볼즈스키연방관구는 관심을 끄는데, 바시코르토스탄(Башкортостан)공화국(777명), 타타르공화국(864명), 우드무르스크공화국(270명), 페름주(555명) 등지에서도 고려인들이 보이기 시작했다. 다음의 주에서는 고려인의 수가 확연하게 증가 되어 사라토프주가 4,206명, 오를로프주가 2,080명, 사마라주가 1,669명, 니제고로드주가 984명을 기록했다.

이처럼 지난 70년 동안의 전소연방과 전러시아 인구조사의 분석은 러시아연방 유럽지역을 향한 고려인들 이주의 역동성을 보여준다. 1920년대부터 시작하여 20세기 말 러시아 모든 민족들의 사회정치적 가치와 문화적 가치를 전지구적 차원의 수정으로 이끌었던 정치적 위기의 등장을 고려인 역시 비껴갈 수 없었다. 1937년의 강제 이주, 그 이후 1990년대 중앙아시아에서 정치적 상황의 불안정화가 그것이다.

고려인의 거주지리학은 그 자체로서 러시아어를 구사하는 한인들에게 기후는 중요하지 않으며, 거주 조건과 민족적 환경, 경제적 요인과 민족 간의 안전한 환경이 중요하다는 사실을 증명하고 있다. 고려인들은 러시아 땅에서 거주한 150년 동안 모든 극한 조건 속에서도 적응할 수 있는 독특한 능력을 획득했다. 이 능력은 이주 1세대들에게서 개발되었으며, 그들은 모국 조선으로 추방될 것을 두려워하여, 러시아 문화, 관습을 받아들이고, 다민족 세계에서 사는 법을 배웠다.

2012년 작성된 표 6의 자료 '러시아연방 유럽 영토에서 러시아 고려인의 분포 역학과 러시아어를 구사하는 사람의 수'는 러시아 문화에 적응하는 수준을 시각적으로 보여주고 있다. 평균 98-99%의 고려인이 러시아어를 구사하며, 이런 수치는 고려인이 직장을 찾고, 다양한 수준의 교육 기관에서 교육을 받는데 문제가 없다는 사실을 보여주고 있다.

〈그림 1〉 1939년 러시아공화국 유럽 지역의 도시와 농촌 주민 분포도(고려인)

인구 수

지역	도시 주민	농촌 주민
아르한겔스크주	37	57
박시키르 자치공화국	16	
볼고그라드주	194	2596
볼로고드주	13	
보로네시주	81	
다게스탄 자치공화국	45	
이바노프주	29	
칼미크 자치공화국	8	
카렐리아 자치공화국	13	
키로프주	50	
코미 자치공화국	18	
코미 페초르 관구	6	
몰로토프(페름) 주…	36	
크라스노다르 변강	48	169
아디게이 자치주	9	
크림 자치공화국	290	
쿠르스크주	74	
레닌그라드	0	195
레닌그라드주	11	202
마리스크 자치공화국	1	
모르도비아 자치공화국	7	
모스크바	0	440
모스크바주	77	550
무르만스크주	87	
모볼지예 독일인 자치공화국	153	
아르한겔스크, 독일인…	60	
고리코프(니제고로드)주	38	
오를로프주	20	
펜자주	32	
페름주	161	207
로스토프주	168	
랴잔주	4	
쿠이비셰프(사마르)주	27	18
사라토프주	165	
스베르들로프주	59	
북오세티아 자치공화국	73	
스몰렌스크주	5	
스타브로폴 변강. 카라차예프…	1	
스타브로폴 변강	13	35
탐보프주	13	
타타르 자치공화국	71	
트베리주	6	
툴라주	10	
우드무르스크주	6	
체첸주	79	212
체첸인구 세티아 자치공화국	72	
추바시 자치공화국	6	
아로슬라프주	36	

※ 출처: Составлено (Ж.Сон) по данным Всесоюзной переписи населения 1959
г. // [Электронный ресурс]. – Режим доступа: http://www.gks.ru/free_
doc/new_site/perepis2010/croc/perepis_itogi1612. htm (06.09.2016).

〈표 2〉 1939년 러시아공화국 유럽 지역 도시와 농촌 주민의 성별 분포도(고려인)

		수								
		전체 주민수			도시 주민			농촌 주민		
		남	여	양성 합계	남	여	양성 합계	남	여	양성 합계
	러시아 공화국의 고려인			13,524						
	러시아 공화국 유럽 지역의 고려인	4,286	2,608	6,894	1,956	964	2,920	2,394	1,650	4,044
1	아르한겔주	89	11	100	28	5	33	61	6	67
2	바시키르 자치주	17	15	32	10	6	16	7	9	16
3	볼고그라드주	1,472	1,318	2,790	121	73	194	1,351	1,245	2,596
4	볼로고드주	12	5	17	9	4	13	3	1	4
5	보로네시주	20	9	29	12	9	21	8	0	8
6	다게스탄 자치공화국	29	18	47	27	18	45	2	0	2
7	이바노프주	17	13	30	16	13	29	1	0	1
8	칼미크 자치공화국	4	2	6	1	0	1	3	2	5
9	카렐리야 자치공화국	16	4	20	3	4	7	13	0	13
10	키로프주	62	3	65	13	2	15	49	1	50
11	코미 자치공화국	28	11	39	5	5	10	23	6	29
12	코미 페초르스키 관구	3	4	7	3	4	7	0	0	0
13	몰로토프(페름)주 코미페름먀치 민족 관구 포함	17	5	22	11	5	16	6	0	6
14	크라스노다르 변강	99	118	217	31	17	48	68	101	169
15	아디게이 자치주	6	3	9	3	3	6	3	0	3
16	크림 자치공화국	51	66	117	39	51	90	12	15	27
17	쿠르스크주	19	12	31	15	9	24	4	3	7
18	레닌그라드	145	50	195	145	50	195	0	0	0
19	레닌그라드주	157	56	213	148	54	202	9	2	11
20	마리스크 자치공화국	4	1	5	1	0	1	3	1	4
21	모르도프 자치공화국	8	1	9	2	0	2	6	1	7
22	모스크바	284	156	440	284	156	440	0	0	0
23	모스크바주	384	243	627	349	201	550	35	42	77
24	무르만스크주	12	5	17	12	5	17	0	0	0

		수								
		전체 주민수			도시 주민			농촌 주민		
		남	여	양성 합계	남	여	양성 합계	남	여	양성 합계
25	포볼지예 독일인 자치공화국	147	9	156	3	0	3	144	9	153
26	아르한겔스크, 독일인 자치관구 포함	43	0	43	61	6	67	40	0	40
27	고리코프 (니제고로드)주	27	12	39	10	9	19	17	3	20
28	오를로프주	16	8	24	12	8	20	4	0	4
29	펜자주	6	3	9	9	3	12	3	0	3
30	페름주	341	27	368	148	13	161	193	14	207
31	로스토프주	47	38	85	35	33	68	12	5	17
32	랴잔주	4	3	7	2	2	4	2	1	3
33	쿠이비세프(사마라)주	101	38	139	85	33	118	16	5	21
34	사라토프주	61	30	91	56	19	75	5	11	16
35	스베르들로프주	62	46	108	34	25	59	28	21	49
36	북오세티야 자치공화국	26	13	39	16	7	23	10	6	16
37	스몰렌스크주	5	5	10	1	4	5	4	1	5
38	스타브로폴 변강 카라차예프 자치주 포함	1	1	2	1	0	1	0	1	1
39	스타브로폴 변강	65	43	108	10	3	13	55	40	95
40	탐보프주	12	8	20	9	4	13	3	4	7
41	타타르 자치공화국	54	18	72	53	18	71	1	0	1
42	트베리주	7	1	8	2	0	2	5	1	6
43	툴라주	10	7	17	5	5	10	5	2	7
44	우드무르스크주	9	2	11	5	1	6	4	1	5
45	체첸주	192	99	291	60	19	79	132	80	212
46	체첸인구세티야 자치공화국	36	37	73	35	37	72	1	0	1
47	추바시 자치공화국	0	1	1	0	1	1	0	0	0
48	야로슬라브주	59	30	89	16	20	36	43	10	53

※ 출처: Составлено (Ж.Сон) по данным Всесоюзной переписи населения 1939 г. // [Электронный ресурс]. – Режим доступа: http://www.gks.ru/free_doc/new_site/perepis2010/croc/perepis_itogi1612.htm (05.09.2013).

<그림 2> 1959년 러시아공화국 유럽 지역의 도시와 농촌 주민 분포도(고려인)

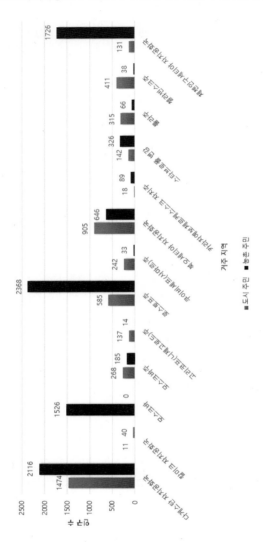

※ 출처: Составлено (Ж.Сон) по данным Всесоюзной переписи населения 1959 г. // [Электронный ресурс]. – Режим доступа: http://www.gks.ru/free_doc/new_site/perepis2010/croc/perepis_itogi1612. htm (06.09.2016).

〈표 3〉 1959년 러시아공화국 유럽 지역 도시와 농촌 주민의 성별 분포도(고려인)

		수								
		전체 주민수			도시 주민			농촌 주민		
		남	여	양성 합계	남	여	양성 합계	남	여	양성 합계
	러시아 공화국의 고려인	75,480								
	러시아 공화국 유럽 지역의 고려인	7,539	6,273	13,812	3,624	2,541	6,165	3,915	3,732	7,647
1	다게스탄 자치공화국	1,803	1,787	3,590	701	773	1,474	1,102	1,014	2,116
2	칼미크 자치공화국	34	17	51	10	1	11	24	16	40
3	모스크바	1,046	480	1,526	1,046	480	1,526	0	0	0
4	모스크바주	275	178	453	154	114	268	121	64	185
5	코르코프 (니제고도드스크)주	123	28	151	112	25	137	11	3	14
6	로스토프주	1,563	1,390	2,953	346	239	585	1,217	1,151	2,368
7	쿠이비셰프 (사마라)주	178	97	275	160	82	242	18	15	33
8	북오세티야 자치공화국	740	811	1551	439	466	905	301	345	646
9	카라차예보체르케스 자치주	53	54	107	10	8	18	43	46	89
10	스타브로폴 변강	246	222	468	90	52	142	156	170	326
11	툴라주	256	125	381	209	106	315	47	19	66
12	첼랴빈스크주	299	150	449	276	135	411	23	15	38
13	체첸인구세티야 자치공화국	923	934	1,857	71	60	131	852	874	1,726

※ 출처: Составлено (Ж.Сон) по данным Всесоюзной переписи населения 1959 r. // [Электронный ресурс]. – Режим доступа: http://www.gks.ru/free_ doc/new_site/perepis2010/croc/perepis_itogi1612.htm (06.09.2016).

〈그림 3〉 1979년 러시아공화국 유럽 지역의 도시와 농촌 주민 분포도(고려인)

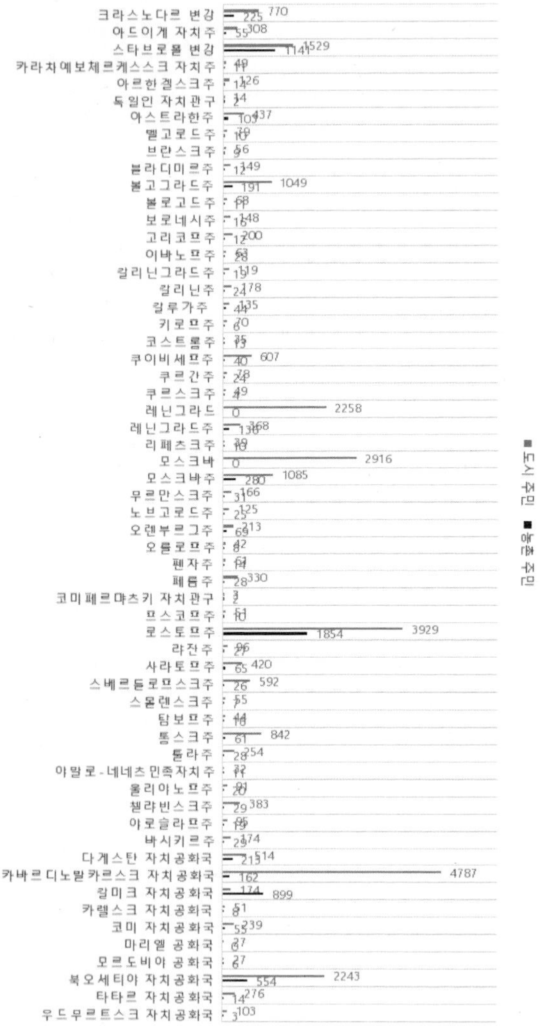

크라스노다르 변강 225 770
아드이게 자치주 55 308
스타브로폴 변강 114 529
카라차예보체르케스스크 자치주 40
아르한겔스크주 14 26
독일인 자치관구 34
아스트라한주 104 737
벨고로드주 69
브란스크주 96
블라디미르주 13 49
볼고그라드주 191 1049
볼로고드주 68
보로네시주 18 48
고리코프주 12 200
이바노프주 58
칼리닌그라드주 19 19
칼리닌주 24 78
칼루가주 44 35
키로프주 60
코스트롤주 45
쿠이비세프주 40 607
쿠르간주 28
쿠르스크주 49
레닌그라드 0 2258
레닌그라드주 136 68
리페츠크주 40
모스크바 0 2916
모스크바주 280 1085
무르만스크주 31 66
노브고로드주 23 25
오렌부르그주 69 13
오를로프주 82
펜자주 64
페름주 28 330
코미페르먀츠키 자치관구 3
프스코프주 41
로스토프주 1854 3929
랴잔주 96
사라토프주 65 420
스베르들로프스크주 26 592
스몰렌스크주 55
탐보프주 44
톰스크주 61 842
툴라주 28 54
야말로-네네츠민족자치주 47
울리아노프주 70
첼랴빈스크주 79 383
아로슬라프주 65
박시키르주 24 74
다게스탄 자치공화국 215 14
카바르디노발카르스크 자치공화국 162 4787
칼미크 자치공화국 174 899
카렐스크 자치공화국 61
코미 자치공화국 55 239
마리옐 공화국 67
모르도비아 공화국 67
북오세티아 자치공화국 554 2243
타타르 자치공화국 4 276
우드무르트스크 자치공화국 3 103

■ 도시 주민
■ 농촌 주민

※ 출처: Составлено (Ж.Сон) по данным Всесоюзной переписи населения 1959 г. // [Электронный ресурс]. – Режим доступа: http://www.gks.ru/free_doc/new_site/perepis2010/croc/perepis_itogi1612.htm (06.09.2016).

〈표 4〉 1979년 러시아공화국 유럽 지역 도시와 농촌 주민의 성별 분포도(고려인)

		수								
		전체 주민수			도시 주민			농촌 주민		
		남	여	양성 합계	남	여	양성 합계	남	여	양성 합계
	유럽 지역의 고려인	19,301	16,808	36,109	15,570	13,643	29,213	3,731	3,165	6,896
1	크라스노다르스크 변강	570	425	995	432	338	770	138	87	225
2	위에 아드이게 자치주 포함	193	170	363	161	147	308	32	23	55
3	스타브로폴 변강	1,353	1,317	2,670	759	770	1,529	594	547	1,141
4	위에 카라차예보체르케스스크 자치주 포함	31	29	60	26	23	49	5	6	11
5	아르한겔스크주	99	41	140	90	36	126	9	5	14
6	위에 독일인 자치관구 포함	11	5	16	10	4	14	1	1	2
7	아르한겔주	285	255	540	238	199	437	47	56	103
8	벨고로드스크주	58	31	89	51	28	79	7	3	10
9	브랸스크주	43	22	65	37	19	56	6	3	9
10	블라디미르주	84	77	161	76	73	149	8	4	12
11	볼고그라드스크주	677	563	1,240	572	477	1,049	105	86	191
12	볼고고드스크주	59	20	79	50	18	68	9	2	11
13	보로네시주	111	53	164	101	47	148	10	6	16
14	고리코프주	156	56	212	145	55	200	11	1	12
15	이바노프주	56	35	91	39	24	63	17	11	28
16	칼리닌그라드주	77	61	138	66	53	119	11	8	19
17	칼리닌주	128	74	202	113	65	178	15	9	24
18	칼루가주	122	57	179	91	44	135	31	13	44
19	키로프주	62	14	76	58	12	70	4	2	6

		수								
		전체 주민수			도시 주민			농촌 주민		
		남	여	양성 합계	남	여	양성 합계	남	여	양성 합계
20	코스트롬주	33	15	48	23	12	35	10	3	13
21	쿠이비세프주	395	252	647	372	235	607	23	17	40
22	쿠르간스크주	59	43	102	43	35	78	16	8	24
23	쿠르스크주	33	20	53	30	19	49	3	1	4
25	레닌그라드	1,073	1,185	2,258	1,073	1,185	2,258	0	0	0
25	레닌그라드주	298	206	504	238	130	368	60	76	136
26	리페츠크주	35	14	49	27	12	39	8	2	10
27	모스크바	1,461	1,455	2,916	1,461	1,455	2,916	0	0	0
28	모스크바주	763	602	1,365	620	465	1,085	143	137	280
29	무르만스크주	117	80	197	95	71	166	22	9	31
30	노브고로드주	103	47	150	84	41	125	19	6	25
31	오렌부르그주	164	118	282	120	93	213	44	25	69
32	오를로프주	34	16	50	28	14	42	6	2	8
33	펜자주	52	23	75	42	19	61	10	4	14
34	페름주	220	138	358	200	130	330	20	8	28
35	위에 코미페르먀츠키 자치관구 포함	4	1	5	2	1	3	2	0	2
36	프스코프주	40	21	61	33	18	51	7	3	10
37	로스토프주	2,932	2,851	5,783	1,997	1,932	3,929	935	919	1,854
38	랴잔주	79	44	123	65	31	96	14	13	27
39	사라토프주	322	163	485	276	144	420	46	19	65
40	스베르들로프주	392	226	618	375	217	592	17	9	26
41	스몰렌스크주	31	31	62	26	29	55	5	2	7
42	탐보프주	42	18	60	31	13	44	11	5	16
43	툴라주	192	90	282	170	84	254	22	6	28

		수								
		전체 주민수			도시 주민			농촌 주민		
		남	여	양성 합계	남	여	양성 합계	남	여	양성 합계
44	울리야노프주	86	25	111	70	21	91	16	4	20
45	첼랴빈스크주	253	159	412	231	152	383	22	7	29
46	야로슬라브주	80	34	114	71	24	95	9	10	19
47	바시키르 자치주	121	82	203	106	68	174	15	14	29
48	다게스탄 자치공화국	376	351	727	275	239	514	101	112	213
49	카바르디노발카르스크 자치공화국	2,404	2,545	4,949	2,314	2,473	4,787	90	72	162
50	칼미크 자치공화국	594	479	1,073	78	96	174	516	383	899
51	카렐스크 자치공화국	34	25	59	27	24	51	7	1	8
52	코미 자치공화국	193	101	294	149	90	239	44	11	55
53	마리 엘 공화국	17	10	27	17	10	27	0	0	0
54	모르도비야 공화국	19	14	33	14	13	27	5	1	6
55	북오세티야 자치공화국	1,379	1,418	2,797	1,105	1,138	2,243	274	280	554
56	타타르 자치공화국	175	115	290	167	109	276	8	6	14
57	우드무르트스크 자치공화국	68	38	106	67	36	103	1	2	3
58	체첸인구세티야 자치공화국	426	433	859	309	318	627	117	115	232
59	추바시 자치공화국	27	15	42	24	15	39	3	0	3

※ 출처: Составлено (Ж.Сон) по данным Всесоюзной переписи населения 1979 г. // [Электронный ресурс]. – Режим доступа: http://www.gks.ru/free_doc/new_site/perepis2010/croc/perepis_itogi1612.htm (06.09.2016).

〈그림 4〉 1989년 러시아공화국 유럽 지역의 도시와 농촌 주민 분포도(고려인)

※ 출처: Составлено (Ж.Сон) по данным Всесоюзной переписи населения 1959 г. // [Электронный ресурс]. – Режим доступа: http://www.gks.ru/free_doc/new_site/perepis2010/croc/perepis_itogi1612.htm (06.09.2016).

<표 5> 1979년 러시아공화국 유럽 지역 도시와 농촌 주민의 성별 분포도(고려인)

		수								
		전체 주민수			도시 주민			농촌 주민		
		남	여	양성 합계	남	여	양성 합계	남	여	양성 합계
	유럽 지역의 고려인	22,669	20,767	43,436	18,356	17,073	35,429	4,313	3,694	8,007
1	크라스노다르 변강	941	851	1,792	650	594	1,244	291	257	548
2	아드이게 자치주	300	335	635	239	266	505	61	69	130
3	스타브로폴 변강	2,361	2,260	4,621	1,291	1,330	2,621	1,070	930	2,000
4	카라차예보체르케스스크 자치주	33	21	54	25	17	42	8	4	12
5	아르한겔스크주	79	67	146	59	50	109	20	17	37
6	아르한겔주	348	286	634	278	238	516	70	48	118
7	벨고로드스크주	76	40	116	69	34	103	7	6	13
8	브랸스크주	38	14	52	32	12	44	6	2	8
9	블라디미르주	141	131	272	116	114	230	25	17	42
10	볼고그라드스크주	839	774	1613	730	708	1,438	109	66	175
11	볼고고드스크주	68	29	97	54	25	79	14	4	18
12	보로네시주	94	60	154	74	50	124	20	10	30
13	고리코프 (나제고로드)주	156	77	233	150	76	226	6	1	7
14	이바노프주	77	61	138	55	51	106	22	10	32
15	칼리닌그라드주	89	64	153	71	50	121	18	14	32
16	칼리닌(트베리)주	180	175	355	158	150	308	22	25	47
17	칼루가주	143	97	240	117	81	198	26	16	42
18	키로프주	75	29	104	66	23	89	9	6	15
19	코스트롬주	30	20	50	21	16	37	9	4	13
20	쿠이비세프 (사마라)주	331	233	564	300	220	520	31	13	44
21	쿠르간스크주	63	59	122	48	42	90	15	17	32

		수								
		전체 주민수			도시 주민			농촌 주민		
		남	여	양성 합계	남	여	양성 합계	남	여	양성 합계
22	쿠르스크주	33	18	51	29	17	46	4	1	5
23	레닌그라드시	1,508	1,454	2,962	1,508	1,454	2,962			
24	레닌그라드주	292	285	577	215	187	402	77	98	175
25	리페츠크주	40	15	55	28	9	37	12	6	18
26	모스크바시 소비에트	1,866	1,827	3,693	1,866	1,827	3,693	0	0	0
27	모스크바주	788	779	1,567	652	639	1,291	136	140	276
28	무르만스크주	192	126	318	176	116	292	16	10	26
29	노브고로드주	104	82	186	81	63	144	23	19	42
30	오렌부르그주	219	166	385	154	121	275	65	45	110
31	오를로프주	54	26	80	45	23	68	9	3	12
32	펜자주	35	21	56	27	18	45	8	3	11
33	페름주	209	103	312	182	94	276	27	9	36
34	코미페르먀츠키 자치관구	1	0	1	0	0	0	1	0	1
35	프스코프주	38	35	73	27	21	48	11	14	25
36	로스토프주	3,645	3,487	7,132	2,630	2,557	5,187	1,015	930	1,945
37	랴잔주	95	79	174	79	66	145	16	13	29
38	사라토프주	328	217	545	246	173	419	82	44	126
39	스베르들로프주	387	245	632	361	235	596	26	10	36
40	스몰렌스크주	51	30	81	49	27	76	2	3	5
41	탐보프주	56	31	87	42	16	58	14	15	29
42	툴라주	162	105	267	130	93	223	32	12	44
43	울리야노프주	90	57	147	84	55	139	6	2	8
44	첼랴빈스크주	295	168	463	271	161	432	24	7	31
45	야로슬라브주	92	62	154	80	53	133	12	9	21

		수								
		전체 주민수			도시 주민			농촌 주민		
		남	여	양성 합계	남	여	양성 합계	남	여	양성 합계
46	바시키르 자치주	126	111	237	114	102	216	12	9	21
47	다게스탄 자치공화국	328	320	648	228	238	466	100	82	182
48	카바르디노발카르스크 자치공화국	2,402	2,581	4,983	2,325	2,502	4,827	77	79	156
59	칼미크 자치공화국	320	323	643	93	99	192	227	224	451
50	카렐스크 자치공화국	60	47	107	49	42	91	11	5	16
51	코미 자치공화국	246	155	401	202	136	338	44	19	63
52	마리 엘 공화국	19	12	31	19	12	31	0	0	0
53	모르도비야 공화국	30	11	41	13	8	21	17	3	20
54	북오세티야 자치공화국	1,423	1,537	2,960	1,178	1,286	2,464	245	251	496
55	타타르 자치공화국	226	166	392	212	155	367	14	11	25
56	우드무르트스크 자치공화국	105	61	166	94	56	150	11	5	16
57	체첸인구세티야 자치공화국	308	328	636	237	251	488	71	77	148
58	추바시 자치공화국	34	14	48	27	14	41	7	0	7

※ 출처: Составлено (Ж.Сон) по данным Всесоюзной переписи населения 1989 г. // [Электронный ресурс]. – Режим доступа: http://www.gks.ru/free_doc/new_site/perepis2010/croc/perepis_itogi1612.htm (06.09.2016).

<표 6> 러시아연방 유럽 영토에서 러시아 고려인의 분포 역학과 러시아어를 구사하는 사람의 수

공화국, 변강, 주 민족 자치관구 명칭	고려인 총 수	러시아어 구사자	공화국, 변강, 주 민족 자치관구 명칭	고려인 총 수	러시아어 구사자
중앙연방관구			남부연방관구		
1. 벨고르스크주	513	511	30. 아디게이 공화국	766	765
2. 브랸스크주	126	125	31. 칼미크 공화국	1,342	1,338
3. 블라디미르주	511	507	32. 크라스노다르 변강	3,952	3,926
4. 보로네시주	672	671	33. 아르한겔주		
5. 이바노프주	323	230	34. 볼고그라드주	7,044	7,006
6. 칼루가주	638	635	35. 로스토프주	15,997	11,557
7. 코스트롬주	112	111	북캅카스관구		
8. 쿠르스크주	178	175	36. 다게스탄 공화국	226	215
9. 리페츠크주	316	315	37. 인구세티야 공화국	15	15
10. 모스크바주	5,537	5,504	38. 카바르디노말카르스크 공화국	4,034	4,013
11. 오룔로프주	176	175	39. 카라차예보체르케스스크 공화국	30	30
12. 랴잔주	667	665	40. 북오세티야 공화국	1,458	1,456
13. 스몰렌스크주	325	325	41. 체첸 공화국	29	29
14. 탐보프주	146	145	42. 스타브로폴 변강	6,759	6,730
15. 트베리주	719	715	프리볼즈스키연방관구		
16. 툴라주	772	772	43. 바시코르토스탄 공화국	777	776
17. 야로슬라브주	265	264	44. 마리 엘 공화국	53	53
18. 모스크바시	9,783	9,609	45. 모르도비아 공화국	84	84
북서연방관구			46. 타타르 공화국	864	856
19. 카렐리아 공화국	100	100	47. 우드무르트 공화국	290	290
20. 코미 공화국	196	196	48. 추바시 공화국	81	81
21. 아르한겔스크주	78	78	49. 페름 변강	555	520
22. 네네츠 민족자치관구	3	3	50. 키로프주	100	100
23. 볼로고드주	109	109	51. 니제고로드주	984	878

공화국, 변강, 주 민족 자치관구 명칭	고려인 총 수	러시아어 구사자	공화국, 변강, 주 민족 자치관구 명칭	고려인 총 수	러시아어 구사자
24. 칼리닌그라드주	731	728	52. 오룔로프주	2,080	2,068
25. 레닌그라드주	1,122	1,119	53. 펜자주	221	220
26. 무르만스크주	173	173	54. 사마라주	1,669	1,694
27. 노브고로드주	341	341	55. 사라토프주	4,206	4,183
28. 프스코프주	119	119	56. 울리야노프주	221	219
29. 상트페테르부르크시	4,031	3,864			

(2012년 전 러시아 인구조사 자료에 의거하여 작성)

2. 고려인 생활에서 사회정치적 요인

1970년대 무렵 소연방 인민의 사회구조는 동일한 유형이었던 것으로 여겨지는데, 노동자, 집단농장 농민계급, 직원의 범주에 의해 그 구조가 모든 민족에게 제공되었기 때문이다. 만약 공식적인 통계에 이런 사회적 구분이 존재한다면, 학술 서적에서는 1960년대 말부터는 노동의 성격과 질, 즉 정신노동과 육체노동, 숙련노동과 비숙련노동 등에 따른 분배를 반영하는 다른 개념 역시 이용되기 시작했다. 가장 계급적인 분류에서 노동의 이질성이 보존되고 있었기 때문에 용어상에서의 이런 분류는 불가피한 것이었다.

고려인의 사회 계층은 고려인들이 러시아 극동 지역에 대규모로 이주했었던 혁명 이전 시기에 시작되었다. 이주민 중에서 법이나 경제적 측면에서 러시아 시민권을 소유하지 못한 한인들과는 달리 더 많은 우월권을 지니고 있었던 러시아 신민인 고려인이 구분되었다. 당연히 고려인 공동체는 부유한 자와 가난한 자, 배운 자와 못 배운 자, 러시아어를 구사하는 자와 러시아어를 전혀 모르는 자, 그리고 직업을 갖지 못한 자로 구성되었다. 러시아 땅에서 생활하며 1917년 무렵 극동지역의 고려인 이주민 중에서는 부유한 상인, 산업가와 지식인들 중에서 그들의 엘리트가 등장했으며, 그들은 긴밀한 관계를 유지하며 러시아 연해주 지역의 통치에 긍정적인 영향력을 행사했다.

이런 모든 요인들은 고려인의 삶에 일정한 형태로 영향을 주었으며, 가난한 고려인들은 직업을 찾아 시베리아횡단철도를 따라 형성된 대도시로 나가, 대규모 공사장에 모집되었는데, 여기서는 지리적 그리고 영토적 요인들이 아무런 역할을 하지 못했다. 그들은 직업을 찾아 경제적 이익을 얻을 수 있는 곳에서 노동에 종사했고, 물질적으로 보장된 고려인들은 자립하여 내적 자유를 획득하여 본인 스스로 자기가 자기 삶의 주인이라는 느낌을 가졌다.

고려인들의 자기희생적 노동은 그 결과를 나타냈으며, 노동의 결실 이외에도 각각의 고려인 가족은 사회적 지위와는 상관없이 자신의 아이들이 고등교육을 받아 좋은 직업을 가질 수 있게 해주려 노력했다. 1980-1990년대 무렵 소연방의 방방곡곡에서는 저명한 학자, 의사, 엔지니어, 국가 공무원, 상이한 분야의 전문가들의 이름이 유명했다.

국가로부터 하등의 법적 지지를 받지 못했음에도 불구하고 고려인들은 국가의 생명 유지를 위한 모든 분야의 근로 활동에서 믿을 수 없는 성공을 거두었다.

강조할 필요가 있는 것은 소비에트 시절에 고려인과 관련하여 부정적인 '타부'가 존재했다는 점이다. 소련공산당 중앙위원회(ЦК КПСС)에서는 이데올로기적 고려와 검열에 입각하여 전력을 다하여 국가 건설에 고려인들이 참석했다는 사실을 기억하지 않으려 노력했다. 대중매체에서는 예외적인 경우에만 고려인 성명을 듣거나 볼 수 있었다. '일본의 첩자'라는 낙인은 계속해서 의미를 지니고 있었으며, '고려인'이라는 민족의 인간은 그 어떤 것이라도 전문가나 지도자가 될 수 없었고, 자신의 입후보에서 소련공산당 중앙위원회 기관의 지지를 받지 못할 경우 고려인은 자신의 경력에 보다 높은 지위를 생각할 수도 없었다.

예를 들어 소비에트 시기 러시아 극동역사에 관한 모든 출판물에서 이데올로기적 고려와 검열의 의미가 있을 경우 러시아가 그 지역을 확보하는데 있어서 고려인들과 그들의 역할은 완전하게 무시되었다. 1917-1967년에 발생한 사건을 나열하면서 연대기적 형식으로 간략한 설명이 들어간 형태로 서술된 '소비에트 연해주의 50년'이라는 책자에서는 고려인들을 전혀 언급하지 않고 있으며, 고려인 이름은 단 한 명 조차도 소개되어 있지 않다.[14]

소연방 학술원 준회원이자 유명한 학자인 게오르기 표도로비치 김[15]은 러시아 동방학의 발전에서 적지 않게 중요한 역할을 했다. 게오르기 김 덕분에 1970-1990년대에 세계 인문학에 전례 없는 혁신이 이루어졌다.

위대한 러시아의 고려인 게오르기 김의 창작적 운명과 그 뒤를 이은 개인적 운명은 실로 놀라운 것이다. 러시아연방 외교아카데미의 블라디미르 리 교수는 자신의 회고록에서 게오르기 김을 세계적 수준의 학자로 평가하며, 국제동방학회의의 공동의장 중 한 명으로서, 일본, 프랑스, 미국, 대한민국 그리고 다른 나라의 지성계에서 잘 알려져 있었으며 존경을 받았던 그를, 소연방 지도부에서는 "기억하지 않으려고" 노력했다.[16]

14) Пятьдесят лет советскому Приморью: Хроника событий 1917-1967. Владивосток: Дальневосточное книжное издательство, 1968.

15) 다음을 보시오. Георгий Федорович Ким. М.: Институт востоковедения РАН, 2015.

16) *Ли В.Ф., Хо Дин.* Слово о Георгии Федоровиче Киме // Георгий Федорович Ким. М.: Институт востоковедения РАН, 2015. С. 138.

아카데믹으로서 연구 활동을 수행하던 그는 "투표 기계"의 숨은 특
릭으로 인해 소연방 과학아카데미의 정회원으로 선출되지 않았다. 출
신 민족을 문제 삼은 소연방공산당 중앙위원회 기구가 동의하지 않았
다. 1976년 12월에 되어서야 게오르기는 소연방 과학아카데미 준회원
이 되었다.

'페레스트로이카' 당시에도 출신 민족은 국가 고위직의 임명에 영향
을 주었다. 1985년부터 1987년까지 게오르기 김은 소연방 과학아카데
미 동방학연구소의 소장직을 수행했다. 연구소의 학자들과 동료들은
나라의 지도부가 게오르기 김을 공식적으로 소연방 과학아카데미 동방
학연구소 소장에 임명하는 순간을 고대하고 있었으나, 그런 일은 일어
나지 않았다. 당시 소련공산당 중앙위원회 서기, 스탈린을 따르는 익명
의 스탈린주의자 중 한 명의 발언에 따르면, "소비에트 동방학은 확실
히 큰형 중 한 명, 즉 소수민족이 아닌 다수민족의 대표자가 이끌어야
만 한다"고 보았다.[17]

◎ 김 게오르기 표도로비치(Ким Георгий Федорович, 1924-1989)

연해주의 시넬리코보(Синельниково)에서 출생했다. 소비에트 동
방학자, 한국사와 아시아, 아프리카 지역 민족해방운동 문제 전문가이
다. 1977년 12월 23일부터 소련 학술원 역사분과(동방학)의 준회원을
역임했다. 농부의 가족에서 태어났다. 다른 고려인들과 마찬가지로 그
의 가족은 1937년에 고향으로부터 강제로 추방되어 북카자흐스탄으로
이주되었다. 그는 2년제 페트로파블로프스크 사범학교를 마친 후, 옴스
크 사범대학을 졸업했다. 1949년 게오르기 김은 소련 학술원 산하 태평

---

17) *Ли В.Ф., Хо Дин.* Указ.соч. С. 139.

양연구소에서 '한국현대사' 전공으로 박사과정에 입학했다. 1952년부터 소련 학술원 동방학연구소에서 근무했다. 선임연구위원(1955-1961), 한국, 몽고 및 베트남과 학과장(1961-1971)과 일반 문제 학과장(1971-1978), 연구소 부소장(1978-1985), 소장 서리(1985-1987) 등을 역임했다. 역사학 대박사 학위 취득(1964). '오늘의 아시아와 아프리카'지 편집장(1974-1989) 역임. 소련 학술원 역사분국 회원(1978-1988), 세계 경제와 국제관계 문제 분과 회원(1988-1989) 역임. 개발도상국 비동맹운동 문제의 연구 조정을 위한 학술 소비에트 대표(1988-1989) 역임.

■ 게오르기 김의 주요 저작:

«Борьба корейского народа за мир, национальное единство и демократию» (1957); «Рабочий класс новой Кореи» (1960); «Распад колониальной системы империализма» (1962, в соавт. с Е. А.Берковым); «Пролетарский интернационализм и революции в странах Востока» (1967, в соавт. с Ф. И. Шабшиной); «Ленинизм и национально-освободительное движение» (1969, в соавт. с А. С. Кауфманом); «Новая история стран Азии и Африки» (1975, 3-е изд. 1982, в соавт. С А.А.Губером и А.Н.Хейфецем); «Союз рабочего класса с крестьянством и опыт социалистических стран Азии» (1977, в соавт. с Ф. И.Шабшиной); «Зарубежный Восток» (тт.1-3, 1980–1981); «От национального освобождения к социальному: социально-политические аспекты современной национально-освободительной революции» (1982); «Ислам в современной политике Востока (конец 1970-х –нач.1980-хгг.)»

(1986); «Классы и сословия в докапиталистических обществах Азии: проблемы социальной мобильности» (1986, совм. с К.З Ашрафян); «Узловые проблемы истории докапиталистических обществ Востока: вопросы историографии» (1990, совм. с К. З. Ашрафян); «Япония: справочник» (1992, совм. с К. О. Саркисовым и А. И. Сенаторовым).

샤브시나(Ф.И. Шабнина)의 회고록에서 게오르기 김에 관한 부분은 다음과 같다. "…겉으로는 게오르기 김은 운이 꽤 좋은 것처럼 보였다. 그러나 내적으로 그에게는 치유되지 않은 큰 상처가 있었다. 즉 민족적 억압, 극심한 불의의 감정과 인식이었다. 실로 모든 고려인들은 실질적으로 공공연한 감시 하에 있었다. 모스크바에 살고 있는 행운아들은 매년 그리고 매월 재등록을 받아야만 했다. 다른 굴욕적인 제한도 존재했다. 젊은 과학자들을 일하던 자리에서 방출시켰으며, 모국어를 잃고 민족적 자존심도 고통을 겪어야 했다."[18]

계속해서 저자는 다음과 같이 강조했다. 즉 만약 게오르기 김이 강제 이주에 처해진 인민들을 상대로 한 탄압 행위가 불법적이고 범죄적인 것으로 인정하여 그들의 권리 보장에 관한 성명서를 소연방 상원이 채택하는 그 순간까지 살았다면, 이 역사적 사건에 대해 이로 말할 수 없을 정도로 기뻐했을 것이다. 샤비나의 기술에 따르면, 그는 조만간에 정의가 승리를 거둘 것이라고 믿었다. 그러나 불행하게도 그는 그날까지 살지를 못했다.[19]

소비에트 지식인계층 중에서 민족적 요인으로 침해받은 인생의 부

---

18) *Шабшина Ф.И.* Наш товарищ Георгий Федорович Ким (1924–1989) / Георгий Федорович Ким. М.: Институт востоковедения РАН, 2015. C. 18–19.
19) *Шабшина Ф.И.* Указ. соч. C. 19.

담을 겪은 다른 명확한 예는 시인, 작곡가, 극작가였던 율리 체르사노비치 김이다. 그는 16년 동안 '유리 미하일로프(Юлий Михайлов)'라는 필명으로 자신의 작품을 발표할 수밖에 없었다. 김이라는 성이 당국에게는 반체제 선동의 소리로 들렸기 때문이었다. 심지어 '유리 미하일로프'의 필명으로도 율리 김은 자신의 작품을 발표할 수 없었다. 1985년이 되어서야 불라트 오쿠자예바[20]가 자신의 시 '뒤늦은 칭찬'에서 "그렇다. 우리 모두가 율리 김이라는 것은 알고 있는데 유리 미하일로프는 무엇이겠는가!"라고 쓴 덕분에, 소비에트 사회는 유명한 영화와 음유시인 노래의 저자가 성으로 고려인인 김이라는 것을 알게 되었다. 불라트 오쿠자예바의 시가 발간된 이후 율리 김은 자신의 성을 사용했다.[21]

◎ 김 율리 체르사노비치(Ким Юлий Черсанович, 1936-)[22]

소비에트와 러시아의 시인, 작곡가, 극작가, 시나리오작가, 음유시인, 소연방에서의 반체제운동 참가자였다. 소련 촬영감독협회 회원(1987)이자 작가협회 회원(1991), 오쿠자예바 상 수상(2000). 모스크바에서 한국어 통역가 김철산(1904-1938)과 러시아어와 러시아문학 선생 니나 프세스뱌트스카야(1907-1974) 사이에서 태어났다. 1938년 그의 아버지가 일본 첩자라는 누명에 의해 총살당했으며, 어머니 역시 정치적 수감자의 부인으로서 8년간의 유형에 처해졌다. 율리 김은 레닌 모스크바국립 사범대학교(МГПИ)의 역사문헌학부를 졸업했다(1959). 교사로 일했으며(1959-1968), 1965-1968년에는 권리보호 운동에 적극

---

20) Окуджава Булат. Запоздалый комплимент / Литературная газета. 1985.

21) Юлий Ким. Сочинения: Песни. Стихи. Пьесы. Статьи и очерки / Сост. Р. Шипов. – М.: Локид, 2000. С. 412.

22) Юлий Ким. Указ. соч. С. 526 – 527.

적으로 참가했다. 이로 인하여 1968년 율리 김은 교사로서의 활동을 그만두어야 했으며, 콘서트 활동만 가능했다. 1969년부터 1985년까지 검열로 인하여 그는 자신의 이름으로 출판할 수 없었기 때문에 필명(율리 미하일로프)을 사용했다. 율리 김은 1956년부터 자신의 시를 바탕으로 음악을 작곡하기 시작하여 20곡이 넘는 음악의 작곡가이며, 2편의 영화 시나리오를 집필했다. 그는 50개의 영화작품과 40개의 연극작품을 위해 200곡이 넘는 곡을 작곡했다. 13권의 책을 집필했으며, 자신의 노래로 CD 7장과 카세트 10개를 발표했다. 최근 러시아와 미국, 독일, 프랑스, 이스라엘, 덴마크, 대한민국 및 다른 나라에서 규칙적으로 콘서트를 개최하고 있다.

율리 김 적극적인 사회적 지위를 지녔던 사람. 러시아의 중요한 사회생활 문제에 관한 그의 다수에 걸친 인터뷰와 출판물은 유명하다.

자기 분야에서 뛰어난 사람들, 유능한 인사들은 출세 경력에서 무언의 금지 대상이 되었던 소비에트 당시에는 이런 경우가 적지 않아서 정치적으로 신뢰할 수 없는 것으로 여겨졌던 소연방의 모든 시민들이 그런 예에 해당되었다. 대체로 이것은 러시아 주민의 모든 계층에 적용된다.

중앙아시아 출신의 고려인 동료 학자들은 소비에트 시기의 민족에 따른 암묵적 차별의 존재에 관한 본 저자의 결론에 이의를 제기하며 동의하지 않을 수도 있을 것이나, 이 경우에는 러시아연방에 관해 언급하는 것이다. 중앙아시아의 모든 공화국에서는 생활 조건이 달랐다. 고려인들은 처음부터 인종적 다양성의 배경에서 더욱 고도로 조직된 다른 상태를 누리고 있었던바, 그런 사실들은 경력을 쌓을 수 있고 높은 국가직 지위를 누릴 수 있는 기회를 그들에게 제공했다.

제2장
정치, 경제, 학문, 교육과 문화 분야의 러시아 고려인

1. 정치와 경제

　　1990년대 말 소연방 소비에트 최고회의 인민대의원으로 4명의 한인 민족이 선출되었다.[1] 1988년 소연방 국가권력 최고 기관, 즉 소비에트 최고회의[2]에 2,250명의 인민대의원이 선출되었으며, 그들 중 4명의 인민대의원이 한인 민족이었다. 상이한 지역과 공화국에서 소비에트 사람들에 의한 고려인이 대의원으로 선출된 것은 높은 등급, 권위와 신뢰의 결정적인 증거였다.

　　민족 관구에서 인민대의원으로 선출된 이들은 고도의 전문성, 지성과 조직 능력을 지닌 사람들이었다.

---

[1] Народные депутаты СССР. Издание Верховного Совета СССР. М., 1990.

[2] 다음을 보시오. https://www.rusempire.ru/verhovnyy-sovet-sssr/s-ezd-narodnyh-deputatov-sssr-i-verhovnyy-sovet-sssr.html Электронный ресурс: Дата обращения: 25.11.2016.

◎ 정 라디 라브렌티예비치(Тен Радий Лаврентьевич)

키르기즈 소비에트 사회주의공화국의 토크마크스크(Токмакск) 민족영토 선거구 №31 출신의 소연방 인민대의원. 1948년 생. 고려인. 모스크바 섬유연구소를 졸업하여 고등교육 이수. 소련공산당 당원. 토크마크스크 양모방적공장 공장장. 8개 발명품에 대한 특허권자.

◎ 김영웅(Ким Ен Ун)

소비에트 영토 옴스크주 선거구 №238 출신의 소연방 인민대의원. 1941년 생. 고려인. 이르쿠츠크국립대학교를 졸업한 고등교육 이수자. 철학박사, 대학교수. 소련공산당 당원. 1989년까지 국제문제 소연방 최고회의 위원회 위원. 의회 윤리문제 위원회 위원.

◎ 조 바실리 이바노비치(Цо Василий Иванович)

우즈베크 소비에트 사회주의 공화국 레닌 민족영토 선거구 №98 출신의 소연방 인민대의원. 1950년 생. 고려인. 잠불스키 경공업 및 식품공업 기술연구소를 졸업한 고등교육 이수자. 소련공산당 당원. 1989년까지 대중 소비용품, 상업, 인민에 대한 공영 생할 및 기타 서비스 분야 민족 소비에트 위원회 산하의 위원회 대표.

◎ 최 콘스탄틴 니콜라예비치(Цой Константин Николаевич)

투바 자치공화국 키질 중앙 민족영토 선거구 №648 출신의 소연방 인민대의원. 1931년 생. 고려인. 울리야노프 쿠이비세프스키 의과대학을 졸업한 고등교육 이수자. 공산당 당원. 키질 시 소속 공화국 항결핵 진료소 수석 의사.

고려인들은 구가 조직 내에서 가장 다양한 사회정치적 그리고 경제적 분야에 참가했다. 그들 중 이미 사망했으나, 소연방 국가체제의 발전뿐만이 아니라, 소연방과 러시아에서의 한인사회에 논란의 여지가 없는 공적을 끼친 일부를 언급하겠다.

2. 학문과 교육

소연방에서는 자신의 삶과 학문 활동을 한국사, 한반도 통일 문제 등에 헌정한 고려인 역사학자들의 공적을 평가하지 않고 있다. 그들 중에는 삶을 마감한 저명한 학자가 있다. 김(Г.Ф. Ким), 김(М.П. Ким), 박(М.Н. Пак), 리(В.Ф. Ли), 박(Б.Д. Пак), 한(Хан М.Н) 그리고 다른 학자들이 바로 그들이다.

◎ 김 막심 파블로비치(Ким Максим Павлович, 1908-1996)

역사학 박사. 1908년 5월 25일 연해주 수이푼 지역 니콜스크우수리스키 군의 푸칠로프카 촌에서 출생. 1934년 역사와 철학연구소 졸업. 모스크바의 고등교육기관에서 강의. 1957-1960년 '소연방사' 지의 편집장 역임. 소연방 내에서의 사회주의와 공산주의 건설사 분야와 소비에트 문화사 전문가. 1960년 6월 10일부터 역사학분과 준회원, 1979년 3월 15일부터 러시아학술원 역사분과(소연방사) 정회원에 임명됨. 러시아사연구소 이사회 자문 역임. 주요 학술연구 분야는 소연방사의 현실적 문제, 러시아문화사. 소연방 국가상 수상. 1996년 6월 11일 모스크바에서 사망. 대조국전쟁(제2차세계대전 혹은 대독전쟁이라고도 한다 -

역주) 당시 저명한 역사학자 집단과 함께 카자흐스탄에 있었다. 1951년부터 소연방 과학아카데미 역사연구소의 사회주의 건설사 분야를 담당했다. 1968년 소연방 과학아카데미 역사연구소가 설립된 후 소비에트사회사 분과의 지도자 겸 소비에트문화사 학과의 학과장이 되었다.

학문의 연구 분야가 매우 광범위하다. 역사학 일반 문제의 방법론 및 이론적 문제, 레닌의 이념 및 이론적 유산, 국가 공업발전사, 노동계급, 농민과 지식계층사, 소비에트사회의 사회구조, 민족국가건설사, 새로운 역사공동체로서의 소비에트인민의 형성 등이다.

김 막심의 지도하에 저서 "고대이후 현재까지의 소연방사"(1943)가 편찬되었다. 그가 편집장의 역할을 맡은 하에 러시아 인민들의 경제 및 문화적 상호관계에 관한 대규모 저서, 인문학부용 사회주의 시기 소연방사에 관한 최초의 교과서 등이 출간되었다. 특히 후자의 교과서는 3판까지 출간되었으며 수많은 외국어로 번역되었다. 학교 중등과정의 고학년용 소연방사 교과서의 저자이자 편집자를 역임했다. 최근에는 소연방에서의 예술혁명사, 소비에트문화 문제 등에 관한 연구를 지속하고 있다. 이 시기에 관한 그의 저술들은 카자흐스탄사의 문제점들과 밀접하게 연결되어 있다. 소연방공화국에서 민족국가건설사 관련 전공자인만큼, 키시녜프(Кишинев, 1975), 타시켄트(Ташкент1976), 알마티(Алма-Аты, 1977) 등지에서 개최된 전소연방 학술 컨퍼런스에 참석했다. 스톡홀름(1960), 모스크바(1960), 샌프란시스코(1975) 등지에서 개최된 역사학자 국제포럼에서 소비에트사학을 대표했다.

카자흐스탄 민족학자들을 양성하는데 공훈을 지니고 있는 바, 그들 중 많은 이들이 현재 카자흐스탄공화국의 학술연구 및 사범학 분야를 대표하고 있다. "소연방사"라는 학술지의 초대 편집장이었으며, "소연방에서의 사회주의 및 공산주의 건설사" 문제에 관한 학술위원회 대표를 역임했다. 노동적기 훈장(2회)을 비롯하여 민조우호훈장, "명예훈자" 및 메달을 수여받았다.

◎ 박 미하일 니콜라예비치(Пак Михаил Николаевич, 1918 – 2008)

모스크바 국립대학 아시아아프리카학부 교수. 모스크바국립대학교 산하 국제 한국학센터 소장, 역사학 박사, 러시아자연과학 학술원 정회원(1994). 러시아자연과학학술원 유라시아연구분과 좌장담당 정회원. 모스크바대학교 공훈교수(1993년 6월). 1918년 6월 21일 연해주의 얀치헤에서 출생. 1941년 모스크바국립 역사, 철학, 문학대학교 역사학부 졸업. 중학교에서 역사 강의. 이후 랴잔 사범대학에서 강의.

1949년 9월부터 모스크바국립대학교에서 근무. 주요 연구물은 한국의 사회경제 및 정치발전과 역사문헌학에서 동방학 문제에 헌정됨.

미하일 니콜라예비치 박교수는 "고려인이 사회주의 시기 소연방에서 억압을 받은 거의 첫 번째 민족이며… 소비에트 고려인의 민족 부흥 과정에서 어떤 것이 가장 시급하다고 보는가?"라는 내용으로 '녜자비시마야 가제타(독립신문이라는 뜻 – 역주)'와 가진 인터뷰 중 한 곳 (1991년 8월 17일자)에서 다음과 같이 답했다.

> "우리는 민족적 위기가 죽어가고 있느 우리의 문화, 전통, 언어에 생명을 불어 넣기 위해 여러 세대에 걸친 고려인의 노력이 필요할 정도로 깊다는 것을 이해하지 못할 정도로 순진하지 않습니다. 이에 전(全)소비에트 고려인 협회의 지도부는 가장 시급한 문제, 즉 민족 문화와 언어의 부활을 해결하기 위한 구체적 프로그램을 마련했습니다. 그런데 고려인들이 살고 있는 중심지나 공화국으로부터의 민족문화 부활에 관한 장기 재정지원 같은 많은 문제들이 발생했습니다. 한국어로 작성된 저서 및 잡지의 출판, 민족극장의 개발 같은 문제들 역시 그것에 포함됩니다. 교수요원, 민족 지식인 계층

의 양성, 자녀들이 한국어를 사용화는 환경에서 자랄 수 있는 유치
원 개원 등의 문제도 있습니다…"

이런 그의 발언은 예언적인 것이 되어, 고려인 자체조직이 민족적
특성의 긍정적 면모 중 하나가 되어, 1920년대부터 현재까지 실질적으
로 고려인들이 집중적으로 거주하고 있는 지역에서 활동하고 있으며,
이런 조직의 주요 활동은 민족의식, 한국 문화와 언어의 부활, 민족간
소통의 문화 양성 등에 맞추어져 있다.

미하일 박은 소비에트 고려인 모스크바연합을 창설했으며(1987),
전소연방고려인연합회의 초대 대표(1991), 국제 한국학회의 부대표
(XII, 1992)를 역임했다. 모스크바국립대학교의 로모노소프 훈장을 수
여받았다(1995). 1999년 서울의 KBS로부터 해외한인 민족훈장을 수
여받았다. 2000년 "학문과 예술의 기사" 칭호와 증표를 수여받았다.

그의 주요 학문적 업적은 한국의 사회경제적, 정치적 발전 및 동방
학사연구사 등의 문제들과 관련되어 있다. 2003년 미하일 박은 한국사
연구 중에서 가장 오래된(XII세기) 기록서인 "삼국사기"의 번역을 완
수했다. 한국사 통론 및 전공과정을 가르쳤다.

◎ 한 막스 니콜라예비치
(Хан Макс Николаевич, 1926-2002)

교수, 한국의 평화민주적 통일을 위한 위원회 산하 자문위원회의 러
시아연방, 중앙아시아와 동유럽협회 회장.

하바롭스크에서 출생. 1905년 부모가 아들 두 명과 누이동생 1명을
데리고 조선에서 러시아로 이주함. 1943년 중학교를 마친 후 17세에
노동군대에 동원되어 코미 자치공화국의 우흐투(Ухту) 시로 향함. 종

전 이후 정부의 특별 결의에 의거하여 모스크바국립대학교 법학부에서 수학. 본 대학교를 졸업한 후 1951년에 소련학술원 동방학연구소의 박사과정에 입학하여 1956년 졸업함. 동년 동방학연구소에 직업을 찾아 1966년까지 교육에 종사함.

1966년 전소연방 레닌공산청년동맹 중앙위원회 산하 최고콤소몰스쿨에서 교육업무에 종사하여 그곳에서 1993년까지 근무했다. 그는 "현대 국제관계의 주요 문제"라는 과정을 가르쳤다.

1988년부터 고려인 사회활동에 적극적으로 참가했다. 1989년 소비에트고려인 모스크바연합의 부대표, 1990년에는 소비에트고려인 전소연방연합의 부대표로 각각 선출되었다. 1994년 러시아고려인연합의 자문관에 임명되었다. 1999년 전러시아 고려인연합 위원회의 회원으로 선출되었다.

1999년부터 한국의 평화민주통일 위원회 산하 자문위원회 연합대표 역임(러시아연방, 중앙아시아와 동유럽 국가).

1962년 박사학위 취득 후, 1967년 조교수에 임명되었다. 1993년 교수에 임명되었으며, 다수의 연구물을 출판했다.

◎ 허웅배(Хо Ун Пе, 허진 [Хо Дин], 1928-1997)

작가, 교육자, 사회운동가. 1928년 2월 2일 중국에서 출생. 하얼빈에서 중등 교육을 이수함.

1945-1950년 북한 평양시 소년단(선전부).

1950-1952년 한국전쟁 참전(소령).

1952-1957년 소연방에서 수학. 전 러시아 국립영화학교각본과.

1958-1964년 상트페테르부르크대학교 강사.

1964-1988년 소연방 문화부(일본과0, 소연방 대외무역아카데미의 외국어학과 강사

1988-1996년 모스크바 국제인민(한국)대학교 총장

1955년 러시아자연과학학술원 유라시아연구분과 정회원에 선정

1997년 1월 5일 모스크바에서 별세.

1997년 12월 31일 대한민국 대통령령에 의하여 한민족 부활, 한러 우호와 협력 강화에 대한 막대한 공적을 기린 '번영' 훈장을 수여받음.

◎ 리 블라디미르 표도로비치
(Ли Владимир Федорович, 1930-2010)

필명 리우효. 본은 정주. 1930년 6월 1일 치타(Чита)에서 출생. 1958년 레닌그라드 국립 사범대학교 현대사, 최신사 학과 박사과정 졸업. 동방 민족의 민족해방운동 문제에 대한 '즈나니예(앎이란 뜻 - 역주)'회의 강사 역임. 1958-1963년 특파원, "현대동방(현재는 "오늘의 아시아와 아프리카" 지)" 지의 책임서기를 역임했다. "제2차세계대전 이후 국제관계에서 카시미르의 문제"라는 논문으로 역사학 박사 학위 취득(1958년 4월 2일). "남아시아와 동남아시아에서 케네디 정부의 정책"(소연방 과학아카데미 동방학연구소)이라는 논문으로 대박사 학위 취득(1969년 9월 12일). 1962-1990년 소연방 과학아카데미 동방학연구소 선임연구원, 정치문제 학과장, 1990-1991년 인문학 분과 전소연방공산당 중앙위원회 정치국 국원 비서, 국제문제에 관한 소연방 상원위원회 자문 역임. 한러관계 및 아시아태평양지역에서의 상황 문제에 관한 러시아연방 하원의 전문위원.

1991년부터 아시아태평양지역 센터 소장, 러시아연방 외무부 사하

외교아카데미의 주요국제문제연구소 한국학과 학과장. 교수(1978년 3월 3일). 현대 국제관계에 관한 일련의 과목을 강의. 대한민국을 포함하여 박사과정 및 대박사과정의 지도교수 역임(총 24명 중 19명이 학위 취득). 러시아자연과학아카데미 정회원(1994년 10월 12일)에 선임. 러시아 국제연구연합의 회원, 러시아 과학아카데미(동방학클럽) 학자들의 모스크바 하우스 회원, 러시아 외무부 외교아카데미 산하 외교클럽 회원(유라시아 클럽), 러시아 학술지연맹 회원(국제분과). 러시아연방 전러시아고려인연합회 산하의 정기간행물인 "러시아의 고려인"의 출판위원회 회원이다. "한국독립유공자 후손협회" 러시아연합의 학술 컨설턴트이자, 연방민족문화자치 중앙위원회 자문.

■ **학문 분야**

국제문제, 한러관계사, 러시아 고려인의 추방에 관한 문서보관소 소장 자료의 연구 및 간행. 상기 문제의 연구에서 교수 및 상담자로서 유명한 이들은 임수, 한득봉, 박종효 및 다른 이들이 있다. 파리에서 개최(1973)된 22차 동방학자회의에 참석, 도쿄에서 개최된(1983) 아시아와 북아프리카 인문학 연구에 관한 31차 회의에 참석, 마닐라에서 개최된(1983) 아시아 역사학자 국제연합 9차 학술회의에 참석, 호놀룰루(1989)와 오사카(1990)에서 개최된 한국학 문제 학술회의에 참석, "사회경제 발전과 양자 관계" 한러경제포럼(모스크바, 2005)에 참석, 베를린에서 개최된(2003) 4차 세계한국학포럼에 참석, 모스크바(1999, 2002, 2003, 2005), 서울(2002) 그리고 평창(2004)에서 개최된 제 1 - 7차 한러포럼에 참석. 개발도상국 경제연구소(일본, 1985), 몬테레이 국제관계연구소(미국, 1995), 하와이대학교(미국, 1997), 고려대학교(대한민국, 1999) 및 다른 곳에서 학술 인턴십을 거쳤다. 250편 이상의 저술이 있으며, 그중에는 한국학과 관련된 연구물도 존재한다. "러시아, 코민테른, 한국 그리고 한 민족의 반식민지투쟁"이라는 주제로 러시아 최신사 문서 보관 및 연구센 터에서의 작업 완수, "세계문명사에서의 한국"이라는 주제로 청년 외교 관들을 위한 전(全) 교육과정 창안, 러시아연방 외무부 외교아카데미 산 하에 한국학 연구실 창설 등을 목표로 했다.

러시아연방 공훈활동가(1996년 9월 23일). '노동 공적' 메달(1975) 과 '러시아 외무부 200주년' 기념 메달(2002), 대한민국 노무현의 2004 년 12월 31일자 대통령령 №149993에 의거하여 '표창장'을 수여받음.

◎ 박 보리스 드미트리예비치
(Пак Борис Дмитриевич, 1931-2010)

역사학 박사, 교수, 러시아공화국 학자, 러시아학술원 인문학 정회 원, 러시아학술원 산하 동방학연구소에서 근무.

1931년 1월 4일 블라디보스토크의 노동자 집안에서 출생. 1956년 상트페테르부르크국립대학교 동방학부 졸업. 전공 '동방국가사, 역사 학자, 동방학자'. 1950-1951년 우즈베키스탄 소비에트 사회주의 공화 국 타시켄트주 니즈네치르치크스키 지역에 위치한 집단농장 '노비 푸 티(새로운 길이라는 뜻 - 역주)' 산하 간편 중학교의 역사 선생으로 근 무. 1956-1962년 우즈베키스탄 타시켄트주 스레드네치르치크스키 지 역에 위치한 집단농장 '폴랴르나야 즈베즈다(북극성 - 역주)' 산하 중학 교 교장 겸 역사 선생 역임.

1962-1965년 레닌 모스크바국립사범대학교 현대사 및 최신사 학과 박사과정. 1965-1972년 이르쿠츠크국립대학교 일반사학과 조교수. 1972-1974년 모스크바국립사범대학교 현대 및 최신사 학과 대박사과

정. 1974년 '19세기 중반 - 1910년 러시아와 한국'이라는 주제로 박사 학위 논문 통과. 1975-1999년 이르쿠츠크국립사범대학교 세계사 학과 학과장 역임. 1999년 10월부터 2010년까지 러시아학술원 동방학연구 소 수석학술연구원. 1992년부터 한국 몽골학과 학과장 역임. 1992년부 터 이르쿠츠크 사범대학교 국제아시아연구센터 소장 역임. 한국 민족 의 독립운동, 한러관계사 그리고 소비에트와 러시아 고려인사 문제를 연구했다. 2001년 '러시아의 고려인'이라는 책을 연속물로 편찬했다.

1992-1993년 이르쿠츠크 시 키로프 지역 의원 역임. 대한민국 교육 부 산하 '민족사연구 위원회' 위원 역임. 1991년 우호 훈장, '노동 베테 랑' 메달, '몽골인민혁명 50년 기념' 메달을 수항했으며, 수많은 표창장 과 상을 수상했다. 한국사와 타 동양국가의 역사를 주제로 130편 이상 의 연구물을 발표했으며, 그중 8권의 학술서가 있다.

◎ 신 알렉세이 세묘노비치
(Шин Алексей Семенович, 1930-2014)

1930년 2월 18일 연해주 파르티잔스크 지역, 극동지방 부데노프스 키 지역의 크라스니 악탸브리 촌 농민 집안에서 출생. 1954년 상트페테 르부르크 동방학부 졸업. 역사학 박사(1962년 7월 4일). 논문 주제: '제 2차 세계대전 이후 미국의 대 인도네시아 정책'. 소연방 학술원 동방학 연구소 연구원(1962년부터).

1937년 연해주와 하바롭스크주의 모든 고려인들과 함께 그의 가족 들은 강제 추방당하여 부덴니(Буденый) 집단농장이 세워진 우즈베키 스탄 타시켄트주 니즈네치르치크스키(Нижне-Чирчикский) 구역 으로 이주되었다.

1948년 기본교육 중등과정을 마친 알렉세이 신은 그 학교에서 잠시

선임개척지도자로 근무했다. 1949년 타시켄트국립대학교 동방학부 역사학과에 입학했다. 1954년 대학에서의 학업을 마친 후, 우등상은 받은 그는 4년 동안 니즈네치르치크스키 지역의 기본교육 중등과정에서 근무했다.

1958년부터 알렉세이 신은 동방학, 즉 동방 제국의 역사, 문화, 현대 문제 등에 관한 학문의 길을 걸었다. 그는 세계에서 가장 대규모 학문 중심지 중 하나인 모스크바의 소연방 과학아카데미 동방학연구소에서도 이어졌다. 알렉세이 신의 인생과 활동은 약 40년 동안 동방학과 연관되어 있었다. 그곳에서 그는 박사과정을 다녔으며, 박사학위와 대박사학위를 취득한 후, 연구소의 수석연구원이 되었다.

알렉세이 신은 75편의 저술을 남겼다. 연구 주제는 다양하여, 현대 동방의 이론과 실제에 관한 몇 가지 일반적 질문, 동남아시아와 아랍지역 국가들의 일련의 정치발전, 동방에서의 국제관계 등이다. 그에게는 한국의 중요 문제에 대한 저술도 있다. 최근 알렉세이 신은 아시아, 특히 그중에서도 가장 복잡하고 폭발적 위험이 존재하는 근동과 중동지역에서의 사회주의 인터내셔널 정책 다양한 측면을 연구하고 있다. 그는 상기 언급된 주제와 관련하여 모스크바, 미국, 일본, 한국, 체코슬로바키아, 예멘 등지에서 개최된 학술컨퍼런스에 여러 차례 참가했다.

알렉세이 신은 자신의 학술 활동을 성공적으로 교육과 연결시켰다. 그는 1972-1976년 그리고 1983-1987년에 각각 남예멘의 당학교에서 강의를 했으며, 그곳에서 "민족해방 및 민족민주주의 운동 문제" 그리고 "국제관계의 주요 문제" 등과 같은 과정을 가르쳤다. 1995년 알렉세이 신이 모스크바사범대학교 역사, 정치 및 법학부 교수로서 교육 업무에 전념한 것은 전적으로 자연스러운 것이었다.

신은 사회생활에도 활동적인 모습을 보였다. 그는 여러 차례에 걸쳐 과학아카데미 동방학연구소에서 사회조직 지도부의 일원이 되었다. 국제문제 전문 강사로서 러시아의 거의 모든 지역을 방문했으며, 라오스, 베트남, 인도, 네팔 등지에서 강의했다. 현재 그는 모스크바사범대학교 논문위원회 중 한 학부의 학술위원회 위원이다.

알렉세이 신은 고려인민족사회운동의 부활과 조직에 가장 적극적으로 참가했다. 1990-1991년 그는 모스크바 소비에트고려인협회의 대표로 선출되었으며, 1992-1993년 러시아 고려인협회의 대표가 되었다. 러시아 고려인의 복권에 관한 러시아 국가조직의 결정 입안에 참가했다. 즉 러시아연방 상원 민족위원회의 1993년 3월 회기에서 상기 문제로 발표를 했다. 러시아 고려인의 복권에 관한 결정은 1993년 4월 1일 러시아연방 상원에서 채택되었다.

유명한 학자이자 선생, 정직하고 품위 있으며, 원칙을 지키는 사람, 일상과 걱정에 무관심하지 않았던, 친절하고 사람들에게 세심하며 가정적이었던 좋은 사람 알렉세이 신은 그가 일하지 않았던 곳에서도 그와 함께 소통했고 협력했던 모든 이들로부터 단체 내에서 높은 위신과 존경, 신뢰와 친절한 호의를 받았다.

러시아(소비에트) 고려인들 중에서는 소비에트 산업의 기술 분야에서 활동을 다한 학자가 적지 않다. 애석하게도 고려인의 거주지가 소련의 광대한 영토에 산재해 있음에 따라 뛰어난 고려인의 삶을 밝히는 것이 물리적으로 불가능하다. 이 작업은 다음 세대의 몫이다. 위대한 고려인 기사 중에서 첫 번째로 언급하고 싶은 이는 김 미하일 바실리예비치이다.

◎ 김 미하일 바실리예비치
(Ким Михаил Васильевич, 1907-1970)

극동지역의 연해주 케드로바야 골 촌의 고려인 가족에서 태어남. 1923년부터 블라디보스토크에서 거주하다, 1927년부터는 레닌그라드에서 생활함. 극동대학교 산하 노동학원(1927)과 레닌그라드 기능대학(1932)을 졸업함. 1932-1935년 전 러시아 학술종합연구소 수력공학과 박사과정생이자 니즈녜볼고프로엑타의 수력공학 엔지니어로 근무했다.

1935년 10월 5일 체포되어, 1924-1925년 연해주 지역에서의 반혁명 집단 창설, 한국과 만주 내 반당 단체와의 관계 등으로 고발당했다. 1936년 5월 30일 판결에 따라 권리 및 재산 몰수 없는 금고형 4년 형을 받았다. 노릴스크(노릴스크 수용소)에서 형기를 마쳤다. 수력공학 기사 및 선임현장감독으로 근무했다.

1993년3월 1일 석방된 그는 그해 4월에 특별 사면되었다. 노닐스크에서 의용대원으로 근무했다. 1956년 완전하게 명예 회복되었다. 1939-1959년 영구동토관측소 소장 겸 노릴스크 콤비나트의 프로젝트 출장소 조사과장을 역임했다.

1959-1970년 소연방 크라스노야르스크 산업건설프로젝트 국가기구 노릴스크 학술연구과장을 역임했다. 1966년 말뚝기초이론의 수립에 참가한 것을 기려 레닌훈장을 받았으며, 말뚝기초 위에 지은 건물들은 지하 환기가 이루어지는 상태에서 올바르게 사용할 시 더 튼튼하게 유지될 수 있음을 증명했다.

1970년 9월 4일 크라스노야르스크에서 시베리아와 극동지역 건설 문제로 회의도중 사망했다. 김 미하일은 레닌 훈장, '1941-1945년 대조국전쟁에서의 용맹한 노동을 기리는' 메달과 세 차례에 걸쳐 인민경제

달성 박람회장(ВДНХ)의 은메달을 수여받았다.

1996년 레닌 상을 수상했다.

1998년 10월 31일 노릴스크 시 레닌스키 대로 19번지 건물에 김 미하일을 기념하는 평석이 설치되어 제막되었다.

◎ 우가이 야코프 알렉산드로비치
(Угай Яков Александрович, 1921-1997)

1921년 9월 20일 출생. 1944년 알마아타시의 카자흐스탄 국립대학교 화학부 졸업. 1947년 박사학위 논문 통과, 1965년 대박사학위 논문 통과, 1966년 교수에 임명됨.

화학박사, 교수, 학술원 정회원, 소연방 국가상 수상자, 보로네시 명예시민, 러시아연방 학술 공훈활동가. 대박사(박사) 학위에 따른 전공은 02.00.01, 즉 무기화학이다.

표창, 명예 및 학술 칭호. 소연방 국가 상 수상자. 최고 교육 국제 학술원 정회원, 러시아연방 학술 공훈활동가. 소로스 폰드의 상을 수상함.

우가이는 하바롭스크의 농촌학교 교장 집안에서 태어났다. 이 학교는 하바롭스크주 베이징 지역 스탈린 촌에 있었다.

보로네시 무기화학과의 반도체 분야의 수석지도자이자 대표인 저는 지도교수이자 고체화학 및 반도체 분야를 연구 개발하는 보로네시 無起 화학과의 지도자이었다. 1962년 소연방에서 유일한 반도체 화학과를 창설하여 1965년까지 학과장을 역임했다. 1965년부터 1989년까지 일반 및 무기화학과를 지도했다. 무기화학과 교수를 역임했다.

그의 연구 방향은 반도체 화학과 마이크로 및 나노전자공학의 기초 재료과학, 반도체의 표면 공정이다. 반도체 열역학 분야 연구와 관련

국가상을 수상했다. 일련의 교과서 및 교재의 저자이다. 대학에서 다음과 같은 일반 및 무기화학 과정을 강의했다. 일반화학의 문제, 현대화학 무제, 우가이는 500편 이상의 저술을 중앙언론에 발표했다.

◎ 김 니콜라이(한섭) 니콜라예비치
   (Ким Николай(Хан Себ) Николаевич, 1913-2009)[3]

소연방 국가 상 수상. 러시아공화국 공훈 건축가, 건축학 박사, 교수.

1913년 9월 10일 달네보스토크니 변강의 니콜라예프스크나아무레 근처의 작은 마을에서 출생. 1933년 모스크바 건축대학교 학생이 됨. 이 학교 최초의 고려인 입학생인 것으로 밝혀짐. 1939년 2월 니콜라이 김은 최고 성적으로 학위를 받은 후 국영농장건설프로젝트의 건축가로서 처음에는 로스토프 지부에 임명되었다가, 나중에 모스크바 지부로 배치되었다. 농업 건설의 중앙 건물과 다양한 시설물을 설계했다.

대조국전쟁의 발발 1개월 전인 1941년 5월 21일 니콜라이 김은 적군에 징집되었다. 그는 카렐스키 전선의 무르만스크 방면에서 독일군 비행기의 지속적인 폭격을 받으면서도 핀란드 국경 방향으로의 공항과 도로 부설로 군 생활을 시작했다. 1944년 가을 카렐스크 전선에서의 전쟁이 종결되었다.

니콜라이 김은 카렐스키 전선에서의 전투 공적으로 크라스나야 즈베즈다(붉은 별) 훈장과 '소비에트 극지 방어를 위한' 메달을 수여받았다.

1945년 1월부터 니콜라이 김은 제2벨로루스 전선에서 복무했다. 셰친(Щецин), 그듸냐(Гдыня), 그단스크(Гданьск, 앞의 두 도시 포함, 모두 폴란드에 위치한 곳이다 - 역주) 및 다른 도시들의 해방전투에 참

---

3) Энциклопедия российских корейцев. М., 2004.

전했다. 독일의 도시인 헤링스도르프에서도 승리를 맞이했다.

니콜라이 김은 대조국전쟁 2등 훈장인 "대독전승" 메달과 다른 많은 훈장을 받았다.

모스크바에 도착한 그는 러시아 소비에트연방 사회주의 공화국 각료회의 산하 건축업무 담당 건축기술위원회(1945-1946)에서 근무하기 시작하여, 이후 연방해양프로젝트(1947-1948) 그리고 국립 육류 및 유제품산업체 설계 연구소(1948-1959) 등지에서 일했다. 1961-1986년까지 니콜라이 김은 연구 및 설계실험 중앙연구소에서 학술부소장 및 수석건축설계사 수석 설계사로 근무했다.

산업용 건축물과 장비의 일원화된 시스템의 개발과 적용을 기려 1977년 소연방 국가상이 하사되었다.

니콜라이 김의 지도 하에 수행된 다수의 건축유형학적 연구들이 건축의 현장에서도 성공적으로 적용되어, 그는 소연방 국민경제박람회장 금메달을 (1962, 1965, 1977, 1979, 1986)다섯 차례나 받았다. 1973년 니콜라이 김은 소비에트 건축분야에서의 공적으로 러시아 소비에트연방 사회주의 공화국 공훈건축가라는 명예 칭호를 획득했다.

그는 23년(1963-1986) 동안 이사회 서기이자 소연방 건축가연합 이사회의 생산환경 건축에 관한 상설창조위원회 대표였다.

니콜라이 김은 모스크바건설연구소 23년 동안 (1963-1986)에서 강의를 했으며, 이후 1979-1985년에 국립모스크바건설연구소의 건축학과 학과장을 역임했다. 1976년 정교수에 임명되었다. 그의 저서인 "산업건축, 건설출판사, 모스크바, 1979. 같은 책 2판은 1988"은 1985년 독일민주주의공화국에서 독일어 번역본으로 발행되었으며, 한국에서는 1994년 증보판의 형태로 한국어로 번역, 발행되었다.

니콜라이 김은 브라질(1962), 스위스(1966), 미국(1968), 독일민주주의공화국(1970), 불가리아(1971, 1990), 오스트리아(1974), 멕시코(1977), 헝가리(1981) 등 국제 세미나와 심포지엄에 발표자로서 다수 참가했다. 1992년 한 해 동안에는 한국건설연구소의 초청으로 국립서울대학교에서 1년 동안 근무했다.

2000년 대한민국 재외동포재단의 감사장을 받았다.

2001년판 러시아 건축건설백과사전은 "건축, 도시건설, 건설학 발전에 기여한 막대한 공로"를 기념하여 메달과 증서를 니콜라이 김에게 증정했다.

1996년부터 니콜라이 김은 모스크바에 한러문화센터의 개관 문제에 전념하고 있다.

그의 성명은 국제공동인명센터의 주요 작품인 '20세기의 병사들'(모스크바, 2000년)의 '대조국전쟁 - 현대의 위대한 활동가 200명'에 목차에 게재되었다. 니콜라이 김은 1995년 5월 9일 모스크바 붉은광장에서 개최된 베테랑 기념행진에 참가한, 고려인으로서는 유일한 사람이다. 이런 사실은 정보 우의 '아틀란티다(Атлантида)'가 발간한 주요 저서인 '모스크바, 붉은 광장 1945-1995'에 게재된 기록과 행진지휘관 육군대장 고보로프(В. Говоров)가 그의 성명에 서명한 №1150 증명서에 의하여 증명된다.

◎ 박 안드레이 인수노비치
  (Пак Андрей Инсунович, 1926-1994)

지리광물학 박사. 레닌상 수상(1959). 연해주 체르니고프카 촌 출신. 사마르칸트 국립대학교 졸업(1951), 크라스노홈스크 원정대에서 당 지휘자 겸 수석 지리학자로 근무.

1959년 유용한 광물자원의 탐사와 유일한 매장지 발견을 기려 구소련의 최고 학술상 인 레닌 상을 수여받았다.

1967-1994년 우즈베키스탄 과학아카데미의 지리 및 지구물리학 연구소에서 수석연구원의 자격으로 근무했다. 1965년 박사학위를 취득했다. 1984년에 취득한 대박사학위의 학위논문에는 "지구사에서 풍화지각형성 과정의 진전"이라는 안드레이 박의 학술적 업적이 대량으로 들어가 있다.

그는 100편 이상의 저서와 다양한 학술지와 논문집에 게재된 논문이 있다. 그는 노동적기와 "광물 산지의 최초발견자" 기장을 받았다.

저명한 학자, 기사, 의사의 명단은 더 열거할 수 있다. 소비에트 시기 고려인 청년들은 기술학교에서 더 많이 배우려고 했으며 인문학 분야에는 적었다. 그러나 그에 대한 연구는 아직까지 상세하게 이루어지지 않았다.

3. 문화

소비에트 인민의 러시아화는 고려인을 포함한 소수 민족들이 러시아 문화는 물론 세계 문화를 연구할 수 있도록 해 주었다. 전통에 따라 고려인들은 중등교육은 물론 고등교육을 받으려고 노력했다. 창조 능력이 생활의 모든 분야에서 드러났으며, 그중에서는 문학, 미술, 음악, 운동 등이 있다.

저명한 작가들 중에서는 로만 김을 언급할 만하다. 그는 과거 소비에트의 첩보원이었으나 나중에 작가가 되었다. 그러나 그의 운명은 매우 오랜 시간 동안 비밀 속에 있었으며, 그의 첩보 활동에 관해서도 오늘날 알려진 것이 많지 않다. 소비에트의 독자들은 추리소설의 작가로서 그를 알고 있다.

◎ 김 로만(Ким Роман, 1899-1967)[4]

러시아인의 소비에트 작가, 인기 있는 첩보소설의 작가. 한인 가족에서 출생했다. 소년시절은 일본에서 보냈으며, 1907-1917년 도쿄에 있는 대학에서 수학했다. 1923년 블라디보스토크대학교 동방학부를 졸업했다. 학생 시절 동방학 전 러시아 학술회 극동분과를 만든 사람 중 한 명이다. 1923-1930년 모스크바 동방학연구소(МИВ)에서 중국과 일본 문학을 강의했다.[5]

위 주제로 학술 대중용 기사 및 언론용 기사를 발표했다. 1924년부터 아쿠타가와 류노스케의 두 설화를 번역한 것을 시작으로 번역가로서 활동했다. 1930년대에 들어서 통합국가정치행정 외국과에서 일본문제로 근무했다. 1937년 4월 2일, 1940년 7월 9일 러시아 소비에트연방 사회주의 공화국의 형법 58-1a조에 의거하여 20년 형을 선고받았다. 전쟁 중 수형자의 신분인 상태에서 쿠이비셰프(Куйбышев, 노보시비르스카야주에 있는 도시 - 역주)인민내무위원회의 특별선전조직에서 통역관으로 근무했다. 1945년 말 그의 사건이 재심에 붙여져, 이미 수감된 기간으로 감형되었다. 1945년 12월 29일 석방되어 1959년 2월 복권되었다. 그의 부인은 일본학 전공자인 마리아 사모일로브나 진(1904-2002)이다.

로만 김은 1950년부터 첩보와 추리소설가의 작가로 작품을 발표했

---

4) Куланов А. Роман Ким. М.: Молодая гвардия, 2016. – 414 с.

5) Московский институт востоковедения (МИВ) – высшее учебное заведение в городе Москва, существовавшее в 1920 – 1954 гг..

다. 이 작품들이 그의 모국에서는 비평이 아닌 형태로서 독자들만이 알아봤으나, 외국에서는 다수의 언어로 번역되었다.

◎ 주송원(Тю Сон Вон, 1909-1974)[6]

고려인 시인으로 함경남도의 가난한 농부의 집안에서 출생했다. 진보적 신문과 잡지에 글을 실었으며, 정기간행물인 '문화교류' 지와 '해방' 지의 편집자였다.

1946년 주송원은 원산에서 '내 비파'라는 시집을 발간했으며, 이 책으로 그는 유명해졌다. 주송원은 레닌과 스탈린의 저작, 푸시킨의 시, 레르몬토프(М.Ю. Лермонтов)와 네크라소프(Н.А. Некрасов), 마야코프스키(В.В. Маяковский) 및 기타 다른 소비에트 시인들의 작품을 한국어로 번역했다.

한국 인민들이 미국 점령자들을 상대로 투쟁할 당시 주송원은 많은 시를 썼으며, 이 작품들은 러시아어와 한국어로 인쇄되었다.

◎ 이 빅토르 트로피모비치
(Ни Виктор Трофимович, 1934-1979)

1934년 12월 1일 블라디보스토크에서 태어났다. 1952-1953년 티메르타우(Тимертау) 시의 야금종합공장에서 근무하면서 아트 스튜디오에 참석했다. 1953-1958년 펜자예술학교에서 수학했다. 그곳을 우등으로 졸업한 그는 고등교육기관에 추천으로 입학했다. 1958-1964년 수리코프 모스크바 미술학교를 성공적으로 졸업했다. 1964년 말부터 오렌부르크에서 생활했다. 1969년 소연방 화가연맹에 가입했다. 1979년

---

6) Тю Сон Вон. Слово корейца. М.: Советский писатель, 1952.

12월 6일 튜멘(Тюмень) 시에서 45세의 나이로 사망했다.

　그의 이름은 1970년대 시각예술의 역사에 기록되었다. 당시는 '오렌부르크 학파' 소속으로 전문적으로 강력하고 예술적으로 흥미로운 예술가 집단의 형성된 시기였다. 니콜라이 예리셰프(Николай Ерышев), 유리 그리고리예프(Юрий Григорьев), 겐나디 글라흐테예프(Геннадий Глахтеев), 뱌체슬라프 프로스비린(Вячеслав Просвирин) 및 기타 여러 사람의 이름은 이미 널리 알려졌다. 모스크바의 알려진 전시회와 해외의 많은 전시회에서 거의 모두 참석했다. 빅토르 이의 작품은 전시 당시 관람자와 평론가들에게 호평을 받았다. 이런 적극적인 참가 그리고 거의 매번 새로운 주제와 테마를 제시하는 그림은 무엇보다 우선적으로 만고의 아름다운 세상의 자신의 시적 형상을 사람들에게 드러낸 작가의 비범한 재능 및 진정으로 무욕적인 작업으로 설명된다. 빅토르 이는 바닥칠 물감에서 맑고 낭랑한 물감의 유쾌한 음향 그리고 선과 조형 구조의 위엄 있고 차분한 리듬에 기초한 자신의 회화 체계를 확립한 다음, 테크닉과 스타일 방식을 조화시켰다.

　성격상 활발하고 역동적인 화가는 탐나는 열정과 면밀하게 그리고 즐겁게 개화와 평화로운 안온함으로, 사람들이 맑고 즐겁게 살며 일하는 세상을 채색했다. 그의 회화 "밭에서 돌아옴", "양배추 수확", "전쟁에서 돌아온 병사", "여름", "콤바이어 운전사" 등에서는 일상 속에서 숙련된 생활, 사람을 둘러싸고 있는 익숙한 세계, 실로 가장 평범한 사람을 조화롭게 아름다운 사람으로 표현하기 그리고 위대한 도덕적 및 영원한 가치로 인정하게 만들기 등을 명확하게 보여줄 수 있는 능력이 드러나 있다.

　빅토르 이의 세계관, 즉 그의 세계에 대한 미적 개념은 현재적 삶의 능동적 느낌, 세계와 모국의 예술에 대한 최선의 모델, 전쟁을 겪은 소년기의 잊히지 않는 인상, 승리에 대한 자각된 가치 등에 의해서 형성되었다. 바로 이것이 낭만적으로 고결하고, 서정적인 태도 등이 회화에 가득차 있는 이유이다. "1941년의 송별", "해방" 그리고 "1945년. 귀환" 등이 그런 작품이다. 세 장으로 이어진 그림처럼 화가가 계획하지 않은 것역시 단일한 주제에 의해 연결되어 있다. 그것은 바로 인민과 병사들의 공적이다. 그것은 산 자와 죽은 자의 귀환이다. 한 부류는 삶에 대해, 다른 이들은 산 자들의 감사하는 기억 속에서 영원히 살 수 있기를 원한 것이다. 따라서 저 작품들은 땅 위에 올라온 그래서 꽃으로 장식된 영속의 틀에 그려진 것처럼 기차 출입구의 입구에 그려져 있는 것이다.

수많은 여성 모델 속에서도 조화와 아름다움에 대한 주장이 존재한다. 무엇보다 우선적으로 그것은 사랑스러운 얼굴에 그녀와 유사한 밝음을 지닌, 그리고 부드러운 여성성의 매력과 영적 미묘함을 갖춘 부인 또는 모델의 초상화이다. 이런 예는 다소 이상화되었으며, 약간 신비스럽고 그 스스로에게 집중되어 있다. 각각의 초상화는 고유의 색상 구성표, 깔끔한 선의 부드러운 리듬을 지니고 있다. 붓질의 움직임은 마치호흡과 같고, 감각적이면서도 검소하다("양탄자를 배경으로 한 여인", "창가의 처녀", "창가. 구르주프[Гурзуф, 얄타의 작은 도시 - 역주]에서의 저녁" 및 그 외).

풍경의 부유함과 가능성은 빅토르 이가 현대인의 복잡하고 다양한 세계를 감지하고, 세계에 대한 자신만의 인식을 표현할 수 있게 해 주었다. 따라서 자연은 그의 영원한 본성이었으며, 그의 실험실이자 작업실이었다. 다양한 음영으로 재생되는 무지개 같은 세계가 그가 그린 많은 풍경화 속에 나타나 있다. 오렌지색 언덕과 이어지는 오렌부르크의초원, 적색과 황적색의 바쉬키르의 말, 흑황색 숲, 푸르고 푸른 산, 바닷가의 다채로운 작은 배들, 남부의 피라미드형 청록색 나무, 뜨거운

포도원 등, 세계에 대한 인식은 이처럼 색채파의 낭랑함이었다.

1979년 12월 6일 빅토르 이는 "우랄의 화가들"이라는 지역 전시회에 출품할 작품을 만들던 중 튜멘에서 사망했다. 그가 사망한 날 그가 공훈화가의 칭호를 부여할 준비가 되어 있다는 소식이 모스크바로부터 들려왔다.

빅토르 이의 작품들은 모스크바 트레티야콥스카야 갤러리야, 루스키박물관, 우파, 페름, 에카테린부르크, 첼랴빈스크 미술관 등 러시아 내 각 박물관과 독일, 프랑스, 벨기에, 오스트리아 및 기타 해외 박물관에서 나뉘어 보관되고 있다. 그러나 그의 작품이 가장 많이 보관된 곳은 오렌부르크 미술박물관이다. 많은 작품들은 개인 소장가들이 지니고 있다.

■ 전시회

1986년 "오렌부르크 지역의 10인 화가전"(모스크바 첸트랄니 돔 후도즈니카), 2000년 "오렌부르크 지역의 125인 화가전"(모스크바), 2001-2007년 "오렌부르크 화가들의 작품 100선전"(오렌부르크).

■ 참고문헌

아키모바, "체조와 운동" 전시회. '화가' 지, №2, 1972년. 베르카샨체바, "오렌부르크 지역 화가들의 작품 100선", 오렌부르크, 2003년. 라브로프, 앨범 "새로운 이름", 모스크바, '소비에트 화가' 지, 1978년.

◎ 남 류드밀라 발렌티노브나
(Нам Людмила Валентиновна, 1947-2007)

러시아 인민여배우(2003년 6월). 러시아 국립학술볼쇼이극장의 솔리스트(ГАБДТ, 1977-1997년).

1947년 2월 1일 카자흐스탄의 마킨스크(Макинск)에서 출생. 1965년 사범학교를 졸업한 후 발하샤(Балхаша)와 우시토베(Уштобе)의 중학교 선생으로 근무했다. 하바롭스크에서 음악학교를 졸업한 후(1973), 소연방 전문 인민여배우 아르히포바(И.К. Архипова) 교실에서 차이콥스키 모스크바국립음악원을 졸업했다.

1977년부터 1997년까지 볼쇼이극장 오페라단에서 근무했다. 메조소프라노의 모든 중요 파트를 불렀다. 1977년 글린카 은메달 수상. 1978년 차이콥스키 국제콩쿠르에서 은메달 수상. 1979년 프란시스코 비앙스(에스파니아) 국제콩쿠르에서 은메달 수상. 1988년 서울올림픽 당시 대한민국에서 콘서트 투어를 함. 1990년 서울에서 공연된 오페라 '카르멘'에서 카르멘 파트를 부름. 1991년 볼쇼이극장과 함께 미국 뉴욕과 워싱턴 공연에서 오페라 "예브게니 오네긴" 중의 유모 파트를 부름, 모차르트의 "진혼곡"에서 메조소프라노 부분을 부름. 1991년 서울에서 개최된 세계한국페스티벌에서 콘서트와 함께 공연. 1992년 스코틀랜드에서 베르디의 오페라 일 트로바토레의 연기에서 아주체나 부분을 부름(11회 공연) 또한 에딘부르크 페스티벌에서 오페라 "근위병" 연기에서 대 귀족부인 모로조바의 부분을 부름. 1993년 재미국 한인협회의 초청으로 솔로콘서트 공연을 함(필라델피아, 뉴욕, 시카고, 로스앤젤레스, 샌프란시스코, 워싱턴, 볼티모어). 1994년 한국의 KBS초청으로 각 도시(대구, 울산, 제주)를 순회하며 솔로 콘서트를 공연함. 1994년 벨

기에에서 오페라 "예브게니 오네긴" 중의 유모 파트를 부름, 1995년 한
국의 대구시에서 일 베르디의 오페라 트로바토레의 연기에서 아주체나
부분을 부름. 1996년 "서울레코드" 사에서 11개의 오페라 아리아를
CD로 제작함. 1997년 '코리아 타임스' 지의 초청으로 캐나다의 토론토
에서 솔로 콘서트를 공연함. 1997년 한국 대구예술학교에서 보컬 교수
로 재직. 1999년 서울 KBS의 신년 갈라 콘서트에 출연.

1979년-2000년 콘서트와 공연하고 CIS국가와 불가리아, 헝그리,
루마니아, 체코슬로바키아, 유고슬라비아, 독일, 벨기에, 프랑스, 스코
틀랜드, 영구, 스페인, 미국, 캐나다, 한국, 중국 등에서 오페라에 참석
했다. 즉 베르디의 오페라 아이다 중 암네리스, 베르디의 일 트로바토
레의 아주체나, 베르디의 '돈 카를로'의 에볼리, 비제의 오페라 '카르멘'
에서 카르멘, 무소르그스키의 '보리스 고두노프'에서 마리나 므니섹, 베
토벤의 '9번 교향곡'에서 메조소프라노 부분, 모차르트의 '진혼곡'에서
메조소프라노 부분, 벨리니의 오페라 '노마'에서 아달지자, 로시니의
'세르비아의 이발사' 중에서 로지나 등.

2000년 중국 상하이에서 한국의 오페라 "춘향전"(유석진 단장) 상
연에서 월매의 부분을 불렀다. 2000년 7월 한국에서 개최된 제3회 한
인국제페스티벌에서 갈라 콘서트에 출연했다. 2000년 9월 CD에 '모스
크바의 발랄라이카' 4중주와 함께하는 러시아 고전 화상곡을 녹음했다.

2000년 12월 대한민국 '국민포장'을 수여받음. 인민. 헌법. 대통령.
2003년 6월 러시아 대통령령으로 '러시아 인민배우'라는 칭호를 받음.
1998-2007년 모스크바 국립필하모니의 솔리스트였으며, 연주회와 실
내악 가수였다.

◎ 박 비비아나(Пак Вивиана, 1928-2013)

블라디보스토크의 저명한 무용가이자 교육가의 집안에서 태어났다. 유명한 정치인이자 걸출한 애국자, 혁명가로서 한국의 독립을 위한 항일운동에 지대한 공적을 남긴 박헌영(Пак Хон Ён, 1900-1955)과 주세죽(Чу Се Дюк, 1901-1953)의 딸이었다.

박헌영(필명 이준)은 유명한 정치활동가, 애국자이자 혁명가이며, 3.1운동에 참가했다. 북한의 수상, 북한의 외무부장관(1948-1953)을 역임했다. 1953년 미국 간첩으로 비난을 받아 1955년 사형선고를 받았다. 주세죽(필명 한 베라) 역시 혁명가, 한국 내 여성들 사이에서의 공산당 세포 조직자로서 소연방에서 탄압을 받아(1937-1943) 6년 동안 유형에 처해졌다가 복권되었다. 2008년 대한민국에서는 한국 독립투쟁에 적극 참가한 것을 기려 사후 훈장을 추서했다.

1929년 일본당국의 지속적인 추적으로 인해 박헌영은 자신의 부인 주세죽과 함께 고국을 떠나 소연방으로 향했다. 그들은 국제노동자구호기구와의 협력 하에 블라디보스토크를 거쳐 모스크바에 도착했다. 1928년 9월 1일 블라디보스토크에서 비비아나가 태어났다.

1929년 1월 박헌영의 가족은 한국을 떠나 모스크바에 도착했다. 박헌영은 코민테른의 한국분과 업무에 적극적으로 참가했으며 그와 동시에 모스크바의 레닌학교에서 수학했다. 한편 부인 주세죽은 동방노력자 공산대학에 입학했다.

부모가 활발한 정치활동을 펼치자, 비비아나 역시 1931년 모스크바주 바시키노 촌에서 국제혁명투사구호기구의 주도로 만들어진 정치적 망명자를 위한 고아원에 입양되었다. 바시키노의 고아원이, 그 이후에는 스위스의 혁명가인 멘토나 모저(Mentona Moser)가 유산으로 물려받은 자금으로 이바노프에 세워진 국제고아원이 설립되었다.

다양한 국가 출신으로 코민테른에서 일하고 있었던 많은 혁명가 인터내셔널리스트들은 자신의 자식들을 고아원에 보낼 수밖에 없었다. 체포될 수도 있는 위험을 감수해야 하는 잦은 해외 출장, 코민테른에서의 근무 등 이 모든 것은 공산주의 혁명가들이 자식 부양에 전적으로 종사할 수 있도록 허락하지 않았다. 이에 비비아나 역시 그런 운명을 겪었으며, 1931년부터 고아원에서 자라야 했다.

1931년부터 비비아나는 모스크바 근교 바시키노(Васькино) 촌에 있는 고아원에서 살면서 교육을 받았다. 1933년 그녀를 이바노보(Иваново) 시에 있는 정치적 난민의 제1차 인터내셔널 고아원으로 옮겼다. 1943년 비바는 이고리 모이세예프(Игорь Моисеев)의 지도하에 인민 무용 국립학술앙상블에 있는 안무학교스튜디오에 진학했다. 1947년 앙상블 회원이 되어 그곳에서 20년을 근무했다. 1968년부터 2011년까지 이고리 모이세예프 인민무용 국립학술앙상블(ГААНТ) 산하 학교스튜디오(전문학교)에서 가르쳤다. 프라하에서 전 세계 민주주의 청년페스티벌에서 수상했으며, 노동영예의 메달을 수여받았다. 문화교육부의 감사패를 지니고 있다. 2011년부터 명예 은퇴했다.

◎ 허가이 일리야 니콜라예비치
(Хегай Илья Николаевич, 1930-2011)

1930년 9월 20일 연해주의 시코토보(Шкотово) 촌에서 출생했다. 1947년부터 1950년까지 알마아타 미술극장학교에서 수학했다. 1956년 에이페르트(В.А. Эйферт) 교수의 카르간다 미술스튜디오를 졸업했다. 1952년부터 시, 주, 지역, 공화국, 국제전시회 등에 적극적으로 참가했다.

1967년 소연방 화가협회 회원이 되었다. 1979년부터 스타리 오스콜(Старый Оскол)에 거주하면서 일하고 있다. 당시 이 도시가 크르스크 자기이상분포지역의 자원을 개발하는 중심지가 되었다. 이 시기 화가의 화폭은 1970-1980년대 스타로오스콜 지역에서 발생했던 역사적 사건을 반영했다. 일반적인 평일에 작가는 특별한 시의 창조 과정, 인간에 의한 자연의 힘의 정복 등을 보여준다.

그는 수년 동안 도시의 창조적 지식인들, 즉 화가, 시인, 존경받을 만한 교육자, 압둘리나(Л. Абдуллина), 제니나(Л. Зенина), 네슈모프(В. Нешумов), 게라센코(Н. Геращенко), 에르몰로바(Л. Ермолова), 제레즈니코프(В. Железников) 등의 초상을 그리고 있다.

허가이는 자신의 창작물에서 자연과 스타로오스콜 지역의 건축물에 특별한 관심을 보였다. 그는 장르 회화에서 알아주는 지역 교회의 형상을 이용하고 있다. 우리는 러시아의 역사적 사건과 함께 연루되어 있다는 것과 문화적 유산의 보존이 중요하다는 것을 느끼고 있다.

일리야 허가이는 자신의 작품에서 동양과 유럽 두 문화의 전통을 흡수한 화가이다. 허가이의 최근 회화는 은유적인 것으로 정의될 수 있으며, 철학적 문제를 묘사하고 있는 장르 회화는 그의 창작에서 특별한 지위를 차지하고 있다. 그 작품들에는 영원한 가치, 즉 선과 사랑, 과거에 관한 기억, 현지인들과의 유대 등이 존재한다. 허가이의 회화 공간은 숨쉬고 살 수 있다. 그 공간에는 우주와 인간, 출생과 사망, 순간과 영원, 선과 사랑, 기억과 뿌리에 대한 갈망, 인간에 의해 잃어버린 세상과의 통합을 향한 탐색 등이 공존한다.

1998년 일리야 허가이의 이름이 1992년부터 출판사 SAUR(뮌헨, 라이프치히)가 출간하여 전 세계에서 화가에 관한 가장 광범위하고 권위 있는 출판물이 된, 전체 분량이 100권이 넘는 "전세계 화가 대백과 사전 - 전 시기와 인민 세계의 화가들"(AKL)에 게재되었다.

일리야는 전시회에 참가한 것을 기려 인증서, 디플롬, 레닌 탄생 100주년 기념 메달 등을 받았다. 허가이는 출생 80주년 기념일에 러시아 화가협회의 "영성, 전통, 기량"의 기장을 받았다.

2001년 그는 회화와 그림을 유산으로 남긴 채, 세상을 등졌다. 그의 작품은 러시아, 카자흐스탄의 박물관에 보관 중이며, 개인 소장품으로 미국, 독일, 핀란드, 불가리아, 타이완, 폴란드 등지에 있다.

제3장
소연방 해체 이후 고려인

1. 러시아 주민의 사회적 스트레스와 심리적 상태

　최근의 가장 중대한 지정학적 변동 중의 하나는 소연방의 해체이다. 소연방에 대신하여 새로운 국가들이 등장했다. 그 국가들의 형성은 모든 수준에서의 변화와 관련이 있다.

　가장 근본적인 변화는 정치적 분야와 관련되어 있다. 과거의 1당 체제에 대신하여 경쟁하는 수많은 정당과 사회 운동이 발생했다. 공산당의 활동은 1991년 금지되었다. 인민대의원 소비에트는 1993년 기능에 종지부를 찍었다. 통일된 군사력이 해산되었다. 새로이 형성된 각각의 국가는 자신의 군대를 보유하기 시작했다.

　1992년 민족 간 갈등이 첨예해졌다. 구 소연방의 남부는 현재의 긴장된 지점으로 변했다. 조지아, 압하지아 그리고 남오세티야, 나고르니

카라바흐(Нагорный Карабах) 그리고 체첸, 프리드네스트로비예(Приднестровье)와 타지키스탄에서는 유혈 충돌이 있었으며 이로 인해 주민 10만 명이 떠나갔다. 이런 충돌의 결과 대규모 이주가 시작되었다. 5백만의 피난민들이 고향을 떠났다.

변화는 경제에도 영향을 주었다. 1992년은 충격요법으로 기념된다. 이 요법은 가격 자유화로 결론되며, 러시아에서 시장관계가 시작되었다. 파괴된 루블 존은 수많은 화폐의 등장으로 이어졌다. 모든 국가들이 소비에트 여권을 거부했으며, 그것에 대신하여 자국 여권으로 교체했다. 주민의 국적도 변했다. 투르크메니스탄, 조지아, 리투아니아, 라트비아 그리고 에스토니아와는 비자체제가 성립되었다.

사회가 겪어야 했던 최초의 힘든 경험은 위대한 제국으로 막대한 잠재력을 지니고 세계 사회에 영향을 주면서 유럽과 아시아의 발전 전망을 규정하던 소연방의 침몰이었다. 러시아 사회에서 1991-1993년은 특히 극적이었다. 러시아 사회는 자신의 이전 사회적 정체성을 상실했다. 이것은 개별적 인간도 그리고 사회도 전반적으로 어떤 사회적 지위를 그들이 찾아낸 것인지 그리고 소연방의 해체, 국가와 사회 재산의 청산, 소비에트 정치 체제, 사회주의 가치, 집단적 사고방식과 소비에트식 사고 형태의 청산 결과 무엇을 잃었는지를 이해하지 못했다.

경제와 정치체제의 개혁으로 주민 다수에게서는 개혁 그 자체도 그리고 그것을 실행한 이들에 대해서도 적의가 강화되었다. 주된 원인은 지속적으로 긴장된 상태에서 권력의 지류들 간의 첨예하고 지속적인 정치 투쟁, 미래에 대한 자신감 상실, 가격 상승과 실업 등이었다.

인구통계학적 상황 역시 첨예해졌다. 즉 출산율의 하락과 사망률 증가의 경향이 강화되었다. 다른 한 편으로 러시아로 피난민의 물결이 밀려들어서, 1992년 말에는 이미 러시아에 약 2백만 명의 러시아어를 사용하는, 과거 연방공화국에서 이주한 구 소연방의 시민들이 존재한다.

조직적 성격을 급격하게 띠고 있는 범죄율 증가 역시 불만의 중요한 원인이 되었다. 세 개의 중요한 요인들이 그런 부만을 자극하고 있다. 즉 주민들의 도덕적 법적 지향목표 상실, 권리보호 기관 업무의 낮은 효율성 그리고 그것과 관련하여 처벌이 없는 범죄 환경에 대한 확신이 강화되고 있다는 것이다. 1992년 한 해 동안 114만 8천 건의 범죄가 발생했다(1991년에는 959건이었다).

결과적으로 1992년 말 러시아 국내에서의 정치와 경제 상황을 긍정적으로 평가하던 주민 집단이 사라졌다(단지 6%만이 상황이 개선되었다고 믿고 있었다).

러시아 사회에서 정치적 항쟁이라는 배경에서 정신적 분열도 심화되었다. 여기에는 다음과 같은 원인들이 있다. 첫째, 옐친에 의해 시작된 개혁이 인구의 대부분을 사회문제의 심연으로 몰아넣었다. 둘째, 사회관계의 변화가 매우 격렬하게 컸던 것으로 밝혀지면서 사회적 인식을 괴멸시켰으며, 가장 해결이 힘든 문제들 중 하나를 제시했다. 즉 과연 러시아가 그 길을 선택한 것인가? 셋째, 정치체제의 민주화가 새로운 민주주의 제도의 변형에 익숙해지도록 강요했을 뿐, 사회 중요 부분의 자기실현 전망을 제시하지 못했다. 넷째, 언론의 자유, 검열의 부재 등은 그 반대 측면으로 대안적 정신적 생산물의 발현을 지니고 있었으며, 사회적 인식에서 충격과 국민의 특정 집단 수준, 심지어 가족들 내에서도 평가의 양극화를 야기했다.[1]

시장경제로의 전화에 따라 사회적 양극화가 급속하게 진행되어, 80%의 빈곤 계층, 5%의 부유층으로 갈라졌다. 러시아에서의 중산층

---

1) 다음을 보시오. *Голотик С.И., Елисеева Н.Ф.* Россия в 1992 – 2000 гг.: экономика, власть и общество // Новый исторический вестник. № 8, 2002.

형성 과정은 매우 느리게 진행되었으며, 이 문제를 해결하기 위해 국가 지도부가 제정한 사회정책은 실행되지 않았다.

후기 소비에트 러시아에서 사회적 불평등의 비극은, 상대적으로 멀지 않은 시기(1990년대)에 국민의 대부분이 소비, 교육, 의료 심지어 완전 고용이 국가에 의해 보장되었기 때문에 사회적 차원에서 자신이 충분히 안락하다고 느꼈다는 것에 의해 야기되었다. 개혁의 몇 년 동안에 러시아 사회는 사회적 양극화가 주요 특징이 되어버린 대조의 사회가 변질되었다. 사회적 양극화의 원인이 된 것은 수입의 차이로서, 경제활동을 하는 국민의 70%가 불규칙적으로 지급되었던 봉급을 수입원으로 삼고 있었다.

전반적으로 1990년대 개혁 시기의 러시아 사회 내에서는 전통적인 주민 집단의 '침식' 과정과 수입, 재산의 형태, 권력구조로의 포함 수준에 따라 집단화 되고 있는 새로운 집단의 형성이 활발하게 진행되었다.

새로운 사회구조는 다음과 같다.

1) 주민들의 대규모 균열
2) 재산 형태의 다양성에 의한 사회적 과정의 변동성
3) 불안정성, 심지어 전체 규모의 사회적 갈등과 대립.

후기 소비에트 사회에서의 최고 지위를 차지한 엘리트는 그 구성에 있어서 단일한 종류가 아니다. 고위급 관료 기구의 대표, 새로운 자산가, 거대한 경제인('사장단'), 심지어 엘리트에 봉사하는 지식인과 금융업자들도 엘리트에 포함된다.

중간이나 낮은 숙련의 노동자들 또한 사무실 직원들이 낮은 지위를 점하고 있다.

'충격요법'을 통한 시장경제로의 변형은 전체 산업생산량의 축소,

국방 연구소와 실험실의 폐쇄 및 엔지니어 기술자와 학문 종사자, 공무원의 감소로 귀결되면서 후자는 실질적으로 휴업자 대열에 들어간다.

시장경제의 발생으로 일련의 상업조직이 발생했으며, 이 조직들은 중간자의 역할을 통해 수입을 벌어들이고 있다. 이를 달리 표현하면 그들은 수요가 많은 상품의 '매매'에 종사하고 있다.

중간 범위가 나타나면서 고용인, 법률가, 비서, 회계사, 통역사, 경비원, 운전수, 건축가 등의 수요가 증가했다. 이런 주민 집단의 집중은 러시아 자본의 80%까지 집결되는 모스크바에서 특히 많이 나타나고 있으며, 사회적 계급분화는 최대수준에 도달하고 있다.

포스트 소비에트 러시아에서 형성된 사회구조의 독자적 한계는 가난의 종류가 다양하다는 것이다. 3,700만 명의 가난한 자들 중에서 1995년에는 약 10%(350-370만 명) 생존 상태에 있었다. 즉 극단적인 생리학적 빈곤에 처해 있었다. 본인의 관점에서 인간의 가난은 시장경제에 인민들이 준비되지 않은 결과이다. 소연방에서는 인생이 많지는 않지만 가장 먼저 규칙적인 월급, 무상교육과 의료서비스를 보장해 주었다.

2. 새로운 생활 조건에 대한 고려인의 적응

러시아의 고려인은 포스트 소비에트 러시아의 모든 다른 주민들처럼 위에 언급한 과정을 겪었다. 대규모 고려인 이주민들은 보다 높은 경제적 문화적 발전 수준을 향해서 뿐만 아니라, 안전을 찾아서 러시아로 향하고 있다.

대규모 이주로 인해 시민권 획득, 재정착과 고용 등과 관련된 복잡한 문제가 다수 발생했다. 이 모든 복잡한 문제를 동시에 전체적으로 해결한다는 것은 전혀 가능성이 없다.

예를 들어 칼미크 공화국에서는 고려인회 집행부 대표인 김(Г. Ким)이 민족회의 대표인 압둘라티포프(Р.Г. Абдулатипов) 앞으로 다음과 같이 통보했다. 즉 "… 러시아공화국 법률을 채택한 시점으로부터 충분한 시간이 흘렀습니다만, 고려인과 관련하여 이들은 이 나라에서 최초로 대규모 탄압에 처해졌으나, 실질적인 것은 아무 것도 이루어지지 않았으며… 실행된 모든 대책들은 칼미크에게 전파되었습니다. 그러나 한인들한테는 아닙니다."[2] 이것과 다른 문제들은 동시에가 아닌 점진적으로 해결되었다. 본인의 관점에서는 다른 인민들과 비교했을 때 고려인들은 가동성과 창의성을 지니고 있다. 이 자질들이 당면한 역사적으로 복잡한 시기에 사활적 문제들은 해결하는데 도움을 주었다.

◎ 칼리닌그라드의 고려인[3]

칼리닌그라드 지역 사회조직(КРОО) '한러문화센터'의 대표는 스타니슬라브 임(Станислав Им)이다. 러시아의 가장 서쪽 지역인 칼리닌그라드에 있는 고려인의 대부분은 중앙아시아 출신이다. 고려인들의 사고방식, 관습과 전통 중앙아시아 고려인들에게 고유한 것이며, 이주 이후에도 역시 그것들이 어느 정도 수준에서 유지되고 있다.

러시아에서 자국인 이주프로그램을 발표한 이후 이주를 위해 특히 인기 있는 지역이 되었다. 칼리닌그라드주가 유럽에 가깝다는 점, 이주를 위한 특별한 조건, 손쉬운 러시아 시민권 획득 방법 등이 독립국가

---

2) Бугай Н.Ф. «Его секрет в жизнелюбии…». Лидер общественного объединения корейцев России – Василий Цо. М., 2015. С. 49.
3) Корейцы Калининграда. Дата обращение 26.12.2016. http://www.koreanclub.ru/history-of-koryo-saram-film-the-koreans-kaliningrad/

연합에서 러시아로 이주한다는 결심을 내린 수많은 고려인에게 결정적 요인이 되었다. 무엇보다 우선적으로 이주 프로그램에 따라 고급 전문가, 숙련 노동자들이 우선적 특권을 얻었다. 사회 구성에 다라 기본적으로 그런 이들은 지식인, 의사, 엔지니어 등이다. 농업에 종사하는 사람들은 매우 적다.

칼리닌그라드주에는 이민족 간의 혼혈 결혼 경향이 형성되고 있다. 이것은 무엇보다 우선적으로 문화적 유산의 전반적인 변화, 또한 다양한 문화의 보다 긴밀한 상호침투와 관련되어 있다. 고려인 청년들은 그들의 삶의 동반자가 다른 민족과 문화일 경우 잘못된 것을 전혀 목각할 수 없다. 그 지역에서의 다문화 환경은 자기정체성의 민족적 국경을 부식시키는데 부응하고 있다. 더욱 많은 청년들은 러시아의 이 고립된 지역에서 살고 있는 다른 민족과 인민의 문화에 관심을 가지고 있다.

국제적인 가족에서의 공동생활은 각 참가자들에게 일정한 의무를 부과한다. 여기서 반드시 남편 혹은 부인의 민족 문화, 관습 그리고 전통을 존중하며 대해야 한다. 지속적인 타협과 상호 이해는 가족관계에서 조화를 찾아내는데 도움을 준다.

'한러문화센터'는 자신이 가능한 정도에 따라 자기 업무를 추진하고 있다. 필요한 재정적 뒷받침의 부재, 청년 고려인들의 소수가 느린 속도로 고려인 문화를 발전시키고 있다. 그래도 다양한 문화 행사를 개최한 후에 칼리닌그라드에서 고려인 문화에 대한 관심이 특히 더 자라날 것이다.

칼리닌그라드의 국가 기관 및 사회 조직과 함께 고려인 디아스포라는 다양한 대규모 문화행사에 능동적으로 참가하고 있다. 멀고 신비한 한국이 그 주의 주민과 손님들에게서 많은 관심을 불러일으키고 있다. 그들은 현지의 민족적 한인을 통해서 한국을 만나고 있다. 독특한 한국 요리는 이런 행사에서 언제나 인기가 높으며 수요를 누린다. 바로 이런 행사에서 한국 문화와, 한국의 전통 및 관습을 만나게 된다.

현재 칼리닌그라드주에는 약 수천 명의 민족적 한인이 거주하고 있으며, 그들은 그곳에서 출생했거나, 상이한 시기에 상이한 상황 하에서 러시아의 이곳 서쪽 지역으로 이주한 사람들이다.

칼리닌그라드의 한인들 중에는 검사, 대규모 국영회사의 사장, 지역 병원과 의료원의 수석 의사 등과 같은 직급이 높은 공무원이 있다. 일부 고려인은 예전에 현지 지방자치지역의 의원에 선출되었으며, 칼리닌그라드주정부 산하의 민족 간 관계에 따른 위원회 업무에 적극적으로 참석하고 있다.

인용된 예는 러시아어를 구사하는 현대 한인들에게 전형적인 것이다. 러시아의 고려인은 러시아의 사회지리적 공간에 통합되었다. 그들은 공직에 선출되거나, 임명되기도 하며, 경쟁적 협력에 참가하고 러시아 사회의 사회경제적 발전과 문화적 발전에서 자신의 공간을 찾고 있다.

1990년대 말 모스크바와 모스크바 내 조직에 관한 연방의 고려인 활동 조직의 업무를 바실리 조 씨가 확인했다. "모스크바는 민족적 성격의 것을 포함하여 많은 노동 문제들이 실꾸리에 얽혀있는 다민족 도시이며 그 문제들을 해결하고 있다. 아마도 소수민족에 대한 관계에서 정권이 행하는 모든 것에 동의할 수는 없을 수도 있을 것이다. 그러나 그렇다 해도 수도에는 다소간의 안정성이 존재한다."[4] 바실리 조는 고려인 전 러시아 운동의 대표로 선출된 이후 이런 평가를 내렸다. 한인 사회 운동의 활동에 관해서는 국가 구조 내에서 잘 알려져 있다.

---

4) ООК выходит на российскую политическую арену // Российские корейцы. № 3. Ноябрь, 1999. С. 4.

결론

러시아에서 고려인이 전체 주민의 몇 퍼센트를 차지하는가라는 질문에 답하는 것은 어렵다. 왜냐하면 첫째, 20세기 초에 개별적인 가족단위로 이주한 고려인을 계산하는 것은 불가능하다. 현지에서 러시아 사회에 통합된 이 가족들은 고려인들이 밀집해 정착한 곳에 살고 있는 자신의 친척들과 소통하고 있다. 그들의 자녀들은 다른 민족 출신의 배우자들 찾아 결혼했으며, 그들이 자녀들에게는 할아버지와 증조부가 고려인이었다는 사실이 기억 속에만 남아 있다. 둘째, 소비에트 시기 젊은 전문가들은 최고교육기관을 마친 후 소연방 방방곡곡에 위치한 기업으로 배정되었는데, 그런 이들을 계산하는 것도 가능하지 않다. 셋째, 1930년대(58조에 의거하여) '일본 첩자'라는 정치범으로 선고를 받아 민족이라는 기준으로 강제수용소로 보내진 고려인들의 운명이 알려져 있지 않다. 그들 중 다수가 형기 만료 이후에도 모국의 친척들에게로 돌아가지 않았으며, 형기를 마친 그 지역에서 노동활동을 했다는 것이 알려져 있다. 넷째, 러시아연방 국내여권에는 '민족'이라는 난이 삭제되었으며, 따라서 실질적으로 국가적 차원에서 민족이라는 기준으로 계산을 하지 않고 있다.

다른 민족 공동체의 일원은 물론, 농장주로서 종사하는 기업, 교육 분야, 보건, 운동 및 기타 분야에서 고려인의 존재를 확인할 수 있는 가능성이 존재한다.

이런 사실을 자세하게 연구하기 위해서는 사회적 연구가 가능하지만, 영토적으로 러시아의 지역을 파악한다는 것은 불가능하다. 이런 연구를 진행하려는 시도가 실제로 있었다. 사회학적 연구가 튜멘(Тюмен) 국립대학교에서 카라불라토바(И.С. Карабулатова) 교수의 지도 하에 "튜멘 인의 현대 대중 의식 속에 있는 러시아 고려인의 일반적인 사회심리적 초상"이라는 주제로 실행되었다. 실험의 결과 학문적 관심, 러시아 고려인의 모습이 인지의 분리, 사회적 그리고 각 개인의 특성의 분리라는 방법으로 연구되었다.[1] 고려인에 대한 이런 식의 사회학적 연구는 최초로 진행되었으며, 고려인에 대한 태도와 평가가 제시된 초상의 중요한 특징이다. 사회적 측면은 사회 내에서 고려인 지위의 묘사에 반영되나, 개인적인 측면은 각 고려인 개인의 심리적 특징을 연구한 것에 있다. 연구는 독립국가연합 소속의 나라에서 이주해 온 고려인을 상대로 진행되었다.

2006년 이형근 목사는 포볼지예(Поволжье)의 고려인을 상대로 사회학적 연구를 실행했다.[2] 볼고그라드(426), 아르트라한(4), 사라토

1) Карабулатова И.С. Обобщенный социально-психологический портрет российского корейца в современном массовом сознании тюменцев // Корейцы в Тюменском крае. Сборник материалов научной конференции, посвященной 140-летию переселения корейцев Россию и 75-летию Тюменского государственного университета. Тюмень, 2005. С. 16, 17.

2) Ли Хен Кын. Корейское население Нижнего Поволжья (по результатам социологического опроса 2006) // Сборник материалов Международной научной конференции, посвященной 70-летию депортации корейцев с Дальнего Востока в Среднюю Азию и Казахстан «Корейцы в России, радикальная трансформация и пути

프(32), 칼미크 공화국(12) 등지에서 총 474명이 이 연구에 응답자로 참가했다. 모든 참가자들은 노동 가능 연령대였다. '직업적 구성과 노동 고용'이라는 방향에 따라 진행된 연구에서, 전문화가 기계공과 건설 인부에서 안무가와 음악가로 확산된다는 것이 확인되었다. 여기서 질문을 받은 응답자의 1/3이 농업에 종사하는 고려인이었다. 연구 결과가 전적으로 러시아연방 남부의 다른 연방주체에도 그에 준하는 것으로 추론된다고 볼 수 있다.

김(E.B. Ким)의 학위논문 '시베리아의 고려인: 20-21세기 민족사회, 민족정치적 과정'[3]에서는 사회학적 질문의 결과가 제시되었다. 논문 작성자는 2006-2007년 노보시비르스크(Новосибирск)와 톰스크(Томск)에서 그리고 2012-2014년에는 노보시비르스크, 톰스, 이르쿠츠크, 옴스크(Омск), 톰스크(Томск), 바르나울(Барнаул) 등지에서 설문조사를 실시했다. 500명의 응답자를 상대로 쿤마크파르드렌드(Кун-Макпартленд)의 방법에 따라 실험이 진행되었다. 노보시비르스크와 톰스크시에 거주하는 18세에서 63세 사이의 고려인 중에서 무작위 선택의 방식으로 샘플링이 이루어졌다.[4]

실행된 사회학적 연구는 고려인 공동체에서의 민족적 동일시와 민족의 특성의 조사로 맞추어져 있었다. 실질적으로 연구자들은 한 가지 결론에 도달한 바, 러시아 고려인의 민족적 동일시는 중요한 민족차별화 기준들(한국어, 전통, 의식)을 상실했음에도 불구하고 현실성을 상실한 적이 없다는 것이었다.

дальнейшего развития». М., 2007. С. 122–123.

3) 다음을 보시오. Ким Е.В. Корейцы Сибири: этносоциальные, этнополитические процессы XX–XXI вв. Диссерт. ··· к.и.н. Новосибирск, 2014.

4) Там же. С. 91–100.

소비에트/러시아 고려인들의 중요한 동일시의 특성이 가족과 생활의 영역과 연관되어 있다. 러시아 고려인은 다계층적 정체성을 지닌 안정된 공동체로서 명확하게 시민의 구성요소가 제시되어 있다. 즉 러시아에서의 150년에 걸친 고려인의 역사는 역사적 모국과의 문화적 거리가 생기도록 했다. 현대 고려인 공동체는 대한민국과의 관계에서 이주를 설정하지 않고 있다. 이것은 러시아어를 구사하는 한인이 대부분의 경우 다른 나라로 이주하지 않을 것임을 의미한다. 남한으로의 이주 가능성은 역사적 모국으로 향하여 경제활동을 하도록 강요하는 일시적인 경제적 어려움과 관련이 있을 수 있다.

1990년대 초 독립국가연합에 거주하는 고려인의 총 수는 약 50만 명에 달했다. 그들 중 러시아연방에 약 13만 명이 거주하고 있다. 우즈베키스탄에는 약 20만 명, 카자흐스탄에 약 10만 명, 타지키스탄에 약 13만 명, 키르기즈에 1만 8천 명이 각각 거주하고 있다. 고려인들은 독립국가연합의 다른 나라들(우크라이나, 아제르바이잔, 조지아)에 흩어져서 정착했으며, 부분적으로 발트 3국에서도 살고 있다.

러시아연방에서 고려인은 스타브로폴과 크라스노다르 변강, 로스토프주, 북오세티야알라니야 공화국, 카라르디노발카리야 공화국, 체첸 공화국, 인구세티야 공화국 그리고 다게스탄 공화국 등 북캅카스 지역에 흩어져 살고 있다. 북캅카스 지역은 1930년대 초에 이미 고려인들이 살던 곳으로 그 당시에 논농사를 짓는 집단농장을 최초로 창설했다.[5]

1950-1980년대 러시아 고려인의 이주가 극동과 북캅카스로 향했다. 이것은 지리적 위치 및 기후조건이 한국과 비슷했다는 사실과 연관되어 있었다. 반면 중앙아시아의 기후는 많은 고려인들의 건강에 부정

---

5) Сон Ж.Г. Российские корейцы: всесилие власти и бесправие этнической общности. 1920-1930. М., 2013. С. 174-177.

적인 영향을 주었다.

러시아의 중부와 흑토지대에 관해 언급하면 다음과 같다. 러시아 유럽 지역의 남부와 동부 지역, 즉 보로네시, 볼고그라드, 탐보프, 사라토프주, 상트페테르부르크, 모스크바, 트베리, 니즈니노브고로드, 카잔 및 다른 지역들이 특히 인기가 있었다.

카자흐스탄과 중앙아시아 공화국을 향한 고려인의 전체적인 강제이주라는, 러시아에 살고 있는 고려인 역사에서 비극적 사건이 있었던 날로부터 80년이 흘렀다. 이런 모든 비극에도 불구하고 그 사건이 새로운 역사의 시작이었으며, 고려인 민족이 진보와 완성이라는 길로 향하는 새로운 단계였다고 확신을 갖고 말할 수 있다.

세계사에서 이와 유사한 인민의 공적을 찾을 수 없을 것이다. 정치적 탄압의 조건 속에서, 가장 열악한 물질적 상황 속에서 그리고 필요한 생활 조건이 결여된 상태에서 고려인들은 살아남았을 뿐만 아니라, 앞으로도 오랫동안 역사학자, 사회학자, 경제학자들이 기술하게 될 그런 정도의 높이까지 중앙아시아 공화국들의 경제를 부흥시켰다.

2부

제3, 4세대 러시아 고려인

제1장
러시아 고려인의 사회정치 활동

소연방의 몰락은 전 지구적 변화를 야기한 20세기의 지정학적 대변동이었다. 소연방의 몰락으로 전 세계와 세계의 다른 지역에서 발생한 본질적 변화는 새로운 내용으로 채워졌으며 사회와 국가의 모든 생활 영역에 영향을 주었다.

역사학자와 정치학자들의 견해에 따르면, 소연방이 사라진 순간부터 이른바 '사회주의 진영'으로 불리던 모든 나라에서는 진정한 지구화가 시작되었다. 그 이전에도 지구화는 존재했으나, 글로벌리즘은 상당 수준에서 두 체제의 모순과 양극체제의 대립을 함유한 상태로 진척되고 있었다. 세계는 단일한 정보, 경제, 정치체제로 변화되었다. 이런 새로운 체제 족에서 자유주의와 전체주의의 이데올로기적 충돌에 대신해서 인종간, 젠더, 종교, 도덕, 연령, 관습 등과 같은 생각과 관점의 새로운 충돌이 찾아왔다.[1]

---

[1] Карпенкова Т.В. Кардинальные изменения в мире, вызванные распадом СССР// Известия тульского государственного университета. Гуманитарные науки. Вып. 1. 2013. С. 124 – 135.

소연방의 몰락은 후기 소비에트 사회에서 일련의 민족 간 갈등으로 귀착되었으며, 그런 갈등 중 대부분은 무력 충돌로 발전했다. 그리고 그 결과 피난민이 5백만 명에 달한다.[2]

이런 피난민 중에는 고려인도 있으며, 그 수가 대략 5만에서 7만 명에 달한다. 중앙아시아를 탈출한 고려인들은 극동, 볼고그라드주, 로스토프주, 크라스노다르스크주 그리고 러시아 중부에서 자신의 새로운 피난처를 찾았다.

21세기 초의 고려인(본문에는 러시아어를 모국어로 하는 한인으로 되어 있으나 여기서는 고려인으로 표기한다 - 역주)은 어려운 조건 속에서 살아남아야 했다. 그러나 고려인은 러시아의 다른 민족들과의 소통, 러시아 문화, 다른 민족들의 문화 등의 속에서도 한인으로 남을 수 있었으며 러시아 사회 내에서 자랑스러운 지위를 차지할 수 있었다. 이와 관련하여 대한민국 김대중 대통령은 자신의 마지막 러시아 방문 중 "역사적 경험에도 불구하고 우리 동포들은 다른 민족들과 함께 활동하면서도 한민족의 위대한 집념을 보여주며 자신의 민족적 정체성을 유지하고 있다(대표적인 소수민족으로 성장했다는 것이 그야말로 자랑스럽다)"고 강조했다.[3]

이 책의 1장에서는 1930-1940년대에 출생하여 러시아연방의 유럽 지역에서 생활하고 있는 한인 2세대의 삶이 묘사되어 있다. 2장에서는 1950-1970년대에 출생하여 포스트 소비에트 시기를 살고 있는 고려인 3세대의 역사가 기술되었다.

혼혈적 정체성을 지니고 있는 고려인 3세는 고려 사람이라는 정체

---

2) Там же. С. 131.
3) Бугай Н.Ф. Корейцы России: вопросы экономики и культуры. М., 2008. С. 105.

성을 유지한 상태에서 러시아어를 사용화는 공동체에 자신의 부모들보다 더 높은 수준에서 적응했다. 전쟁 이후인 1950-1960년대에 출생하여 러시아 학교와 대학교에서 수학한 후 청년 전문가의 자격으로 소연방의 각 도시와 공화국으로 보내진 고려인들은 그곳에서 뿌리를 내리고 직업적으로 성장하며 경력을 쌓아갔다.

당연히 이 세대는 사회경제적 문제를 해결할 필요가 없었으며, 충분한 고등교육을 받았다. 최고 교육기관을 졸업한 후 청년 전문가들은 직업을 보장받았으며, 안정적인 보수에 사회보장을 받았다.

그러나 공공연히 알려진 바와 같이 소비에트 시기에는 인종에 따른 소수민족 차별이 존재했으며, 특히 러시아연방의 영토에서 더 그랬다. 인종차별의 실례는 적지 않은데 자기 주에서 뛰어나고 다재다능한 사람은 자신의 경력을 쌓는데 암묵적인 금지의 대상이 되었으며, 정치적으로 신뢰할 수 없는 소수민족의 취급을 받았다. 국가 고위직을 임명할 때는 '페레스트로이카' 당시에도 민족이 의미를 지니고 있었다.

국가 - 권력 - 민족이라는 벡터에 따른 모든 공고한 관계는 신뢰 위에 구축되어야만 한다고 보는 바, 개인이나 민족 간의 관계 역시 신뢰가 없으면 축적되지 않는다. 이 시점에서 신뢰의 비심리적 요소, 즉 예를 들어 객체의 경제적 안정성, 사회적 이미지, 대중성, 신뢰성, 다양한 영역에서의 중요하고 장기적인 활동 경험, 사회적 지위 등이 고려되어야 한다. 이런 요인의 상관관계는 그들이 사는 지역이나 직업 활동과는 상관없이 고려인들의 현대 생활 속에서도 목격된다.

1864년 이후 러시아 국가체제가 다양하게 존재했던 각 단계에서의 고려인 역사를 연구하면 러시아 국가와 고려인 이주민 그리고 고려인과 러시아 토착민족들 간 상호관계의 신뢰 수준을 추적할 수 있다. 상호 신뢰가 없었다면 고려인들이 러시아 땅에서 살아남을 수 없었을 것이다. 러시아 당국의 고려인에 대한 높은 수준의 신뢰는 두 개의 시기로 구분된다. 첫 번째 시기는 고려인의 자발적 러시아 이주 50주년 기념식이 계획되었던 1914년이며 두 번째 시기는 전 러시아연방에서 고려인의 자발적 러시아 이주 140주년 기념식이 치러진 2004년이다.

러시아연방의 두 개 연방법이 러시아어를 사용하는 한인을 포함한 러시아의 모든 민족공동체가 사회정치적 활동과 학술문화적 발전에 적극적으로 동참할 수 있게 해 주었다.

1. 1995년 5월 19일자 "사회통합에 관한" 연방법 N 82-Ф3[4]
2. 1995년 6월 17일자 "민족문화 자치에 관한" 연방법 N 74-Ф3[5]

이 장에서는 러시아의 유럽지역뿐만 아니라 독립국가연합의 다른 지역에서 고려인 사회활동가들의 삶과 활동이 기술되어 있다. 이는 러시아가 거대한 국가이며 고려인은 이 러시아의 도처에 거주하고 있다는 것과 연관되어 있다. 이 책의 1편에 기술된 인물연구적 방법론은 각 개인의 전기를 통해 각 사건의 전후문맥 속에서 고려인의 역사를 보여 줄 수 있다. 이 방법론 덕분에 본 저자는 능력 있는 자들을 선별할 수 있었다. 그들을 대중에게 알리기 위해 학문, 문화, 운동 그리고 종교 등에서 범상치 않은 직업을 지닌 사람들을 선택했다. 고려인사회에 잘 알려지지 않은 이들의 삶과 활동을 보여줘야 한다는 과제가 부여되었다. 고려인 출신의 가라테 운동선수의 활동이 밝혀졌다는 것을 그 예로 들 수 있다. 소연방과 현재의 러시아에서 가라테와 태권도가 높은 인기를 끌게 된 원인을 밝히는 데 많은 지면을 할애했다.

1990년까지 소연방에는 무신론이 선전되었으며, 종파와 관계없이

---

4) 러시아 대통령. URL: http://www.kremlin.ru/acts/bank/7877 (2020.06.20)
5) 러시아 대통령. URL: http://kremlin.ru/acts/bank/9578/page/2 (2020.06.20)

교회를 다니는 사람은 버림받았으며, 사회는 그를 비판적으로 대했다. 러시아에서 페레스트로이카가 시작된 후 고려인 출신으로 러시아 정교 신부가 등장하기 시작했다. 이에 본 저자는 종교 분야에서 고려인의 삶과 활동을 밝히는 흥미로운 작업을 진행했다.

다양한 분야에 있는 사람들의 일생을 보여주는 것이 중요했다. 거주 지역과는 상관없이 고려인의 모든 세대는 자기 부모님의 훈계에 따르려고 했다. 특히 (1937년)고려인의 강제 이주 이후 교육은 아이들이 뛰어난 사람들 중에서도 뛰어난 사람이 되어야만 한다는 것으로 귀결되었다. 즉 완벽하게 러시아어를 구사할 것, 다른 이들보다 더 일을 잘 할 것, 사회에서 우월한 지위를 점하도록 노력할 것 등이었다. 고려인 청년들은 이런 좌우명을 지니고 대도시로 나아가 배우고, 일하며 직장에서 진급했다. 이 책에서는 다양한 세대의 사람들이 겪은 운명이 소개될 것이나, 그들 모두 자기 부모의 이런 중요한 훈계를 기억하고 있었다.

다른 한편으로 유럽지역 러시아의 거대한 영토에서 고려인사회 활동의 발전에 끼친 이런 사람들의 구체적인 양적, 질적 기여를 문맥상으로 보여주는 것은 매우 지난한 작업이다. 러시아의 다민족 사회에서 고려인 통합과정, 러시아의 정치, 경제적 삶에서 고려인의 활동 등을 보여주는 것을 중요하게 여겼다.

1. «고려인 복권에 관한 규정»의 역할과 의미

1990년대부터 21세기 초까지 러시아와 독립국가연합에 소속된 다른 지역들에서의 민족주의의 전개는 많은 민족적 공통성 내에서는 심대한 변화가 관측되었다. 그리고 그런 변화는 고려인에게도 영향을 주었다. 사회의 민주화는 과거의 보수주의로부터 멀어져서 활발한 민족 활동의 발현과 전반적인 민족 공통성의 귀화로 이어졌다.

무엇보다 우선적으로 그런 현상에 부응한 것은 바로 러시아연방 상원이 채택한 "고려인 복권"에 관한 1993년 4월 1일자 규정 №2721-1이었다. 고려인 공동체를 위해 이 서류가 지닌 역사적 역할과 의미를 어림잡는 것은 힘들다.

파이나 샤비나(Фаина Шабина)는 그레고리 페도로비치 김(Георгий Федорович Ким)의 삶을 묘사하면서 "민족적 억압, 칼로 찌르듯 아픈 불공평의 느낌과 의식은 아물 수 없는 커다란 상처였다. 실로 모든 고려인이 실질적으로 공공연한 감시를 받고 있었다. 모스크바에 거처를 잡은 행운아들만 매년 그리고 매월 재등록 과정을 거쳐야 했다. 다른 굴욕적인 제한이 존재했다. 오랫동안 근무한 장소에서 퇴직 당하는 것, 모국어의 상실 등이 젊은 학자들을 힘들게 만들었으며, 민족적 자존심이 수난을 당했다"[6]고 언급했다.

고려인은 소연방에서 반세기 이상을 일본의 스파이라는 선입견적 비난 속에 살았던 바, 강제 이주에 처해진 인민들을 상대로 한 탄압은 불법적인 범죄행위로 인식하는 것, 강제 이주된 인민들의 권리 보호 등은 고려인 공동체에게 윤리와 도덕적 만족을 가져다주었다. 고려인 2세대 출신의 지식인 중 다수는 공정한 응징의 시기를 맞이하지 못한 채 세상을 떠났다.

고려인 복권에 관한 규정이 채택되면서 포스트 소비에트시기에 사회정치, 경제 그리고 문하 등 각 영역에서 고려인은 적극적인 활동으로 전례 없는 성과를 달성해 내었다.

---

6) *Шабшина Ф.И.* Наш товарищ Георгий Федорович Ким (1924–1989) / Георгий Федорович Ким. М.: Институт востоковедения РАН, 2015. С. 18–19.

1990년대 초, 즉 고려인 복권에 관한 규정안을 준비할 당시로 되돌아가서, 이 중요한 문서의 작성에 동참했던 사람들을 감사한 마음으로 기억해야 할 것이다.

"탄압받은 인민의 복권"에 관한 러시아 소비에트연방 사회주의공화국의 법률 실현 목적으로 고려인 복권에 관한 표준법령안의 입안을 위한 실무그룹이 형성되었다. 1년 동안 유지된 이 그룹에는 다음과 같은 이들이 포함되었다.[7]

1. 온다르 치미트도르주 바이의로비치(Ондар Чимит-Доржу Байырович) - 러시아연방 인민의원, 탄압 및 추방된 인민문제 위원회 분과위원회 대표.

2. 부가이 니콜라이 페도로비치(Бугай Николай Федорович) - 러시아학술원 러시아사연구소 수석 연구원, 역사학 박사.

3. 도니체프 알렉산드르 알렉세예비치(Доничев Александр Алексеевич) - 러시아연방 대검찰청 민족간 관계에 관한 법류 이행 감독분과 검사, 사법부 고문.

4. 피골킨 알베르트 세묘노비치(Пиголкин Альберт Семенович) - 러시아연방 상원 산하 입법 및 비교법률학 연구소 연구원, 법학박사.

5. 칼리닌 니콜라이 이바노비치(Калинин Николай Иванович) - 러시아연방 정부 산하 토지자원 위원회의 국가 토지이용 국가 통제처 부처장.

6. 카를로프 안드레이 겐나디예비치(Карлов Андрей Геннадье

7) Интервью Ж.Г. Сон с Ким Ен Уном. 15 декабря 2017 г.; Белая книга. О депортации корейского населения России в 30-40-х годах. Кн.2/Авт.-сост.:Ли У Хе, Ким Ен Ун. М. –МККА, 1997. С.207–210.

вич) - 러시아연방 외무부 아시아태평양 지역부 제1처 한국과 고문.

7. 카트코프 니콜라이 프롤로비치(Катков Николай Фролович) - 탄압과 추방된 민족 문제에 대한 러시아연방 상원 소속 민족소비에트 위원회 분과의 수석 전문가.

8. 김영웅(Ким Ен Ун) - 한국연합 국제 컨페더레이션 대표, 철학박사.

9. 리 블라디미르 표도로비치(Ли Владимир Фёдорович) - 러시아연방 외무부 산하 외교아카데미 교수, 역사학 박사.

10. 미로넨코 세르게이 블라디미로비치(Мироненко Сергей Владимирович) - 러시아연방정부 산하 문서보관소 업무에 관한 현대 문서조사위원회 보관소 부소장, 역사학 박사.

11. 네차예바 나탈리야 세묘노브나(Нечаева Наталья Семеновна) - 러시아연방 국립민족정책위원회분과 수석전문가, 철학박사.

12. 사포노프 비탈리 발렌티노비치(Сафонов Виталий Валентинович) - 러시아연방 사법부 산하 제헌처 전문가.

13. 세보스티야노프 스타니슬라프 스테파노비치(Севостьянов Станислав Степанович) - 러시아연방 내무부 권리보장처 부분과장, 법학박사.

14. 스코로보가티코 올가 류리코브나(Скоробогатько Ольга Рюриковна) - 러시아연방 주민 노동직업부 산하 이민문제 위원회 정보과 수석전문가.

15. 스피린 안드레이 아나톨리예비치(Спирин Андрей Анатольевич) - 러시아연방 안전부 권리보장국 자문.

16. 티모셴코 예브게니야 드미트리예브나(Тимошенко Евгения

Дмитриевна) - 러시아연방 경제부 인구와 이민의 경제문제 지국장.

"탄압 받은 고려인의 복권"에 관한 러시아연방 상원의 규정안을 실현하는데 헤아릴 수 없는 공헌을 한 것은 소연방 상원의 전 의원이자, 고려인연합회 국제연맹 대표 김영웅(Ким Ен Ун)이었다. 그의 노력으로 위 사안이 논리적 완성의 단계에까지 도달할 수 있었다.

김영웅의 회고에 따르면 만약 규정이 채택되지 않을 경우 그 규정은 더 이상 채택 불가능했기 때문에 1992년 말부터 1993년 초 사이에 타협적 해결 방안을 모색하는 분위기가 강했다고 한다. 그러나 그 이후 4년이라는 시간이 타협적 대안의 채택이 절대적으로 옳게 해결되었음을 보여주었다.[8]

타협적 대안이 채택되기 이전에 오랜 토론이 이어졌으며, 러시아연방 국립민족정책위원회[9]와 상원을 상대로는 규정의 일부 조항을 개정해 달라고 호소를 했다.[10]

다양한 세력들과 사람들이 이 문서의 채택을 허용하지 않으려 했으며, 채택 시점을 보다 더 늦추거나 계획안의 개별 조항들에 의문을 제

---

8) Там же. С. 292.

9) Замечания и предложения по проекту Постановления Верховного Совета Российской Федерации «О реабилитации российских корейцев» были подготовлены главным специалистом Госкомнаца России Б.С. Цоем // Белая книга. О депортации корейского населения России в 30-40-х годах. Кн. 2 / Авт.-сост.: Ли У Хе, Ким Ен Ун. М. – МККА, 1997. С. 224 – 227.

10) Обращение Координационного центра Международной ассоциации по содействию объединения Кореи в Верховный Совет РФ Хасбулатову Р.И. // Белая книга. О депортации корейского населения России в 30-40-х годах. Кн. 2 / Авт.-сост.: Ли У Хе, Ким Ен Ун. М. – МККА, 1997. С. 268 – 271.

기했다.[11]

고려인 사회단체의 지도자들, 역사학자와 사회과학자들은 계획을 논의하면서 그런 정치적 시기에 중요한 논쟁적 문제들을 해결하고 채택했다. 무엇보다 우선적으로, 고려인을 서류에 어떻게 기술할 것인가, 즉 '소비에트' 고려인과 '러시아(российский)' 고려인 중 어떤 명칭으로 표기할 것인가의 문제가 해결되었다. 당시 소연방은 해체되어서 '소비에트 고려인'이라는 용어는 이미 원칙적 의미를 지니지 못한 상태였기 때문에 서류에서는 '러시아의 고려인'으로 기록되었다.

첫 번째 못지않게 중요한 두 번째 문제 영토적 복권에 관한 문제가 고통스럽게 해결되었으며 많은 논쟁을 야기했다. 민족 지역 혹은 극동 내 고려인 민족자치의 복구를 위해 나선 이들은 남(С.Г. Нам)[12]과 최 (Б.С.Цой)[13]이다.

러시아 법률의 범위 내에서 고려인의 영토적 국가조직은 법적 근거를 지니지 못한 것이었으며, 적지 않게 중요한 다른 사실들을 긍정적으로 해결하는데 도움이 되지 않았다. 따라서 이후 고려인의 영토의 복권에 관한 문제는 고려인 사회단체조직 스스로의 제안에 의하여 의제에서 삭제되었다.

고려인 사회조직이 우선적으로 타협적 해결에 도달해야 했다. 그 점에서 당연히 존경을 받을 사람은 김영웅이었다.[14] 그는 계획의 원칙적

11) Белая книга. О депортации корейского населения России в 30-40-х годах. Кн. 2 / Авт.-сост.: Ли У Хе, Ким Ен Ун. М. – МККА, 1997. С. 291.

12) Нам С.Г. Корейский национальный район (Пути поиска исследователя). М.: Наука, 1991. 24 с.

13) Белая книга. О депортации корейского населения России в 30-40-х годах. Кн. 2 / Авт.-сост.: Ли У Хе, Ким Ен Ун. М. – МККА, 1997. С. 224 – 227.

14) Белая книга. О депортации корейского населения России в 30-40-х годах. Кн. 2 / Авт.-сост.: Ли У Хе, Ким Ен Ун. М. – МККА, 1997. С. 290 – 293.

입장을 주장하면서 최고 권력 집단 내에서 그 계획을 준비하고 진전시키고자 적지 않은 노력을 기울였다.

김영웅은 문서를 작성할 때 최고 권력 기구 중 어떤 기구가 해당 문서를 실행으로 옮길 것인가를 결정하는 것이 적지 않게 중요하다고 보았다. 1937년 고려인을 극동으로부터 이주시키는 결정은 전소련공산당(볼셰비키) 중앙위원회와 소연방 인민위원회에 의하여 채택되었으며, 당시에는 그 규정이 법의 힘을 지니고 있었다.

김영웅은 이와 관련하여 위와 같은 식으로 법의 힘을 지니고 있는 그런 문서를 채택할 필요가 있었던 바, 바로 러시아연방 상원의 규정이 되도록 만드는 것이었음을 강조했다. 이후 명백해진 것은 러시아연방 대통령령(최의 제안)[15] 같은 모종의 다른 문서가 전적으로 효력을 발휘하거나 규정에 명문화된 요구들을 만족시킬 수 있을 리 없다는 사실이었다.

고려인의 복권에 관한 러시아연방 상원 규정을 채택할 당시 아래에 기재된 의원들이 큰 도움을 주었다.

아니케예프(Аникеев А.В.) - 탄압 및 추방된 인민 위원회원, 규정이 채택될 당시 러시아 상원 민족위원회 부대표.

레슐스키(Решульский С.Н.) - 러시아 상원의 탄압 및 추방된 인민 위원회원, 제1대와 제2대 하원의원.

바부린(Бабурин С.Н.) - 입법위원회 분과위원회 회장, 현재 러시아연방 하원 부대표.

자소호프(Дзасохов А.С.) - 국제문제 및 대외경제관계 위원회 위원, 하원의원, 러시아연방 의회그룹 부대표.

---

15) Там же. С. 224 – 227.

오이키나(Ойкина З.Н.) - 탄압 및 추방된 인민문제 위원회 서기

김영웅 - 러시아 소비에트연방 사회주의공화국 상원의원

최(Цой В.Е.) - 국제문제 위원회 회원, 러시아연방 하원의 정보정책 및 관계 위원회 부대표.

엔트릭틔나(Энтырытына М.И.) - 소수민족 소회경제발전 위원회 회원

소연방의 붕괴 이후, 즉 '소비에트 사회' 모든 면에서 복잡했던 시기에 고려인 사회를 위해 중요한 문서인 "고려인의 복권에 관한 규정" 채택을 위한 막대한 작업이 이루어지고 있었다. 민족적 자아실현의 완성은 이 문서와 직접적으로 연결되어 있었다는 점에서 자유로운 사회에서만 실행될 수 있었다(신분, 직업선택의 자유, 자기 모국어와 민족 간 소통 언어의 습득, 좋은 직장에의 취직, 신앙의 자유, 다른 정신적 욕구의 만족).

이 문서의 역사적 역할은, 이 문서가 고려인이 경제, 정치, 문화, 국가로서의 러시아를 방어하는 것과 관련된 군사 활동 분야에서 완전한 자아실현을 행할 수 있도록 만들어 주었다는 것에 있다.

◎ 김영웅(Ким Ен Ун)[16]

고려인 사회활동에 참가한 적극적 사회운동가, 러시아 고려인 민족문화자치의 대표자 정 유리(1996-2004)의 대리인

1941년 8월 18일 사할린주 샤흐테르스크의 노동자 집안에서 출생. 1965년 이루쿠츠크 대학교 역사학부 졸업. 철학박사(1973), 부교수(1977). 1975년, 1980년 우랄대학교와 타시켄트대학교에서 6개월의

---

16) 김영웅. URL: http://www.ifes-ras.ru/online-library/author/63 (2018.02.25.)

직업능력제고 과정 수료. 1992-1993년 모스
크바대학교의 1년 과정 '정치학'과 '사회학'
전문가 재교육과정 수료. 1993년 대한민국
서울의 경희대학교에서 1개월 연수과정 수
료.

이르쿠츠크대학교 과학적 공산주의 학과
부교수(1968-1977), 옴스크대학교의 사회
학과 정치학 부교수(1992-1993). 모스크바
대학교 사회과학 교수진 능력제고학부의 정치이론학과 부교수(1990-
1995).

소연방 상원의원, 국제문제에 관한 소연방 상원 위원회 부위원장,
법규분과위원회 위원장, 소연방 상원 국가건설 위원회 부위원장, 법규
분과위원회 위원장(1991). 국가 하원업무에 관한 국가 하원의원 보좌
관(1993-2004). 러시아학술원 극동연구소 한국연구센터 선인연구원
(2003-2008), 동 연구센터 수석연구원(2008년부터). 러시아연방 정부
산하 경제학연구소 민족연구대학 부교수(2013년부터).

모스크바(1990-2016), 알마타(2001), 워싱턴(1996), 비엔나(1999),
제네바(1999, 2001), 파리(1989), 평양(1991), 시드니(2003), 서울
(1991, 1993, 1995-2000, 2002-2016), 타시켄트(2003), 도쿄(1995,
1999), 장춘(2012, 2014), 전주(2013), 센양(2003), 제37회 전 세계 동
방학 회의(모스크바, 2004), 제8회 중동부유럽연구 국제위원회 세계회
의(스톡홀름, 2010), 러시아학술원 극동연구소 컨퍼런스와 원탁회의,
러시아학술원 극동연구소에서 개최되는 한국학 연례 컨퍼런스(2004-
2016) 등 다수의 국제컨퍼런스 참석. 국제힐빙학회(서울) 지도부 회원.

■ 출판

150편 이상의 학술연구물의 저자.

◎김 예브게니 니콜라예비치(Ким Евгений Николаевич)[17]

1946년 생. 극동기능대학 졸업. 1969년부터 울리야노프 중기공작기계 공장에서 근무, 설계국 분과장.

러시아연방 인민의원(1990-1993), 러시아 소비에트연방 사회주의공화국 공업 및 동력공학 분야 상원위원회 위원, '민주주의 러시아' 정파의 창설자이자 코디네이터 중의 한 명. 러시아연방 대통령 행정부, 자문. 1969년부터 울리야노프 중장비 및 특수기계 공장에서 근무, 디자인국 국장. 거주지는 모스크자(1999년부터).

◎ 최 발렌틴 예브게니예비치(Цой Валентин Евгеньевич)[18]

러시아연방 하바롭스크주 지역구의 하원의원, 러시아 학자, 경제학, 기술과정 통제, 석유와 천연가스석유 생산지 설계 및 건설, 수학모델링의 2D, 3D, 4D 조직, 표준화 전문가.

1952년 우즈베키스탄의 주마(Джума)시에서 출생. 1979년 연해주농업연구소 졸업.

1995년 러시아연방 산하 인민경제아카데미 졸업, 국가통치학 석사. 경제학 박사.

---

17) 김 예브게니 니콜라예비치. URL: http://www.ifes-ras.ru/online-library/author/63
18) 최 발렌틴 예브게니예비치. https://dic.academic.ru/dic.nsf/ruwiki/1673676

■ 활동 경력

1973년부터 연해주 키로프(Киров) 지역 농장에서 근무하기 시작. 1977년 하바롭스크주에서 작업반장, 동업조합장, 하바롭스크 달걀 생산 공장 부공장장 등으로 근무.

1985년부터 하바롭스크 사업소 '프티체프롬(양계생산의 뜻 - 역주)' 소장.

1988년부터 '엑스파(Экспа)' 콘체른 운영 대표.

1990년 러시아 소비에트연방 사회주의공화국 하바롭스크주 제249 1인선거구의 인민의원으로 선출.

러시아연방 상원 아시아태평양지역 국제문제 및 대외경제관계 위원회의 분과위원회 대표. 1991년 소연방 붕괴에 반대하는 43명의 의원 중 한 명이었음.

1993년 10월 러시아소비에트연방 사회주의공화국 상원 옹호자의 일원이었음.

1995년부터 1999년까지 러시아연방 제2대 하원의원.

러시아연방 연방소비에트 하원 정보정책과 관계 분야 위원회 부위원장

문화, 학문, 교육 및 정부 문제에 대한 독립국가연합 참가국 의회회의 위원회의 대표

러시아연방 하원위원회 대표, '당신의 가족을 위한 집'이라는 주택 건설 분야에 관한 러시아연방 하원의원과 미합중국회의 간의 공동 프로그램 준비와 실현을 위한, 그리고 러시아에서의 융자 실행을 위한 법적근거수립 통제위원회의 대표.

2001년부터 러시아자연과학학술원 혁신활동분야 부위원장.

36개의 증명서, 5개 특허권 보유. 기혼. 자제는 딸 3명.

1993년 4월 1일자 "고려인 복권에 관한" 러시아연방 상원 규정 No

4721dl 채택된 지 거의 30년이 지났으나, 이 복권의 역사적 역할에 대한 인식이 아직 이루어지지 않았다. 상기 문서로 고려인의 모든 세대들에게 길이 열렸으며, 우리는 자유롭게 숨쉬고, 돌아다니며 누군가 자기를 "일본인 첩자"로 부르지 않을까 주변을 둘러보지 않아도 될 수 있게 되었다. 현재 민족으로서의 고려인은 러시아에서 유명하며, 모든 수준의 당국은 고려인을 신뢰하고 있다. 경제적 그리고 정치적 구조에서 고려인은 높은 지위를 차지하고 있다.

2. 고려인 - 러시아육군의 전사들

여기서는 조국을 수호한 고려인에 관한 언급이 이루어질 것이다. 그들은 고려인은 물론 전 러시아의 자랑이다. 군인, 용맹한 병사, 한국의 성을 지닌 병사들… 오늘날 러시아 육군이라는 군사기치 아래 책임감 있는 군역을 담당하고 있는 고려인의 수가 적지 않다.

고려인 출신 군인의 용기와 영웅적 행위가 지닌 고귀한 개인적 실례들은 모든 고려인의 자랑이 되었다. 20세기 말 고려인은 세 명의 영웅을 자신의 조국 소연방과 러시아에 선사했다. 그들 중에는 소연방 영웅 민 알렉산드르, 김 예브게니 이바노비치(1987), 러시아의 영웅 최 올레그 그리고리예비치(1997), 러시아의 영웅 엄 유리 파블로비치(2000) 등을 비롯하여 러시아 육군과 해군, 경찰과 사법부 소속의 장군 8명 및 수십 명의 고려인이 러시아 육군의 각 부대에서 중령과 대령 계급으로 근무 중이다. 인종적으로 한인이 살고 있는 지구상 그 어떤 나라에서도 이만큼의 군 장성의 직급을 지닌 곳은 그 어디에도 없다.

어떤 나라에서 건 군사 당국자들은 대중적인 사람이 아니다. 그들은 인터뷰에 잘 응하지 않기 때문에 정보를 파악하기가 힘들다. 이런 이유에서 일부 군인에 관해서는 짧은 참조 수준의 정보만에 제시되었다.

소연방에서 고려인 군인은 경력상 대령까지만 될 수 있었으며, 민족적 이유에서 그 이상의 계급으로 진급할 수 없었다는 사실을 강조할 필요가 있다. 소비에트 시기 민족은 의미를 지니고 있었으며, 소수민적에 대한 무언의 금기가 존재했다. 현실적으로 "일본의 첩자"로 낙인된 고려인은 그런 집단에 들어갔다. 이로 인하여 이 장에서는 러시아의 장군과 대령까지 진급한 고려인 군인들이 소개되어 있다. 또한 키르기즈의 군인이나 소연방 출신인 고려인 민씨의 군사 가문이 소개되어 있다.

3. 소련과 러시아 영웅, 러시아연방 육군, 사법부, 경찰, 장성들

◎ 민 알렉산드르 파블로비치(Мин Александр Павлович)[19]

소연방 영웅.

1915년 12월 11일 연해주 시코토보 지역 철산도(Чер-Сан-До)의 농민 가정에서 출생. 1944년부터 볼셰비키 공산당 당원. 1938년 9월부터 1941년 5월 25일까지 사라토프(Саратов) 소재 재정신용경제학 연구소에서 수학, 1941년 5월 25일부터 사라토프의 볼가지구 군사위원회에 의해 노동자농

---

19) 민 알렉산드르 파블로비치. URL: http://www.arirang.ru/veterans/min_ap.htm (2017.12.25)

민적군(PKKA) 대원으로 징집. 1941년 5월부터 7월까지 511독립공병대대의 적군으로 근무. 1941년 7월부터 1942년 8월 150독립공병대대의 적군. 모스크바 공방전에 참전. 1942년 8월부터 10월까지 브랸스키 전선의 13군 소속으로 중위과정 이수. 1942년 10월부터 1944년 1월까지 바흐마체스코이 적기 훈장의 수보로프(Суворов) 사단 소속 605보병연대 제1전열대대의 부관으로 근무. 1943년 1월 26일 경상을 입음.

1944년 1월부터 (65군 산하 132보병사단)605보병연대의 대대장 역임. 볼린스카야주 코벨(Ковель)시 전투에서 대대를 이끌고 1944년 7월 4일부터 5일 사이의 5차례에 걸친 적의 반격을 물리침. 퇴각하는 적군을 추격하여 (볼린스카야주 코벨스키 지역) 스타릐예 카쉬릐(Старые Каширы) 촌을 점령함. 1944년 7월 9일 (볼린스카야주 스타로븨제프스키 지역) 파리두븨(Паридубы)촌에 위치한 적군의 강력한 방어진지를 돌파하던 중 전사.

1945년 3월 24일 사후 소연방 영웅 칭호 수여 받음. 레닌, 알렉산드르 네프스키, 조국전쟁 3등 적성 훈장 수여 받음. 우크라이나의 볼린스카야주 투리스키(Турийский) 지역에 있는 루포크(Луков) 도농복합시의 공동묘지에 안장됨.

◎ 김 예브게니 이바노비치
(Ким Евгений Иванович, 1932-1998)[20]

소연방의 영웅. 소연방 KGB 대외첩보국
첩보원 소연방 KGB 대령.

1932년 2월 27일 우즈베키스탄 소비에
트 사회주의공화국의 보나야 부하라(Новая
Бухара)시(현재 우즈베키스탄 부하라주의
카간[Каган]시)에서 출생. 소연방 KGB 제1
수석통치부(대외첩보) 직원, 대령.

대조국전쟁(제2차세계대전 - 역주) 이후
소비에트 대외첩보부 직원. 외국에서 비합법적인 업부에 종사. 애석하
게도 그의 공적을 자세하게 언급할 수 있는 시기가 도래하지 않았다.

직무 수행에서 보여준 용기와 영웅적 행위를 기려 소연방 상원 최고
간부회의 1987년 12월 21일자 명령에 따라 김 예브게니 이바노비치 대
령에게 레닌 훈장과 '황금성' 메달이 수여되는 소연방의 영웅 호칭이 하
사되었다.

해외에서의 근무가 종료된 후 김 예브게니는 소연방 KGB 중앙기관
에서 근무했다.

모스크바 거주. 1998년 11월 12일 차에 치는 교통사고에 의해 비극
적으로 사망함.

레닌 훈장(1987.12.21.), 적기훈장(1980.09.05.), 메달 등을 수여받음.

---

20) 국가영웅. 김 예브게니 이바노비치. UDL: http://www.warheroes.ru/hero/
hero.asp?Hero_id=6651 (2018.02.25.)

◎ 최 올레그 그리고리예비치(Цой Олег Григорьевич)[21]

러시아연방 영웅(1997), 소연방 공훈 시험비행조종사(1986), 대령, 국제수준의 스포츠 숙련가(1990).

1994년 5월 26일 타시켄트주 얀기율 지역의 집단농장 레닌에서 출생. 1962년 소비에트 육군에 입대. 1966년 체르니곱스코예 조종사용 최고군사항공학교를 성공적으로 졸업. 공군 전열부대에서 선임조종사로 복무, 항공편대의 편대장.

1970-1971년 이집트에서 참전하여 24회의 전투비행 완수. 이집트 내 군사고문. 최 올레그는 소비에트의 진부한 방식과 비교할 때 이스라엘 조종사들의 전술적 준비가 매우 탁월하고 숙고된 형태라고 높게 평가했다.

레닌적기센터 리페츠크(Липецк) 러시아연방 국방부의 부대실험과 군사국립 시험비행센터, 1971년 10월부터 러시아연방 국방부 츠칼로프(В.П. Чкалов) 국립시험비행센터에서 근무하기 시작. 그는 이곳에서 미구노프 그리고 그 이후에는 콘다우로프의 지휘 하에 시험 비행중대에서 근무했다. Su-15TM과 Su-17M2, Su-17M3, Su-24, Su-25의 시험비행에 참가했다(1980년 수석시험비행조종사).

1984년부터 수호이 실험설계국 시험비행조종사로 근무. T-10M-1(Su-27), Su-35(이상 1988년 5월 28일), LL-UB(KS)(T-10-26, Su-27 № 07-02. 이상 1989년 3월 21일) 등을 상대로 시험비행을 실행했다. 또한

---

21) Герои страны. Ким Евгений Иванович. UDL: http://www.warheroes.ru/hero/hero.asp?Hero_id=6651

Su-24, Su-25, Su-25UB, Su-27, Su-39 등의 시험비행에도 참가했다.

최는 실험설계국으로 근무지를 이전하자 콘다우로프에게 전개속도 이하, 즉 비행기의 완전한 조종이 가능한 속도 이하의 속도에서 Su-24 의 폭격 가능성을 시험해 볼 수 있도록 허락해 줄 것을 요청했다. 당시 는 실험설계국이 그 문제를 겨우 고려하기 시작했을 때였다. 그는 공군 국립적기 과학시험연구소의 수석 시험비행사인 삿타로프(Н.Ш. Саттаров)와 함께 이 비행을 실행했다. 그들에게 부과된 임무는 '종' 이라고 불리는 가장 복잡한 항공술 중 하나를 실행하는 것이었다. 비행 기가 최고 고도에 다다른 후 역동적인 수직강하를 하기 시작했다. 이때 갑자기 조종간을 모종의 형태로 까다롭게 조작을 했다. 폭격기는 기수 를 들어 올리고 꼬리를 땅 쪽으로 한 상태에서 강하하기 시작했다. 재 연소장치가 켜지고 수직속도가 약간 내려갔다. 그러나 계속해서 비행 기는 급격하게 추락하는 상태였다. 땅에 완전히 추락할 때까지 몇 초가 남았을 무렵 조종사들이 비상 탈출했다. 비행기의 폭발음과 낙하산이 펼쳐지는 소리가 거의 동시에 들렸다.

삿타로프와 최 두 조종사가 나눈 대화가 기록된 녹음테이프를 듣고, 한 사람의 인내와 두 조종사들의 침착성에 놀랐다.

나중에 밝혀진 바와 같이 Su-24의 사고원인은 직경 3밀리의 작은 볼트가 조정간 부스터의 스풀에 들어간 것에 있었다.

1987-1988년에 P-42를 타고 8개의 세계 기록을 작성했다. 즉 1987년 12월 18일 2,118킬로그램의 적재량으로 2,000미터의 고도까지 27.7초 에 상승한 것이다.

1988년 4월 19일 그는 1,000킬로그램의 적재량으로 6,000미터의 상공까지 38초에 상승했으며, 5월 17일에는 1,000킬로그램의 적재량 으로 3,000미터, 9,000미터 그리고 12,000미터의 상승 고도까지 각각

28초, 48초 그리고 59초만에 도달했다.

T-10M(Su-35) 연료흡입기의 가로대 방출 실험 중에 나선식 강하가 떨어져 나갔다. 최는 시험대상 비행기를 구해냈다. 1994년 정년퇴임했다. 특수항공기 실험 당시 보여준 용맹과 영웅적 행동을 기려1997년 4월 16일 (주)"수호이 실험설계국"의 항공업무분야 시험비행 및 마감 기지의 부기지장인 최에게 러시아 영웅의 호칭이 수여되었다. 조종사로 활동하는 기간 동안 35종류의 비행기 조종법을 습득했다.

■ 훈장

러시아의 영웅 '황금성' 메달, 전투적기 훈장 2개, "소연방 군사분야 조국을 위한 공훈" 3등 훈장, 다수의 메달.

◎ 엄 유리 파블로비치(Эм Юрий Павлович)[22]

신이 보내신 병사 - 러시아의 영웅, 육군소장 1953년 9월 12일 페름(Перм)주 체르딘스키(Чердынский) 지역 쿠르간(Курган)촌에서 유형 이주민 가족에서 출생. 아버지 엄중보는 군용 비행기 조종사로 적기훈장의 수훈자였으나 1937년 당시 고려인들이 그랬던 것처럼 일본 스파이로 지목되어 탄압 받았다. 어머니는 볼가 독일인으로 1941년에 이주되었다. 1931년 "콤소몰당원이요 모두 비행기로!"라는 구호 아래 청년 엄중보는 발라숍스키(Балашовский) 비행학교의 가장 우수

---

22) 엄 유리 파블로비치, 러시아영웅. http://www.warheroes.ru/hero/hero.asp?
Hero_id=5482(2018.02.25.)

한 사관생도 중 한 명이 되었다. 1933년 소연방공산당(볼셰비키)의 당원이 되었다. 최우수 조종사의 자격으로 교사 겸 교관으로 사관학교에 남았다. 스탈린의 탄압에서 이 가족 역시 예외일 수는 없었다. 1937년 일본 스파이라는 죄목으로 엄중보는 소연방의 가장 높은 군사 훈장 중 하나였던 전투적기 훈장의 수훈자임에도 불구하고 수용소에서 15년 교화형을 받았다. 이 15년 동안 엄중보는 페름주에서 벌목공으로 일했다. 체르넨스키 지역의 쿠르간 촌에서 엄중보는 금발의 볼가 독일인 출신으로 페름주에 강제 이주된 아말리야 게링을 만났다.

그곳 쿠르간촌에서 엄중보와 아말리야의 아들 엄 유리가 태어났다. 고려인과 독일인의 국제 가족 속에서 걸출한 전사, 러시아의 영웅, 육군 소장이 성장했다. 타국의 모든 탄압에도 불구하고 군조종사의 아들은 자기 아버지의 족적을 따라 최고의 군 칭호에 이를 때까지 멋지게 군생활을 했다.

1971년 의무교육을 마친 유리는 소연방 군대에서 복무하기 시작했다. 1975년 알마타 고등종합군사지휘관학교를 졸업했다. 학교 졸업 직후 공수부대에 배속되었다. 키르기즈 소비에트사회주의 공화국의 오쉬(Ош) 시에서 복무했다. 처음에는 소대장을 맡았으며 이후 대대장이 되었다.

1980년부터 1982년까지 아프가니스탄 전쟁에 참전하여 공수대대의 참모장을 담당했다. 군에서는 엄 유리를 소연방 영웅의 칭호에 반드시 상신했어야 했다. 그러나 결과적으로 그는 "소연방 군대에서 모국에 대한 공헌"을 기리는 훈장을 받았다. 아프가니스탄에서 돌아온 그는 프룬제(М.В. Фрунзе) 군사아카데미에서 수학하기 시작했다.

대대를 지휘하다가 1988년 자바이칼 지역에 위치한 제21독립공수여단의 부여단장에 임명되었다. 몇 년이 지난 후에는 그 부대의 여단장이 되었다. 엄 유리는 나고르니 카라바흐(Нагорный Карабах), 남오세티야(Южная Осетия), 압하지야(Абхазия) 등에 참전했다.

제1차 체첸전쟁(1994-1996) 전 기간 동안 여단장으로 참전했다. 이로써 러시아연방의 영웅 칭호에 상정되었으나 훈장을 받지는 못했다. 1998년 위 여단이 축소되었으며, 그 부대에 기초하여 제247공수돌격대가 창설되어 제7근위공수사단 소속으로 배정되었다. 유리 파블로비치는 연대장의 지위에 남아 있었다. 다게스탄(Дагестан)에 참전했으며, 그 전투공적을 기려 두 번째로 러시아의 영웅 칭호에 상정되었으나, 수락되지 않았다.

1999년 10월부터 2000년 1월까지 그의 연대가 체첸 전쟁에 참전했다. 셀콥스카야(Шелковская) 촌을 전투 중에 탈환했으며, 구데르메스(Гудермес), 샬리(Шали) 그리고 아루군(Аргун) 등을 해방시켰다. 전투 중 엄 유리가 타박상을 입었다. 정찰중대의 중대장 이 연대의 일원으로 전투에 참전했는데 그는 엄 유리의 맏아들 알렉산드르(Александр)로, 용기를 기리는 훈장을 수여받았다. 엄 유리에게는 세 명의 아들이 있는데, 그중 두 명이 아버지와 할아버지의 족적을 따라 군인이 되었다.

2000년 5월 엄 유리는 러시아연방 영웅의 칭호를 받았다. 또한 그해에 체첸공화국정부의 부대표직을 맡았다. 그는 이 직책을 수행하면서 체첸공화국 정부기구와 북캅카스 주둔 러시아통합군 소속 부대들 간의 활동을 조율했다.

2002년 남연방관구의 연방수석감독관이 되었다. 2004년 칼루가주 군사부위원이 되었으며, 그 다음 해에 울리야노프주의 군사위원이 되었다.

2007년 육군소장으로 진급했다.

2008년 스타브로폴(Ставрополь)주의 군사위원에 임명되었다. 또한 같은 해에 국립 포볼가 아카데미의 졸업장을 받았다.

2011년 12월 엄 유리는 러시아연방 제6대 하원의원으로 선출되었다. 2012년 4월에는 스타브로폴 주정부의 부대표, 즉 정부기구장에 임명되었다.

2013년 재차 러시아연방 하원의원이 되었다. 2016년 4월 6일 하원의원직을 자발적으로 그만두었다.

■ 회고록[23]

"사람들이 간혹 저에게 이렇게 얘기합니다. 정치하지 마세요. 당신은 지휘관이니까 부대를 다스리고 전투를 지휘해야죠. 그런데 정작 저는 그렇게 생각하지 않습니다. 우리가 실질적으로 전투도 치르지 않고 따라서 손실도 없이 구데르메스(Гудермес)라는 지역을 점령했을 때, 다친 사람조차 한 명 없었는데, 많은 이들은 '어떻게 그럴 수가 있었느냐?'며 놀라워했습니다. 우리는 야전 지휘관들이 양측의 무익한 인명 손실 속에 우리의 판단을 받아들이기 전에 병사들의 손실을 막기 위해 땀을 흘리고 머리를 쥐어짜야 했습니다. 우리는 지휘관들과 타협점을 찾아냈습니다… 이 전쟁에서 엄 유리와 그의 공수부대원들은 전투를 치르며 체첸 전 지역을 돌아다녔다. 처음에는 다케스탄과의 국경 지역인 보틀리흐스키(Ботлихский) 지역에 있었으며, 나중에는 후방으로 이동하여 셸콥스키 지역에 그리고 구데르메스, 아르군, 샬리, 베노이(Беной), 베데노(Ведено) 등지로 이동했다. 산에 올랐으며, 주요 전선을 전투를 치르며 돌파하기도 했다. 전투 장비는 그곳에 남겨두고 다

23) Ильинов И. ПАПА-ПАЛЫЧ. 엄 유리의 스타브로폴스키주 군사위원회 업적 / 스타브로폴스카야 프라브다(Ставропольская правда). 15.01.2011. UDL: http://www.stapravda.ru/20110115/podvig_voennogo_komissara_stavropolskogo_kraya_yuriya_em_50742.html(2018.02.25.)

른 연대에게 전달해 주었다…"[24]

러시아의 영웅 엄 유리는 공수부대 장교, 공무원, 군사위원, 러시아 하원의원 등 많은 역할을 했다. 엄 유리 파블로비치는 이 모든 직책을 수행하면서 전문성, 책임감, 목적지향성 등을 보여주었다는 사실을 강조해야한다. 더욱이 언제나 그리고 모든 것에서 능력이 첫 번째였으며, 누군가의 등 뒤에 숨지 않았고 일과 책임을 다른 사람에게 전가하지도 않았다. 스타브로폴 주정부의 부대표와 주 정부기구장 등 지역 차원에서 가장 중요한 직책을 위임 받은 엄 유리는 모국에게 최대한 유익한 사람이 되기 위하여 자신의 전력을 쏟아 부었다. 평소 그는 공수부대원들의 모토인 "우리 외에는 그 누구도…"에 기초하여 행동 한다.

■ **수상내역**

"개인용맹" 훈장, "군사 공훈" 훈장, 적성 훈장, "소연방 군대에서 모국에 대한 공헌" 3등 훈장, 소연방과 러시아연방의 메달 다수, 러시아연방 국방부 부처 메달.

◎ 차 블라디미르 일리치
(Цай Владимир Ильич, 1946-2016)[25]

1946년 12월 5일 타시켄트주 굴리스탄스키(Гулистанский) 지역 윌리암스키 촌의 크루프스카야 집단농장에서 출생.

아버지 차 일리야 파블로비치로 1949년에 사망. 어머니 문 바바라는 1921년 생.

---

24) Там же.
25) 러시아 고려인백과사전. Цай В.И. М., 2003. C. 1221.

1976년 차 블라디미르는 심페로폴 고등
군사정치학교 졸업. 1986년 다게스탄 국립
대학교 졸업. 전공은 지휘참모 작전전술, 역
사학자. 1988년 후방과 교통 군사아카데미
졸업.

러시아연방 대통령령에 의거하여 1993
년 육군소장에 임명됨.

28201부대의 지휘관, 52718부대의 부지
휘관, 자캅카스 군관구 소속 부대의 부지휘관, 자캅카스 지역 러시아부
대연합의 부지휘관 등 역임. 1997년부터 국방부의 중앙부처에서 근무.

역사학 박사학위 소지. 러시아의 명예건축가. "소연방 군대에서 모
국에 대한 공헌" 3등 훈장, "군사 공훈" 훈장, 용맹 훈장, "전투공훈"
메달.

부인: 차 스베틀라나 이바노브나(Цай Светлана Ивановна,
1953), 학교 선생님. 아들 차 이고리 블라디미로비치(Цай Игорь
Владимирович, 1976). 딸 차이 디나 블라디미로브나(Цай Дина
Владимировна, 1976), 의사. 손자 블라디미르(1994), 2002년 5월 4
일 독립국가연합과 발트3국 국제인공위성우주기구 제 2차 회의에서 차
블라디미르는 국제인공위성우주기구의 대표로 선발되었다. 카라바흐 해
방조직(Организация освобождения Карабаха)의 회원. 2016년
사망.

◎ 김 알렉세이 로스티슬라보비치
(Ким Алексей Ростиславович)[26]

평화유지를 위한 육군사령관 보좌관.

2017년 3월 시리아 아랍공화국 내 교전 양측의 조정센터의 대표였던 김 알렉세이는 하원의 의원과 유럽 의원협회 사절단을 흐메이밈(Хмеймим) 공항에서 맞이하면서 러시아 군의관들이 시리아에서 처음부터 인도적 지원을 보여주었으며, 이로써 15,500명의 민간인이 도움을 받았다고 발표했다. 김 알렉세이는 다시 한 번 15,500명의 사람들을 지원했다는 사실을 밝히면서 "조정센터의 구성원에는 의료조장 집단이 있습니다. 의료관들은 인도적 활동을 할 때 항상 구호물품 배달 집단들과 함께 나가서 의료 지원을 제공합니다. 왜냐하면 다수의 주거지 내에 그리고 그 주변에도 의료진이 없기 때문입니다."[27]라고 언급했다.

조정센터장 알렉세이는 러시아가 식료품류와 곤궁한 주민들에게 더운 음식을 적극적으로 보장해주고 있다는 사실을 상기시켰다. 이런 지원활동이 310곳에서 이루어졌다. 알렉세이는 센터의 모든 장교들이 약 11,000명의 민간인에게 인도적 지원을 제공했다고 강조했다.[28]

---

26) 김 알렉세이 로스티블라보비치. URL: http://vvo.milportal.ru/novaya-struktura-uzhe-rabotaet/

27) 김 알렉세이 중장은 시리아 민간인에 대한 러시아 측의 의료지원에 관하여 언급해 주었다. URL: https://ria.ru/syria/20170321/1490514044.html (2018.02.25.)

28) Там же.

◎ 김 뱌체슬라프 일리치(Ким Вячеслав Ильч)[29]

중장. 2001년 러시아연방 흑해함대 부함 대장, 건설대, 공병지원대 및 부대숙영 담당 관(세바스토폴시).

독립국가연합 소속 국가연구소는 자툴린 (К. Затулин)의 지도와 러시아대통령행정 부의 후원 하에 "크림의 최신인민사" 작성 프로젝트를 실행하고 있다. 이 역사 기술에 는 크림에서 발생했던 역사적 사건과 직접 적으로 관련된 사람들의 인터뷰가 포함된다. 이 사건의 관련자 중 한 명이 김 뱌체슬라프 일리치이다. 잘 알려진 이유에 따라 그의 개인에 관한 자료를 게재하지 않고, 인터뷰의 내용 중 일부를 싣겠다.

뱌체슬라프는 1992년에 흑해함대에서 근무하기 시작했으며, 함대 해군공병국의 담당자로 임명되었다. 그는 우크라이나 당국의 압박과 가능한 모든 종류의 보너스에도 불구하고 러시아를 위해 흑해함대의 보존에 직접적으로 참가했다. 우크라이나의 장성들은 그에게 직접적으로 다음과 같이 언급했다. "당신은 러시아인이 아닙니다. 당신은 어디 서 근무하던 모두 같지 않은가? 우리가 3일 뒤에 당신에게 장군 계급을 달아 줄 테니, 우리 쪽으로 오시오." 그러나 그는 변절하지 않았다. 그 는 "나는 러시아에서 장군 계급을 달겠습니다."라고 답했다.

김 뱌체슬라프는 카사토노프(И.В. Касатонов), 발틴(Э.Д. Балтин), 코모예도프(В.П. Комоедов) 등과 같은 뛰어난 제독들의 지휘 하에

---

29) Горбачев С., Потоцкая Ю. Из «кр림최신인민사에서». UDL: http://blackseafleet-21.com/news/15-03-2016_iz-novejshej-narodnoj-istorii-kryma(2017.12.25.)

흑해함대에서 근무했다. 건설대, 공병지원대 그리고 부대숙영 담당관으로서 그는 세바스토폴에 군인아파트, 유치원, 학교 그리고 우크라이나에 있는 러시아의 지역 세바스토폴에서의 생활에 필요한 많은 다른 건물들을 건설했다. 그는 자신과의 인터뷰에서 러시아 흑해함대를 유지하고자 막대한 물질적 정신적 도움을 준 모스크바시 정부가 루쉬코프(Ю.М. Лужков)의 지휘 하에 큰 역할을 했음을 강조했다.[30]

왜 우크라이나의 해군으로 이직하지 않았는가에 대한 질문에 대한 그의 답변은 매우 간단했다. "나는 소연방 앞에서 맹세를 했습니다. 위대한 러시아는 나에게 모국이다. 우크라이나로 가서 근무하는 것을 난 단호하게 거절했습니다. 원칙과 "소비에트식" 교육이 허락하지 않았습니다."[31]

◎ 김 빅토르 아나톨리예비치(Ким Виктор Анатольевич)[32]

경찰 소장(少將). 사회질서와 러시아연방 구성주체 행정부 조직과의 상호작용 조정을 보장하는 수석통치부 부부장

30) Там же.
31) Там же.
32) 김 빅토르 아나톨리예비치. UDL: http://mfc112.ru/userpage/kim-viktor-anatolevich/ (2017.12.25.)

◎ 김 아파나시 파블로비치(Ким Афанасий Павлович)[33]

1994년부터 러시아연방 연방국경수비대의 군검사, 사법부 중장.

1948년 출생. 1970년 사라토프법학대학교 졸업. 방공(防空) 바킨스크 관구 수비대 검찰청 수사관으로 근무, 아프가니스탄에서 복무, 사마르칸트 수비대 군검사.

◎ 정 드미트리 모사비치(Тен Дмитрий Моссавич)[34]

경찰 소장.

러시아연방 모스크바주 경찰부대 연방직 통치부장 부관 참모장.

1970년 11월 12일 북오세티야공화국 카르진(Карджин)촌에서 출생. 1992년 러시아 내무부 페름 최고 군사 지휘관 학교 졸업. 러시아연방 무력부 전군아카데미의 수학과정 이수. 소대장, 중대장, 대대장, 참모장, 연대장과 사단장의 직책으로 경찰부대에서 근무.

2017년 경력을 갖춘 위 장교는 러시아연방 모스크바 소재 무력부 총참모부 산하 군사아카데미를 졸업하여 개인의 학력 수준을 격상시켰다. 2017년부터 2018년까지 중앙관구에서 러시아연방 경찰부대 지휘관 역임.

러시아연방 대통령의 2019년 6월 11일자 대통령령에 따라 천 드미트리 모사비치 경찰대령이 경찰소장의 직위에 임명됨.

---

33) 김 아파나시 파블로비치. UDL: http://eurasian-defence.ru/?q=node/4692 (2017.12.25)
34) 천 드미트리 모사비치. URL: https://ruspekh.ru/people/item/ten-dmitrij-mossavich

◎ 안 루돌프 니콜라예비치치
(Ан Рудольф Николаевич, 1955-2006)[35]

의무병과(醫務兵科) 대령, 의학박사, 러
시아연방 공훈 의사, 북오세티야알라니야공
화국의 공훈 의사, 북캅카스 군관구 의료실
장(2001-2006). 1995년 러시아의 보리스 옐
친 대통령이 제1차 체첸전쟁에서의 대테러
활동에 참전할 것을 기려 "공적" 훈장을 하
사함. 2000년 "러시아연방 공훈의사"의 명
예명칭 획득. 심히 애석하게도 2006년 비행
기 사고로 비극적으로 사망.

안의 대가족은 우즈베키스탄의 집단농장 "레닌"에서 생활했다. 루
돌프의 아버지는 여섯 명의 아들 중에 누구든 의사가 되기를 바랐다.
이 형제 중 넷째가 의사가 되었으며, 두 명의 아들은 기술교육을 받았
다. 맏형 펠릭스는 케메로프 의과대학에 진학했다. 자신의 아이들이 기
숙사를 돌아다니는 걸 원치 않았던 루돌프의 부모는 케메로보에 있는
작은 집을 사주었다. 여섯 명의 자녀들 모두 수학하기 위해 케메로보로
가야 한다는 사실을 알고 있었다. 의학박사이자 비뇨기과 의사였던 맏
형을 따라 루돌프 역시 케메로프 의과대학에 진학한 후, 톰스크군사의
학부에 전과하여 2년 후 중위의 계급으로 졸업했다.

루돌프 안이 처음 부임한 곳은 극동군사군관구였다. 그러나 당시 소
련과 중국 간의 긴장된 관계로 인하여 모든 고려인은 내륙 지역으로 전
직되었다. 안 루돌프는 쿠르케스탄 군관구로 전직되었다. 1970년 이로

35) Рудольф АН: «Служу Отечеству!» // АРИРАН, №8, ФЕВРАЛЬ 2002.

인하여 고려인 군인들의 운명은 극동에서의 대외정치적 상황에 달려 있었다. 이후 루돌프는 동독에서 근무했다. 1981년 동독으로부터 귀국한 이후 안 루돌프는 벨로루시의 그로드노(Гродно)시로 전출되었다. 202자동화기 연대 내에서 그는 후임의사에서 시작하여 의무연대장까지의 길을 걷게 된다.

1985년 재차 독일 수부부대에서 근무했다. 연대수석군의관에서 독립의료대대의 지휘관이 되었다.

1990년 그로즈니(Грозный)의 독립의료대대로 전근했다. 1992년 사단이 재편성되면서 군의료원의 원장으로 임명되었다. 1996년 볼고그라드 군병원의 원장에 임명되었다. 2000년부터 북캅카스 군관구의 군병원 원장이 되었다.

20세기 말 안 루돌프는 아프가니스탄과 체첸전쟁을 포함한 모든 '격전지'에서 군복무에 임했다. 그는 5개월 동안 부상자와 병든 병사들을 아프가니스탄에서 우즈베키스탄이나 러시아로 이송하는 임무를 담당하는 의료여단에 파견되었다.

1994년 제1차 체첸 대테러 작전이 시작되었다. 안 루돌프는 이 작전을 처음부터 끝까지 수행했다. 제2차 체첸내전 당시 체첸에서 부상당한 병사들을 치료하며, 자신의 운명이 다하는 날까지 북캅카스 군관구 소속 부대에 대한 의료보장 문제를 적극적으로 해결했다.

안 루돌프의 증언에 따르면 체첸전쟁에서 병사와 장교들 중에 고려인이 많았다고 한다. 전사자 중에도 고려인이 있었다. 1996년 5월 6일 숙영지운영부대의 지휘관 이(Ли)가 그로즈니에서 전사했다. 그는 모스크바군관구에서 체첸으로 배출되었다. 그는 자신의 동료들을 구하기 위해 출전했다 전사했다.

많은 고려인들이(부대 지휘관으로서) 전쟁에 참전했다. 예를 들어

공병대대의 황 중령이 있다. 루돌프 안의 사촌도 체첸에서 근무하며 한칼(Ханкал)에서 제1차 전쟁에 참전했으며, 현재는 블라디캅카스군관구에서 근무하고 있다.

한칼군병원의 원장 임 대령은 블라디캅카스 의료대대 소속 중대장이었다. 이처럼 러시아의 고려인들은 군 복무에서 뒤로 숨지 않았으며, 숨지 않고 있다. 그들은 조국을 위해 복무하고 있다.

우즈베키스탄 출신으로 이슬람을 받아들인 고려인에게 유명한 역사가 있다. 그는 반군에 가담하여 전투에 참전했다 포로가 되었다. 그의 향후 운명에 대해선 알려진 바가 없다.

1950년대부터 체첸에는 꽤 많은 고려인들이 살고 있었다. 특히 아르군시에 대규모 고려인 디아스포라가 있었다. 전쟁이 발발하자 많은 이들이 체첸을 떠나 카바르디노바칼카리야(Кабардино-Балкария), 스타브로폴주와 크라스노다르주로 피난을 갔다. 안은 러시아의 다른 도시들에서 체첸을 떠난 많은 고려인들을 볼 수 있었다. 그 고려인들은 체첸에서 태어나고 자란 사람들로 마음 속 깊은 곳에서 전쟁 이전의 시기를 기억하고 있다.

전쟁 중 부대와 군병원 복무자들의 사기 진작 차원에서 러시아 예술인들이 콘서트를 열었다. 고려인 출신의 예술인들 역시 이런 공연에 참석했다. 2001년 6월 로스토프나도누에서 고려인문화의 날이 개최되었는데, 이곳에 갈리나 신, 아니타 최, 마리나 채와 다른 이들로 구성된 대규모의 예술인 단체가 방문했다. 그들은 군병원에서 콘서트를 개최했다. 안은 문화와 예술을 대표하는 이들이 체첸에 참전한 사람들과 소통하고, 그들을 자신의 눈으로 직접 보며 노래를 부르는 게 필요하고 생각하는 것이 매우 중요하다고 강조했다.

의학박사, 북캅카스 군관구의 의료책임자 루돌프 안은 자신의 인터뷰에서 또한 강조한 바, 고려인 중에서 고등교육을 이수한 사람들의 수가 줄어들고 있다는 사실을 강조했다. 고려인이 소연방 내에서 고등교육을 받은 사람의 수에서 일등을 차지했던 과거와 비교할 때 요즘 청소년들의 지식과 교육에 대한 열정이 적다는 것이다. 루돌프 안은 당연히 이런 문제들을 해결하기 위해서는 무엇보다 우선적으로 우리들이 단합되어야 하며 더 자주소통을 해야 한다고 주장했다.

◎ 진 유리 블라디미로비치(Дин Юрий Владимирович)[36]

사법부 대령, 러시아연방 조사위원회 소속 볼가 지역간 자연보호 조사국 국장.

1966년 4월 24일 북오세티야알라니야 공화국의 모즈독(Моздок)시에서 출생. 1992년 북오세틴국립대학교 졸업. 법학사. 1992년부터 검찰 조직에서 카바르딘노발카르 공화국의 프로흘라덴스키 지역간 검찰의 보조로 근무하기 시작했다. 이후 형사, 그로즈니 검찰의 형사범 검찰, 그로즈니 검사의 보좌관, 제1보좌관, 체첸공화국 베덴스키 지역 검사 보좌관, 코스트롬주의 교통과 세관 조직 내에서의 법률이행 감시 검사의 선임보좌관, 코스트롬스크주 크라스노셀스크 지역 검사의 보좌관, 코스트롬 검사의 제1보좌관, 검찰청 개인안전 및 물리적 방어를 위한 코스트롬스크주 검사의 선임보좌관 등 다양한 검찰조사관 직을 수행했다.

러시아연방 검찰청 산하에 조사위원회가 결성된 후 러시아연방 검

---

36) 스타르신나 E. 캅카스에서 온 사람. UDL: http://baikal-info.ru/ friday/2011/20/005002.html (2017 | 12.25)

찰청 산하 스베르들로프주 조사위원회의 조사국 지도자의 제1보좌관 직에 임명되었다. 2011년 1월에 스베르들로프주 조사국 지도자의 제1 보좌관 서리로 임명되었다.

2011년 5월 러시아연방 대통령령으로 러시아 이르쿠츠크주 조사국 수석 조사국장에 임명되었다.

2013년 5월 28일 러시아연방 조사위원회에 의하여 진 유리 블라디미로비치 사법부 대령은 러시아연방 조사위원회 조사국의 볼가 지역간 자연보호 조사국 국장으로 임명되었다(트베리시).

"조국에 대한 공헌" 2등 훈장, "러시아연방 검찰청 명예일꾼" 흉장을 수여받았다. 결혼했으며, 3명의 자녀를 두고 있다.

◎ 문 블라디미르 세르게예비치
(Мун Владимир Сергеевич, 1937-2016)[37]

1937년 3월 3일 치타주 샤흐타마 촌에서 출생. 그가 출생한 지역에는 수많은 금광이 있었다. 이 광산에서 전소련공산당(볼셰비키) 크라스노야르스크 주위원회의 대표자(지도자)는 문 세르게이(Мун Сергей, 홍범)이 있었다. 문홍범(세르게이)는 1902년에 출생하여 한국과 중국에서 항일투쟁에 참전했다. 1920년대에 러시아 영토에 들어와 자신의 어머니인 박 돔나 알렉세예브나(Пак Домна Алексеевна)의 사촌이었던 박 미하일 자하로비치[38]의 지휘 하에 항일투쟁을 이어갔다.

---

37) 문씨 일가 소장 자료.(2017.12.25.)

38) Пак Михаил Захарович. 러시아고려인백과사전, 최 브로닌(Цой Брони)

문 씨 일가 역시 스탈린의 압제를 피해갈 수 없었다. 1935년 문 세르게이는 일본의 스파이라는 밀고로 인해 체포되었다. 그러나 증거가 없었던 관계로 5개월이 흐른 후 감옥에서 풀려날 수 있었다. 체포될 당시 그는 공산당원에서 제명되었으며, 직책도 빼앗겼다. 감옥에서 풀려났음에도 문 세르게이에게 당원자격을 부여하지 않았으며 직책에 재임명하지도 않았다. 후일 복권되었다.

문 블라디미르 세르게예비치는 어릴 때부터 군인이 되는 꿈을 꾸었다. 1956년 시험에 합격하여 레닌그라드 육해공군학교의 간부후보생이 되었다. 1956년 가을 학업우등생으로 선발되어 마이코프시에 위치한 시험비행 조종사들의 아르마비르 공군학교로 전근되었다. 그곳에서 최초로 실험의 형태로 Mig-15기를 조종하는 후보생들을 교육시켰다.

1959년 Mig-15기 시험을 위한 조종사 양성 교육프로그램을 완결한 후 블라디미르는 '중위'의 계급으로 키예프 군관구로 발령을 받았다.

1961년 5월 하리코프 고등공군학교의 조종사 교관에 임명되었다. 몇 달 후 Mi-4와 Mi-6기종 헬리콥터 조정 재교육을 위해 루간스크시로 전근되었다.

1963년 5월 가족문제로 인한 개인적인 요청으로 개발도상국 비행전문가 양성 프룬젠 센터로 그를 전근시켰다. 그는 이곳에서 1963년 5월부터 1989년 7월까지 근무했으며, 이 기간 중 10년 동안 비행기와 헬리콥터의 조종사 교관으로 근무했다. 이 기간 동안 그는 유럽, 아시아, 아프리카, 라틴아메리카 등 총 14개국에서 온 50명이 넘는 조종사를 교육시켰다.

1968년 조종사 후보자들을 교육시키면서 "전선과 산업설비의 자동

편집. M., 2003. C. 807. [Мун Михаил Захарович, организатор Корейского и Табанского партизанского отряда, воевал в 1920 – 1921 гг. на Красной речке, Хабаровске, Верино, Ново-Николаевске]

화"를 전공하여 프룬젠스키 기능대학을 졸업했다.

1973년 건강상의 문제로 비행 업무를 그만 두고, 자가비행조정 교육비행학과에서 교수로 근무하기 시작하여 그곳의 책임자가 될 때까지 근무했다.

1975년 가가린 공군아카데미 산하 최고 아카데미과정을 졸업했다. 1983년 대령에 임명되었다. 1989년 문 블라디미르 세르게예비치는 군복을 입을 수 있는 권리와 함께 예비역에 편입되었다. 소비에트 육군에서 33년 동안 보여준 오점 없는 근무를 기려 12개의 메달을 수여받았으며, 소연방 국방부 명예 증서를 받았다.

◎ 문 알렉산드르 블라디미로비치
(Мун Александр Владимирович)[39] (아들)

1960년 12월 우크라이나 소비에트사회주의공화국의 체르카스주 우만시에서 출생. 17세까지 아버지가 근무하던 키예프와 중앙아시아 군관구의 수비대에서 살았다.

1968-1978년 키르기즈 소비에트사회주의공화국 프룬제시 2번학교에서 수학했다. 1978-1982년까지 싀즈란스크 조종사 고등항공학교에서 수학했다. 1982-1985년 자바이칼 군관구의 모고차시에 있는 11독립공수강습여단에서 Mi-24 승무원 지휘관으로 근무했다. 1985-1992년 항공요원 양성 및 완성을 위한 5개의 중앙 과정에서 조종사 교관으로 근무했다. 헝가리, 예멘, 니카라과,

---

39) 문씨 일가 소장 자료.(2017.12.25.)

페루, 리비야, 아프가니스탄 그리고 모잠비크 등 7개국에서 온 40명의 조종사 후보자들을 양성했다.

1978-1992년 프리볼가 군관구, 자바이칼 군관구, 중앙아시아 군관구, 투르케스탄 군관구 등지에서 근무했다. 1992년 소연방 몰락 이후 맹세를 했던 모국이 사라졌으며, 군 복무도 끝을 맺었다.

소연방 군대에서 모국을 위한 공헌 훈장과 메달을 하사받았다. 군조종사, 대령, 1등급 교관의 경력을 지니고 있다. 1992년부터 사업을 하고 있으며, 따라서 다시 고등교육을 받았다. 1998년 키르기즈 국립대학교 법학부를 졸업했다.

현재 가구 생산업에 종사하고 있으며, 공장, 국제무역(수출입), 건설업체를 보유하고 있다.

2017년 키르기스스탄 고려인사회조직의 대표로 선출되었다.

■ **가족 관계**

부인: 리트비넨코 타티야나(Литвиненко Татьяна)는 비쉬케크 국립대학교 재무회계를 졸업했다.

자녀: 문 알리사 알렉산드로브나(Мун Алиса Александровна, 1989) - 미국 휴스턴대학교 석사(1989). 현재 휴스턴대학교의 교사요원 양성에 종사하고 있다.

문 예브게니야 알렉산드로브나(Мун Евгения Александровна, 1996)는 비시케크시의 키르키즈러시아대학교 법학부에서 수학했다. 투란이라는 회사의 가구 인테리어 디자이너로 근무하고 있다.

문 타마라 알렉산드로브나(Мун Тамара Александровна, 1998)는 비시케크시의 중앙아시아 소재 아메리카대학교 경제와 법학부에서 우수하게 수학하고 있다. 모스크바의 콩쿨에서 금메달과 은메달을 수상했다. 방콕과 비엔나에서 개최된 국제콩쿨에서도 메달을 획득했다.

문 예카테리나 알렉산드로브나(Мун Екатерина Александровна, 2002)는 중학교 학생이다.

◎ 문 이고리 블라디미로비치
(Мун Игорь Владимирович)[40] (아들)

1962년 12월 12일 키르기스공화국의 추이스크주 이바노프카촌에서 군인인 문 블라디미르 세르게예비치의 가족에서 출생.

1969-1979년 키르기스 소비에트사회주의 공화국의 2번중학교에서 수학. 1980-1983년 시즈란스크 조종사 고등항공학교에서 수학. 건강상의 문제로 프룬젠 기능대학에서 "자동화 및 원격공학" 전공(1984-1988).

1988-1990년 비시케크시의 레닌 공장에서 전자공학 기술자로 근무. 1990-1995년 비시케크시의 소기업 '천도'의 사장으로 근무. 1995-1996년 비시케크시의 키르기즈와 독일 합작회사 "K와 G"의 사장 역임. 1996-2002년 비시케크시 유한책임회사 "투란"의 대표.

2002년부터 카자흐스탄공화국 알마티시 '문 컴파니"의 대표.

■ 수상 경력

"문 컴파니"는 '졸로토이 페닉스"라는 국제 명예상 수상 후보, 국제 박람회인 '가구와 인테리어", "카즈빌드", "생산품의 고품질을 위한",

---

40) 문씨 일가 소장 자료.(2017.12.25.)

"생산품의 안정적인 고품질과 폭넓은 범위를 위한"이라는 증서를 수여 받음. "문 컴파니"의 대표. 무역상표 "포르테(PORTE)". 문 이고리 블라디미로비치는 경제 분야에서의 협력 강화에 뛰어난 공헌을 하여 "민족의 우정" 훈장을 하사 받았다.

■ 가족 관계
    부인: 문(굴레브초파) 릴리야 아나톨리예브나(Мун [Гулевцова] Лилии Анатольевна)는 1966년 생. 키르기즈공화국 프룬제시 출신자.

■ 자녀
    아들: 문 블라디미르 이고리예비치(Мун Владимир Игоревич), 1985년 4월 23일 키르기즈공화국 프룬제시에서 출생. 대학 졸업. 2001-2003년 키르기즈러시아 슬라브대학교 응용수학 및 정보과학과 졸업. 2003-2006년 노팅험대학교 수학과 경영학 학사. 2009-2011년 카자흐스탄 경영, 경제와 예측대학교, 재무와 경영 MBA. 결혼했으며, 아들 둘. 2013년 4월 5일생 로베르트와 2015년 3월 5일생 마르크.
    딸: 문 안나 이고리예브나(Мун Анна Игоревна). 대학 졸업. 카자흐스탄 경영, 경제와 예측대학교 우등 졸업.
    딸: 문 옐레나 이고리예브나(Мун Елена Игоревна). 1997년 4월 3일 키르기즈공화국 비시케크시에서 출생. 쉬티글리츠 남작 상페테르부르크 예술산업아카데미의 3학년 학생. 인테리어 디자인학과.
    2002년부터 가족이 카자흐스탄공화국 알마티시에서 거주하고 있다.
    현대 러시아 내 고려인 군인의 전공은 중요하고 권위 있는 것이다. 복무 시 이동의 제한 및 소비에트 고려인 문제에서 소연방 군인들의 운명에 반영되었던 대외정치적 요소의 영향에도 불구하고 다수의 고려인들은 군인이 되려고 노력했다. "러시아 고려인의 복권에 관한 규정"(1993)이 채택된 후 권력의 최고집단, 다른 아닌 러시아연방 국방부와 내무부에는 고려인 장성들이 등장하고 있다. 애국심, 모국에 대한 봉사 등과 같이 소비에트 시기에 양육된 정신적 가치가 러시아어를 구사하는 한인들의 삶에서 강력하게 나타나고 있다.

4. 하원의원과 고려인 사회운동 지도자들

1997년 6월 17일자 "민족문화자치에 관한" 연방헌법 N 74-ФЗ이 발표된 후 러시아 고려인의 연방민족문화자치가 설립되었다(러시아 고려인의 ФНКА). 이 자치의 초대 회장에 러시아연방 국가하원의원 정 유리 미하일로비치가 임명되어 1996년부터 2004년까지 역임했다. 역임 기간 동안 정 유리는 고려인 사회운동과 한러관계 강화에 상당히 기여했다. 2000년 정 유리는 한러관계 발전에 끼친 뛰어난 업적을 기려 "외교공훈"을 기리는 훈장(대한민국, 2000)이 하사받았다.

◎ 정 유리 미하일로비치
(Тен Юрий Михайлович, 1951-2003)[41]

1993년부터 2003년까지 하원 의원, 기업가, "(주)트루드"의 대표.

사할린주 네벨스크 출생. 한국 민족. 아버지 정문만, 어머니 김전옥.

1978년 이르쿠츠크 국립기술대학교 졸업. '광산기술자' 전공.

노동자로 근무하기 시작. 교대장, 사할린주 "티흐빈스카야" 광산의 노천작업구역반장, "이리기레드메트" 과학실험연구소의 선임기술자와 시

---

41) 정 유리 미하일로비치. URL: https://ruspekh.ru/people/item/ten-yurij-mikhajlovich (2017.12.13.)

베리아연구소 물리학과 이르쿠츠크시 소재
식물생화학의 선임기술자, "이르쿠츠크농업
건설" 트러스트의 작업감독, '농산업건설" 트
러스트의 구역책임자 등 역임.

1989년 도로건설 협동조합 설립, 이후
이르쿠츠크시에서 주식회사 "트루드" 등을
설립. 사장 겸 대표이사. 1993년 제1차 하원
의원에 당선되어 러시아 통일과 합치의 당
의 당파 일원, 제2차 하원의원 당시에는 "우리집 러시아" 당파의 회원,
산업, 건설, 교통, 에너지 분야 위원회 부위원장.

1999년 제3차 하원의원으로 선철, 이르쿠츠크 1인위임 82번 선거
구에서 선출, "우리집 러시아" 당의 선거협회에 의해 등용되었다.

1997년 이르쿠츠크주 주지사 직에 등용되었으나 선거 직전에 채택
되지 못했다.

제3차 하원의원 당시 "인민후보" 집단의 일원이었으며, 산업, 건설
및 과학집약기술 위원회 회원, 모기지 대출 발전 위원회와 생산품 분리
조건에서 지하 이용에 관한 법률적 문제 검토위원회 위원.

과거 러시아연합산업당 최고위원회 위원과 "우리집 러시아" 당의
활동 정치위원회 위원으로 선출되었다.

2003년 7월 21일 장기간의 병마 끝에 모스크바 중앙임상병원에서
사망했다. 트로예쿠로프스키 공동묘지에 안장되었다.

추도 - 유리 정의 이름을 딴 거리가 이르쿠츠크에 있다.[1](2005년)
"치타와 하바롭스크"를 연결하는 자동차 도로 상에 유리 천의 이름
을 딴 고갯길의 명칭이 있다.(2010년)

유리 정 자선단체.

"조국에 대한 공훈" 2등급 훈장(2002년 4월 8일). 이 훈장은 법, 활발한 입법 활동 그리고 다년간에 걸친 성실한 업무 등을 기린 것이다.

"외교 공헌" 훈장(대한민국, 2000년). 이 훈장은 한러관계 발전에 대한 걸출한 기여를 기린 것이다.

◎ 장 류보미르 인덕코비치(Тян Любомир Индекович)[42]

고려인사회운동의 적극적 활동가. 니즈니 노브고로드 지역 고려인 민족문화자치의 발전에 큰 공헌을 했다.

전러시아 전시센터 총괄사장 자문, 러시아연방 하원의 제4기 하원의원 역임(2003-2007), 곡물회사 "렌데크" 사장 역임, 니제고로드주 입법부 의원 역임.

1959년 5월 25일 우즈베키스탄의 남매가 많은 집안에서 출생했다.

■ 교육

1981년 카잔 기술건설대학교 졸업.

2001년 경제대학 국립대학교 지소인 지도자급 일꾼의 자질향상 연구소 졸업.

■ 직업 활동

1981년부터 1985년까지 코스타리힌스크 철도건설 공장에서 근무.

---

42) http://lobbying.ru/printp.php?id=989

1985년부터 1987년까지 5962번 군사기지에서 수석 정비공, 수석 엔지니어로 근무.

1987년부터 1988년까지 로스토프주의 "바가옙스키" 협동농장에서 임시 노무자로 근무.

1988년부터 1991년까지 "고리키 아그로프롬엑스포르트(고리키 농산업수출)"이라는 니제고로드 생산상업농장에서 상업문제 분야 부대표이사 역임.

1991년에 무역 및 조달기업 "설악산"을 조직.

1993년 니제고로드 곡물회사 "린테크"를 운영.

1996년부터 2003년까지 "니제고로드 밀가루생산공장", "볼로다르스크 제빵공장", "제르진스키 밀가루공장", 제빵공장 "볼가 빵"의 이사회 대표

1998년부터 2002년까지 니제고로드주 입법부 의원.

2002년부터 2003년까지 니제고로드주 입법부 의원. 농업정책위원회 부대표, 니제고로드주 주지사의 곡물시장 형성분야 자문, "단일 러시아" 당의 니제고로드주 당원.

2003년 러시아연방120선거구(니제고로드주, 카나빈스키 선거구)제4차 하원의원에 당선. "단일 러시아" 당파의 회원. 하원 농업문제 위원회 부대표.

■ **수상 경력**

"해외 한인" 지가 올해의 사람으로 지목(2005), "러시아의 전문가" 메달(2004), 대한민국의 외교 공훈 훈장(2003), 러시아연방 푸틴의 이름이 들어가 시계를 하사받음(2001), "엑스페르트" 지의 상, 2001년 러시아 최고의 경영자(2000), 국제연합 국제훈장, 러시아 비상사태부가 부여한 "특별 인도적 활동의 참가자" 메달, 대한민국 훈장, "니제고로

드주의 2000년 경영자" 경쟁대회의 우승자, "러시아 금상요원예비대"
의 일원으로 가입됨, 전러시아 자선 및 자선사업의 형성 및 발전에 확
연하게 기여한 것에 대한 니제고로드주의 명예 증서, 러시아 정교 훈장
(1998), 성 모스크바 다닐 공장의 3등급 훈장, 국가와 다년간의 노동에
대한 공훈을 기리는 영예 훈장. 기혼. 아들 1명.

◎ 김 올레그 창복코비치 (Ким Олег Чанбокович)[43]

2007년부터 니즈니 노브고로드의 조선
민주주의인민공화국의 명예영사에 임명.
"범민련" 회원.

니즈니고로드시 정당 러시아연방공산당
니제고로드 지역 분과의 자치선거구 의원.
"니제고로드랍스"의 대표. 재산과 토지분야
위원회, 경제, 산업과 기업분야 위원회에 위
촉됨. 시의회에서 러시아연방 공산당의 당
파에 속한다.

1952년 5월 28일 우즈베키스탄에서 출생했다. 타시켄트 인민경제
대학교 졸업. 소련공산당 중앙위원회 산하 사라토프 최고 당학교를 우
등생으로 졸업했다.

1975년부터 아스팔트콘크리트 공장 대표의 경제문제분야 보좌관,
협동농장 농장장, 농업통치부 부부장 등 다양한 직책을 맡아 일했다.
1988년 "당의 노선"에 따라 고리키(니즈니 노브고로드)로 파견되어 과
일재배농장의 부대표 직을 역임했다. 그는 이곳에서 일하며 국가복무

---

43) 김 올레그 창복코비치. URL: http://nn-now.ru/dossier/kim-oleg-
chanbokovich/ (2017.12.13.)

볼가뱌트카 아카데미에서 두 번째의 고등교육을 받았다(경제학 박사).

1993년 올레그 창복코비치는 러시아연방공산당의 하원의원 선거에 출마했으나, 낙선하자 15년 동안 정계를 떠났다. 2007년 8월 니즈니 노브고로드시 조선민주주의인민공화국의 명예영사가 되었다.

2010년부터 러시아연방공산당 소속으로 니즈니 노브고로드시의회 의원을 역임하고 있다.

◎ 정 세르게이 인노켄티예비치(Тен Сергей Иннокентьевич)[44]

고려인 사회운동의 활동가, 2004년부터 2008년까지 러시아 연방 고려인민족문화자치 대표역임. 1967년 5월 3일 키르기즈 소비에트사회주의공화국 오시주 아르카(Арка) 촌에서 출생.

1983년 의무교육을 마친 후 무생산 협동농장에서 그리고 나중에는 키르기즈농업화학에서 근무했다. 1992년 인민경제 타시켄트대학교 무역경제학과를 졸업했다. 졸업 이후 모스크바의 러시아 미국-스위스 통상회사 "카리나"에서 사장으로 재직했다.

1994년 로스토프나도누로 이사하여 석유제품을 판매하는 '라이프'라는 무역회사를 차렸다. 1997년 카지노사업을 하다가 '아좁스키 릐녹(아조프의 시장)'이라는 주식회사의 주주가 되었다.

2003년 '쿠반'이라는 여행사를 소유하게 된다. 2000년 11월 26일 로스토프주 고려인연합회의 대표로 선출되었다. 그가 대표로 선출되면서 문화, 민족, 언어, 관례, 의식 및 전통의 부활과 관련된 연합회의 활

---

44) 정 세르게이. URL: http://www.arirang.ru/biografy/tensi.htm (2017.12.13.)

동이 확연하게 활발해졌다. 로스토프주 고려인연합회의 10주년 행사가 큰 사건이 되었다. 행사는 거대한 한국 문화 축제였다. 연합회의 기본 업무는 로스토프나도누, 바타이스크, 타간로그, 쿠레쇼브케 촌, 베셀리, 올긴스카야 등지에 설립된 주요 조직들에서 이루어진다. 노인들에게 정신적, 물질적 지원을 제공하기 위해 장로협의회가 설립되었다. 로스토프나도누, 바타이스크, 타간로그, 굴레쇼프카 촌 그리고 올린스카야 등지에 모국어 학습반이 생겼다. 2001년 2월 7일 '화랑'이라는 청소년센터가 설립되었다.

2001년 5월 17일 로스토프나도누 고려인연합회의 협력과 지원 하에 로스토프주 한국문화와 대한민국 교육 재단이 설립되었다. 이 재단에서는 고려인과 다른 민족들을 상대로 한국어 전파, 한국어 교육조직 등의 일을 하고 있으며, 한국 민족 문화와 전통의 보존과 발전에 협력하고 있다. 2001년 8월 30일 주에서 고려인 신문 '푸티(길)'가 발간되기 시작했다.

전러시아 고려인통합 조정위원회의 회원, 한국의 평화통일을 위한 러시아, 독립국가연합 소속 국가 그리고 동유럽 통일 자문위원회 회원.

고려인 연방민족문화자치 민족위원회 대표(2004-2009).

2004년 4월 28일 알타이주의 부주지사로 임명되어 비즈니스 및 무역 활동 조정, 경제 및 투자정책 형성을 담당했다.

2007년 6월 15일 '예지나야 러시아' 당의 투바 분과 지역 정치위원회의 일원이 되었다.

2007-2012년 투바공화국의 제1부수상, 경제부 장관.

2012-2016년 '가리존(Гаризон, 구 오보론서비스[국방서비스])'의 대표직무 대행.

2017년 군사산업단지 대표.

■ 수상경력

"러시아 마약유통 통제를 위한 연방통치부에서의 근무" 메달.

◎ 박 올레그 보리소비치(Пак Олег Борисович)[45]

러시아연방 통신 및 대중매체부 장관 보좌관. 2012년 12월 28일에 본 직책에 임명되었다.

1976년 5월 2일 카자흐스탄공화국 크즐오르다주 레닌스크시에서 출생. 2000년 모스크바국립법학아카데미 졸업. '법리학' 전공으로 '법률가'의 자격을 획득. 1999-2005년 모스크바시 주재의 "기획재무지원 연방센터"에서 근무.

2005-2012년 러시아연방 경제발전부에서 근무. 2010년 8월부터 2012년 9월까지 러시아 경제발전부의 국가경제조정처의 부처장직 역임.

2012년 8월 러시아연방 통신 및 대중매체부의 정보기술과 정보화조율 분야에서의 국가정책처 처장에 임명.

러시아정부의 2012년 12월 28일 2588호 명령에 의거하여 박 올레그는 러시아연방 통신 및 대중매체부의 차관직에 임명됨.

통신 및 대중매체부의 정보화조율 처장으로 몇 달 간 근무한 후 올레그 박은 동 부서의 차관으로 임명되었다. 그는 국가 당국 정부기관과 관련된 문제들을 감독할 예정이다.

드미트리 메드베데프(Дмитрий Медведев) 대통령이 올레그 박

---

45) 통신부 차관에 임명, 도시지역 IT 책임자 URL: http://m.cnews.ru/news/top/ naznachen_zamministra_svyaziotvetstvennyj (2017.12.10.)

을 러시아연방 통신 및 대중매체부의 차관으로 임명하는 명령서에 서명했다는 소식에 정부소식통에 의해 알려졌다.

이 직전까지 박 올레그는 통신 및 대중매체부의 정보화조율처의 처장으로 근무했다. 통신 및 대중매체부에서는 그가 차관의 직책으로 국가정책의 개발과 실현, 그리고 정보화 사회의 발전 및 국가의 정보화 예산의 지출 효율성 제고 영역에서 법률과 규정의 조정에 종사하고 있음을 부연했다.

2013년 10월 25일 러시아연방 통신 및 대중매체부 차관에 임명되었다.

영어 구사. 기혼, 아들 1명.

◎ 김 세르게이 니콜라예비치(**Ким Сергей Николаевич**)[46)]

"시베리아 통신사"의 편집장.

1955년 9월 27일생. 벨린스키 펜자국립 사범대학교 졸업.

■사회 활동

1975-1976년 - 물리학 선생.

1976-1977년 - 펜자주 전소연방 레닌공산청년동맹 말로세르도빈스크 지역 제2서기.

1976-1979년 - 펜자주 전소연방 레닌공산청년동맹 말로세르도빈스크 지역 제1서기.

1979-1981년 - 전소연방 레닌공산청년동맹 중앙위원회 산하 콤소몰 대학교 청강생.

---

46) 김 세르게이 니콜라예비치. URL: http://newslab.ru/info/dossier/kim-sergej-nikolaevich (2017.12.10.)

1981-1983년 - 크라스노야르스크 전소연방 레닌공산청년동맹 레닌 지역 제2서기.

1983-1985년 - 전소연방 레닌공산청년동맹 크라스노야르스크 주위 원회의 학생청년 과장.

1985-1988년 - 크라스노야르스크 지역 콤소몰 학교장.

1988-1989년 - 크라스노야르스크 레닌 야금공장 실험실의 사회학 및 심리물리학 노동국의 국장.

1989-1990년 - 소연방공산당 시위원회 이데올로기 분과 감사.

1990-1992년 - 텔레비전과 라디오 방송분야 크라스노야르스크주 위원회의 편집자, 해설자.

1992년부터 "크라스노야르스크 텔레비전라디오회사 아폰토보"의 편집장.

2001-2006년 크라스노야르스크주 입법부 회원, "'단일' 정당"의 선 거단체에 의하여 지면됨.

2007년 3월부터 10월까지 시베리아연방대학교의 사회통신 처장.

2011년 7월부터 "시베리아통신사"의 편집장.

2013년 9월부터 러시아 크라스노야르스크주 지역 마약 유통 단속 을 위한 연방국 산하 공청회 회장.

기혼, 1남 1녀, 출생지: 크라스노야르스크.

◎ 박 아나톨리 알렉세예비치(Пак Анатолий Алексеевич)[47]

1948년 10월 23일 보스토치노카잔스크주의 우스티카메노고르스크 시에서 출생. 1971년 레닌그라드 기술건설대학교 졸업(전공 - 건설공학

---

47) 아나톨리 알렉세예비치 박. URL: http://www.rosvlast.ru/bd_free.aspx?fid=838847 (2017.12.10.)

자). 2003년 국가공공 북서아카데미 졸업. 볼로고드주 재산처 산하 공청회 회장, 2002년부터 부주지사, 주정부 요원.

■ **직업 활동**

건설기사로 근무, 목공공장의 수석감독관 겸 공장장, 1979-1992년 "볼고그라드철도계획" 연구소의 계획 수석기술자에서 "볼고그라드계획"의 부사장까지 근무함. 1992-2002년 국유재산관리 위원회 위원장, 볼로고드주 행정청 부청장, 2002-2012년 볼로고드주 재산관계청장, 동 주 정부 회원.

"조국에 대한 공헌" 2등 메달 수여, 수차례에 걸쳐 주에서 수여하는 상을 수상했다.

◎ 박 시도르 니콜라예비치(ПАК Сидор Николаевич)[48]

1970년 5월 14일 타지키스탄 소비에트 사회주의공화국 레닌아바드시에서 출생.

2014년 3월 26일부터 모스크바주 기업 권리보호 부전권.

1988-1990 소비에트 공군에서 의무 복무. 1992년부터 사하 야쿠치야의 마간스키 항공회사에서 조종사로 사회활동을 시작. 이후 모스크바의 "포르트라인", 모스크바의

---

48) 박 시도르 니콜라예비치 - 일대기. URL: http://viperson.ru/people/pak-sidor-nikolaevich (2017.12.10.)

"모둠 그라티스", 모스크바의 "릭코" 등의 상업조직에서 지도자의 역할을 담당했다.

2010년부터 지금까지 러시아 모스크바시 소비자연합 중앙실행위원회 위원장. 사회활동에 적극 참가하고 있으며 모스크바주 러시아 소비자감독의 자문위원회 위원.

1992년 크라스노다르스크 조종사 전문분야 민간항공 하기계절학기 졸업.

2011년 러시아민족우호대학에서 언어학 전공.

2010년 소비자의 권리와 이익 보호를 위한 전러시아 사회운동 "러시아 소비자협회" 중앙집행위원회 위원장.

■ 유의 사항

러시아연방 대통령 푸틴의 대리인.

사회활동에 적극 참가하고 있으며, 모스크바주 소비자감독 자문위원회 위원.

모스크바주 "인민 통제" 계획의 조율자

◎ 신 알렉산드르 첸사노비치(Син Александр Ченсанович)[49]

1961년 4월 드네프로페트로프주 오르존니키제시에서 출생. 1983년 셰브첸코 키에프국립대학교 졸업(전공 - 일반 물리학). 2001년 자포로즈스크 국립공학아카데미(재정). 2005년 우크라이나 대통령 산하 민족통치아카데미 졸업(국가통치 전공).

1983-1994년 "감마" 생산연합 직원. 공학시술자에서 시작하여 자포로지예의 "감마" 생산연합의 "감마" 공장 경제문제 부대표, 연합

---

49) 신 알렉산드르 청산노비치. URL: https://zp.vgorode.ua/refperson/4326-syn-aleksandr-chensanovych (2017.12.10.)

부대표까지 근무.

1994-1999년 위원회 실행기구 문제에 대한 자포로즈 시위원회 부위원장(1997년 4월까지), 위원회 집행기구 문제에 대한 시위원회 부대표, 시집행위원회 수석경제청장(1997년 4월부터 10월까지), 위원회 집행기구 활동 문제 분야 부시장, 시위원회 수석경제청장.

1999-2006년 자포로즈주 행정청 부청장, 2006년 2월부터 7월까지 자포로즈주 주지사 제1부주지사.

2006-2007년 유리 아르테멘코주(Юрий Артеменко) 주지사 시절 자포로즈주 감사 및 통제청장.

2007년 6월부터 2008년 9월까지 자포로즈 원자력발전소 대표이사의 법률적 문제와 기업리스크 분야 부대표.

2008년부터 2010년까지 자포로즈주 행정부 수반 알렉산드르 스타루흐(Александр Старух)의 보좌관.

2010년 4월부터 10월까지 "자포로즈 자동차공장" 대표의 자문.

2010년 10월 31일 자포로즈 시장선거에서 승리. 유리 티모센코(Юрий Тимашенко, 우크라이나 아프토 사의 소유주이자 하원으로 여기고 있다)의 상대 경쟁자로 선발되었다. 선거에서 승리한 후 "시장의 직책을 수행하면서 한 당의 이익을 위해서가 아니라 모든 시민을 대표하는 것이 옳다"고 보는 만큼, "바티키브시나"(유리 티모센코가 지도자) 당의 당원직을 그만 두었다. 2012년 4월 '지역 당'으로 당적을 옮겼다.

2010년 10월 31일부터 2015년 11월 25일까지 자포로즈시 시장.

기혼. 딸 1명.

1990년대의 정치적 위기에도 불구하고 전 소연방에서의 러시아어를 구사하는 한인들은 소외되지 않았으며, 정치생활에 적극 참가했다. 그들 중 많은 이들이 고려인사회운동을 지휘했으며, 러시아와 대한민국 간 대외정치 관계의 발전에 협력했다.

제2장

경제, 학문, 교육, 문화, 정교, 스포츠 분야 러시아 고려인

1. 경제

세계적인 경제 위기는 러시아를 빗겨 지나가지 않았다. 월드 뱅크의 평가에 따르면 2008년 러시아의 위기는 "대외무역, 자본의 유출, 외부 차입의 긴축 조건 등 과도한 삼중 쇼크 속에서 과도한 민간부분의 차입으로 촉발된 민간 분문의 위기로서 시작되었다." 러시아 주식시장의 붕괴, 루블의 평가절하, 산업생산, 국내총생산, 주민 소득의 감소 등 및 심지어 실업의 증가 등이 발생했다. 정부의 위기 대응책은 상당한 지출을 요구하는 것이었다. 2009년 7월 1일부 상황에 따르면 중앙은행의 외환보유고는 4,126억 달러였다. 2008년 7월 1일의 상황과 비교해보면 당시 러시아의 외환보유고는 5,690억 달러로, 이 지수에 따르면 27.5%가 낮아졌다. 2009년 5월 러시아 국내총생산은 지난 해 같은 시점과 비교했을 때 11%하락되었다. 5월의 수출은 2008년의 5월과 비교했을 때 45%나 줄어들어서 234억 달러였다. 수입은 44.6% 낮아져서 136억 달러였다. 무역수지는 1.8배 줄어들었다. 2009년 후반기에 경기 침체가 극복되어, 같은 해 3분기와 4분기 러시아 국내총생산의 성장은 전년대비 1.1%와 1.9% 증가했다.

2009년 결산에 따르면 러시아의 국내총생산은 7.9%하락하여, 전 세계 국내총생산의 증감지수에서 가장 저조한 기록 중 하나였다. 그와 동시에 구 소연방 소속의 일부 국가들보다는 더 나은 수치를 보여줬다. 이 자료는 구 소연방 소속 국가들 중에서 러시아의 주민 1인당 국내총 생산이 라트비아의 앞지르고 에스토니아와 라트비아에게만 뒤져 3위 를 기록했다는 사실을 보여준다.

2009년 러시아의 국내총생산은 2조 1,090억 달러에 달한다. 이와 비슷한 국내총생산을 보유한 나라는 영국(2조 2,810억 달러), 프랑스 (2조 970억 달러) 그리고 브라질(2조 300억 달러) 등이다. 러시아 인구 1인당 국내총생산은 14,900달러, 대영제국은 35,900달러, 프랑스는 33,100달러, 브라질은 10,600달러 등이다. 1999년 가을 러시아의 대외 부채(소연방의 부채 포함)는 1,600억 달러로 세계 1위를 차지하고 있으 나, 이 부채는 2005-2007년 사이에 실질적으로 완전히 변제되었다.

2010년 3월 세계은행 보고서에서는 러시아의 경제적 손실이 위기 초반에 예상했던 것에 비해 적었다는 사실을 강조했다. 세계은행의 견 해에 따르면 부분적으로는 러시아정부가 마련한 대규모 위기 대응책 덕분에 이런 현상이 발생했다.

2010년 1/4분기의 결과에 따르면, 국내총생산(2.9%) 및 산업생산 증가(5.8%) 속도에서 러시아는 "G8" 중에서 일본에게만 뒤진 2위를 차지한다. 2010년의 결과에 따르면 러시아 국내총생산의 증가는 4%로 전 세계 국가 중에서 국내총생산의 규모와 실질구매력에서 6위를 차지했다. 2011년 러시아의 국내총생산은 4.2%성장했다.

러시아연방의 2012년 산업생산 규모는 생산량 증가가 4.7%를 보인 2001년의 결과와 비교했을 때 2.6%만 성장했다. 2012년 가공 산업 분야에서의 생산량은 4.1%였으며, 생산과 전기, 가스, 물의 공급이 1.2% 증가했다.[1]

러시아 전 국민은 경제적 난관을 극복해야 했다. 다른 한편으로, 비즈니스 조직에서 자신의 정신적 그리고 상업적 능력을 발휘할 수 있는 가능성, 새로운 생산시설과 다양한 상업적 조직을 창설할 수 있는 가능성이 등장했다. 러시아의 고려인은 이 모든 과정에 적극적으로 참가하여, 적지 않은 성과를 거두었다.

1) 니즈니 노브고로드

◎ 유가이 뱌체슬라프 미하일로비치
   (Югай Вячеслав Михайлович)[2]

유한책임회사 "니즈니노브고로드 가스프롬 스란스가스"사의 대표이사.

1963년 7월 17일 카자흐스탄공화국에서 출생.

---

1) 러시아의 경제. 러시아 경제의 주요 특징. URL: http://www.ereport.ru/articles/ weconomy/russia.htm(2020.06.12.)
2) 뱌체슬라프 미하일로비치 유가이 URL: http://n-novgorod-tr.gazprom.ru/ about/managers/yugaj/ (2017.12.10.)

■ **교육**

　　레닌 카자흐스탄 기능대학에서 "자동화와 원격기계장치" 전공.

　　클린 보호와 노동조건 연구소에서 "노동조건에 따른 노동지위 인증 일반 문제" 전공.

　　독일 "개인 경영" 전공으로 자질 향상을 위한 Wintershall Holding GmbH

■ **직업경력**

　　1985년 대학을 졸업하는 즉시 '튜멘트란스가스'라는 펠믜스키 가스 관로 생산청의 계측 및 자동화 엔지니어로 공기업 '가즈프롬' 내에서 직장 생활을 시작.

　　2007년 11월 - 2009년 8월 '튜멘트란스가스'의 압축장 운영 부책임자.

　　2009년 8월 - 2011년 12월 '유고르스크 가스프롬 트란스가스'사 대표이사의 제1보좌관.

　　2011년 12월 - 2012년 12월 '유고르스크 가스프롬 트란스가스'사의 대표이사직 대행.

　　2012년 5월부터 '니즈니노브고로드 가스프롬 트란스가스'사의 대표이사.

■ **수상경력**

　　2004년 '가스프롬'사의 명예증서.

　　2005년 국제자선단체 '세기의 후원자'의 '명예와 유익' 메달.

　　2010년 "러시아 가스업무발전에 대한 기여" 메달.

　　2011년 러시아연방 에너지부의 감사장.

　　2013년 '가스프롬'의 '명예직원' 호칭.

2) 상트페테르부르크

◎ 주 이고리 산세노비치(Дю Игорь Сан-Сенович)[3]

가트치나시 '갈락티카' 그룹의 대표.

1959년 레닌그라드주 가트치나시에서 출생.

1982년 레닌그라드 기능대학 에너지기계 설비학부 내연기관학과 졸업.

'갈락티카'는 동일한 이름 이외에도 3개의 우유공장을 보유하고 있으며, 러시아 우유시장의 3%를 점유하고 있어 5대 대규모 유제품 생산업체에 포함된다.

1988년 주 이고리 가트치나 우유공장의 사장으로 선출되었으며, 2006년 사장단회의 회장이다. 2008년 막심 이바노프와 함께 가트치나에 20억 루블을 투자하여 '갈락티카'를 설립했다.

2015년 억만장자 순위에서 155위를 차지했다. 재산상황이 26억 루블로 평가되었다.

2016년 억만장자 순위에서 246위를 차지했다. 평가액은 12억 루블이다. 주로 '갈락티카'의 주식이다. 회사에서 제공한 자료에 따르면 갈락티카의 2015년 유통액이 15% 상승하여 70억 루블에 달했다.

2017년 억만장자 순위에 참가하고 있다.[4]

'갈락티카'[5]의 대표인 주 이고리는 3월 14일 모스크바 전러시아박

---

3) 주 이고리 상선노비치. URL: http://milknews.ru/interviu-i-blogi/biographii/biographii_61.html (2017.12.15.)

4) Who is who. URL: http://whoiswho.dp.ru/cart/person/794640/ (2017.12.15.)

5) Галактика. URL: http://www.mnogomoloka.ru/press/our_news/10024

람회에서 개최된 제2차 러시아 우유생산업자회의에서 비상업 파트너인 우유품질센터의 활동결과를 제시했다.

3) 모스크바와 모스크바주

◎ 김 보리스(Ким Борис)[6]

1985년 모스크바국립대학교 졸업. 화학 전공. 1996년 러시아재무경제연구소에서 '재무와 대부' 전공, 2000년 모스크바법률아카데미에서 '법리학' 전공, 2004년 모스크바국립대학교에서 '심리학' 전공, 2007년 모스크바국립대학교에서 '철학' 전공.

■ **직업 활동**

재무 분야 러시아 선두 기업인 중의 한 명이며, 그에 더해 지불서비스 산업에서 20년이 넘는 경력을 지니고 있다. 현재 QIWI 회장단회의의 대표직과 회장연합회 '핀텍스'의 전무이사 직을 맡고 있다.

1993년부터 1996년까지 러시아 TJ콜렉션 그룹의 재무담당직을 맡았다. 1993년 9월부터 1999년 1월까지 사설은행의 은행장이었다.

1996년부터 1999년까지 '취리히' 사 회장의 자문으로 활동했으며, 사장된 회의의 일원으로 포함되었다.

1999년부터 2004년까지 'Zerich' 금융재무그룹 회장의 자문이었다.

(2017.12.15.)

6) 보리스 김. URL: https://www.kommersant.ru/doc/3391234 (2017.12.15.)

1999년부터 2007년까지 e-sport그룹의 대표였으며 통합즉석지불
시스템(나중에 QIWI 그룹으로 편성됨)의 공동소유자이다.

2007년부터 2012년까지 국가전자상업참가자연합회의 지불시스템
과 금융수단 분야 위원회의 위원장이었다.

김 보리스는 본질적으로 제로 상태에서 경제의 독립된 분야를 어떻
게 설립하는지 보여주었다. 지금은 러시아의 대도시 어디에서나 볼 수
있는 현금지불기계를 갖춘 QIWI의 즉석지불시스템은 바로 그의 노력
에 힘입어 러시아에서 최초로 등장했다. 그의 회사는 20개 국가에서 이
사업을 발전시켜 나가고 있다.

◎ 장 트로핌 니콜라예비치(Тян Трофим Николаевич)[7]

1950년 출생. 레닌콤소몰의 상을 수상
함. 모스크바 물리기술연구소 졸업. 100개
가 넘는 연구물과 20개 발명품의 저자. 소연
방 시절 모든 유인우주선의 실험과 유인우
주선 자동조정시스템, 유인우주선의 학술정
보가공 그리고 인민경제용 정보분석 시스템
의 구축에 참가했다.

'모스크바 정도 850주년 기념' 메달을 받
았으며, '소연방 발명가'의 표식과 '산학연합 공훈전문가'의 표식 등을
수상했다.

---

7) 장 트로핌 니콜라예비치 URL: http://saint-elisabeth.ru/gallery/travel-
notes/2969-the-rally-queens-baikal-korolev.html (2017.12.15.)

◎ 강 알렉산드르(Кан Александр)[8]

1970년 10월 11일 출생, 모스크바 레스토랑의 주인.

'프로젝터', '주택', 'K-타운', '아무데도 안 갈 거야', '트루 코스트', '독점 고도 354' 등의 프로젝트 파트너, 공동설립장 그리고 공동소유자이다. 알렉산드르 강은 자신의 직업 경력 초기에 향후 자신의 사업파트너가 되는 일리오도르 마라치와 함께 식당의 바텐더로 일했다.

2012년까지 다른 프로젝트와 사업을 관장했다. 2012년 다른 동료들과 함께 자신의 레스토랑 '타임아우 바'를 개업했다. 그 당시 그는 '타임아웃'이라는 잡지에서 다양한 바를 주제로 한 평론가로 일했다.

◎ 최 세르게이 다닐로비치(Цой Сергей Данилович)[9]

1965년 11월 25일 우즈베키스탄에서 출생. 한국의 독립운동가 최계립(1897-1973)의 손자. 모스크바시 한식 레스토랑 '백학'의 사장.

1987년 타시켄트기능대학 화학기술학부 졸업.

1993년까지 타시켄트 기능대학교 내 고분자중합체 연구실에서 선임연구원으로 근무. 장래가 보이는 예비학자 최 세르게이는 경제적 사정으로 학업을 그만두고 연구소를 퇴소하여 사업에 종사했다.

기혼, 딸 2명.

---

8) 알렉산드르 강. URL: http://www.moscow-restaurants.ru/who/kan.html (2017.12.15.)
9) 최 세르게이와의 2018년 1월 5일자 인터뷰

2. 학문과 교육

학술에서도 역시 급격한 변화가 일어났다. 세계적으로 유명한 학자들이 외국 대학의 초청을 받아 출국하여 강의를 하고 국제심포지엄이나 컨퍼런스에 참석했으며, 국제학술재단으로부터 지원금을 받기도 했다. 소연방에서는 "해외여행제한"이라는 개념이 존재했는데, 이것은 국가비밀연구개발에 동참한 학자들은 외국으로 출국할 수 있는 권리가 없었다. 일반적인 소비에트 시민은 해외여행을 위해 특별한 허락을 받아야만 했으며, KGB의 검열을 받아야 했다. 민주주의 개혁과 함께 러시아의 학자들은 이동의 자유를 획득했으며, 다른 나라로 출국하고 학술연구를 선택할 수 있는 자유로운 권리를 갖게 되었다.

◎ 송 에두아르드 예브게니예비치
   (Сон Эдуард Евгеньевич, 1944-2021))[1]

에너지, 기계설비, 공학, 러시아학술원 통제과정 분야 러시아학술원 정회원, '에너지물리학' 전공, 물리수학 박사, 교수, 모스크바물리기술대학교 학술부총장.

1944년 9월 29일 타시켄트주 아한그란 지역의 쿠이비셰보 촌에서 출생. 1948년 손 에두아르드는 부모님과 함께 알마타주 카스켈렌 촌으로 이주하여 중학교 7학년까지 우

---

1) 러시아학술원 아카데믹. 송 에두아르드 예브게니예비치 URL: http://www.jiht.ru/about/supervisor/son.php (2017.12.15.)

등으로 졸업한 후 1970년에 알마타 절도교통기술대학에 입학했다. 1962년 2년 과정을 졸업한 그는 모스크바물리기술대학교에 진학하여 1968년 공기역학과 열역학 분야의 우등생으로 졸업했다. 소연방학술원 준회원 이예블레프의 지도하에 "비이상 플라즈마의 역학적 성질"이라는 논문으로 1972년에 물리수학 박사학위를 취득했다.

1971년 모스크바물리기술대학교에서 강사로 첫 직장을 구했다가, 1976년 동 대학교 물리기술학과의 조교수로 선발됨. 1983년 "저온 플라즈마에서의 동력학 현상"이라는 논문으로 물리수학 박사학위 취득. 1989년 송 에두아르드는 동 대학교 물리수학과 교수로 선발되었다. 그는 1991년부터 동 학과의 학과장으로 재직했으며, 1993년부터는 동 대학교 학술부총장을 역임했다.

세계적 명성의 학자인 그는 성공적인 학술연구 활동을 수행하고 있으며, 전기물리학, 열물리학 그리고 저온플라즈마 물리학 분야의 전문가로서 전공서적 14편과 교재를 포함하여 총160편에 달하는 출판물의 저자이다. 송 에두아르드는 6명의 대박사와 15명의 박사를 양성했으며, 러시아와 외국에서 일련의 연구비를 받아 실행했다(INTAS 1994-1996 Nucleation, Growth and Spectroscopy of Ceramic and Metallic clusters in Laser Driven Synthesis 및 15개에 달하는 러시아기초과학연구재단, 러시아연방 교육부의 연구비)

송 에두아르드는 1)미국물리학회, 2)러시아 4인학자위원회 회원, 3)러시아기초과학연구재단 학술전문 위원회 회원(1993-1995), 4)다수의 국제 컨퍼런스 조직위원회 위원이자 참가자이다. 10개의 전공서적을 포함하여 약 200편의 연구업적이 있다. 송은 1990년 영국 웨일스의 스완지 대학교, 케임브리지, 그리고 런던의 왕실칼리지 등에서 강의를 위해 초빙되었다.

1991년 풀브라이트 지원금을 받는 교수였으며, 미국 보스턴의 메사추세츠공대에서 강의를 했다. 1994년에는 대한민국 소재 일련의 대학들이 그를 초빙했으며, 1995년에는 소로스 재단으로부터 시원플라즈마의 연구 분야로 지원금을 받았다. 1994년-1995년에는 레이저 발사 행위에서의 집합체와 집성물의 성장 및 고온 에너지를 위한 초내구적 물질의 개발에 관한 연구 프로젝트 연구책임자였다.

1996년 에두아르드의 지도 하에 스위스의 Aaea Brown Boveri 연구센터와 함께 '가스터빈용 고온매체의 난류유동모델에 관한 연구'를 진행했다.

슬렘베르제 사와의 계약으로 석유운송프로젝트를 감독하고 있으며, 러미폰드 "기초연구와 고등교육" 재단의 "물질의 극단적 상태"라는 학술 프로젝트 책임자이다.

◎ 한 세르게이 알렉산드로비치(Хан Сергей Александрович)[2]

1963년 투르크메니스탄 소비에트사회주의공화국의 네비트다그시에서 출생.

1985년 "원유와 가스 산지의 발굴 기술 및 복합기계화 전공으로 투르크메니스탄기능대학을 우등으로 졸업했다. 1992년 "등압선지도에 따라 복합건조 대상의 여과량 특성 측정법 개발"이라는 논문으로 박사학위를 받았다. 자신의 직업적 자질을 꾸준하게

---

2) 한 세르게 알렉산드로비치 URL: http://www.gubkin.ru/faculty/
oil_and_gas_development/chairs_and_departments/gas_field_developmen
t_and_operation/Sergey%20Alexandrovich%20Han.php (2017.12.15.)

높이면서 다음과 같은 러시아 및 유럽의 최고 교육기관에서 수학했다.

굽킨(Губкин) 모스크바 석유가스연구소(1986-1987), 전(全) 연방 천연가스류학연구소 출석형 박사과정(1987-1990), 대영제국 옥스퍼드 원유학부(1994-1995), 프랑스 파리의 ACTIM(1996), 독일 다이데스하임(Deidesheim)시 국제경영아카데미(1999-1000), 러시아연방정부 산하 민족경제아카데미, 모스크바 기업경영대학원(2000-2003), 전문적이고 사회적인 활동에 참가하고 있으며, 국제가스연맹(ISU) 이사회에서 주식개방회사 "가스프롬"의 대표(2010.10.)이자, 러시아 석유가스협회 중앙위원회의 위원이다.

"가스산업 명예일꾼"의 칭호를 하사 받았으며, 국제가스연맹의 명예증서, 굽킨상, 바이바코프(Байбаков)상 그리고 학술과 기술 분야에서 "가스프롬" 상(2002, 2006)을 받았다.

40편 이상의 몬문을 발표했다.

굽킨 러시아국립서육가스대학교의 교수로 재직 중이다. 가스와 액체의 지하저장 분야와 관련하여 강의를 하고 있다.

◎ 최 류보비 니콜라예브나(Цой Любовь Николаевна)[3]

1948년 출생. 모스크바대학교 철학부 졸업, 사회학 박사, 러시아자연과학학술원 준회원, 국립최고경제대학교 경영학부의 인적자원통제학과의 조교수, 사회학자, 철학자.

1997년 러시아학술원 사회학연구소에서 "경영컨설턴트의 실질적 갈등"이라는 논문으로 박사학위 취득.

"러시아의 오늘" 지노비예프 클럽의 회원

---

3) 최 류보비 니콜라예브나 URL: http://conflictmanagement.ru/coj-lyubov-nikolaevna (2017.12.15.)

모스크바 갈등학파의 수석회장.

러시아학술원 사회학연구소 학술교육센터 "갈등사회학"의 자질 향상 과정 지도자.

러시아사회학자회의 "갈등사회학" 연구위원회 위원장.

공청회 전문가.

주택 및 공공서비스 분야 통제에서 국가 공공통제센터" 전문가

■ **출판물**

Цой Л.Н. Место конфликта в корпоративной культуре организации // Журнал Kosmetik international EXPO Москва «Академия Научной красоты», 2003.

Цой Л.Н., Сергеев С.С. В контексте конфликтологии: тренинги в организациях, технологии и тренеры // Материалы встречи ODN 24 декабря 2002 года, Москва.

Цой Л.Н., Редюхин В.И. Социальный конфликт: от теории к практике «здравого смысла» // // Материалы встречи ODN 25 февраля сентября 2003 года, Москва.

Цой Л.Н. Профилактика преступлений террористической направленности: мыслить глобально – действовать локально // Экстремальные ситуации, конфликты, согласие. Материалы научно-практической конференции, 27 ноября 2002 г. Москва: Академия управления МВД, Институт социологии РАН, 2002 г.

Цой Л.Н. Во что играют консультанты // Материалы вс тречи ODN 24 сентября 2002 года, Москва.

Цой Л.Н. Опыт согласования интересов конфликтующих с торон // Россия: трансформирующееся общество / Под редакц ией В.А. Ядова. М.: Издательство «Канон-пресс-Ц», 2001 и др.

◎ 한국의 영웅, 독립운동가 오성묵(O COH MYK)의 후손들[4]

러시아 이름은 표트르 알렉산드로비치, 성은 오성묵. 유명한 계몽 운동가이자 교사, 소비에트 극동에서의 한국어교재 저자, 내 전 참전자, 항일운동 참전.

오성묵은 오성묵의 대가족이 지닌 성이 다. 이 성을 전달해 준 것은 작스(ЗАГС)의 근무자들이었다. 오성묵의 아들 7명이 아버 지의 성을 따랐다. 즉 길명 - 미하일(Михаил, 1918-1938), 안나(Анна, 1921-2009), 타티야나(Татьяна, 1925-2014), 동명 - 아나톨리(Анатолий, 1927-2009), 익명 - 알렉산드르 (Александр, 1928-2001), 세명 - 마르크(Марк, 1934-2013), 릴리야 (Лилия, 1937), 14명의 손자와 26명의 증손자 그리고 23명의 고손자 가 있다. 오성묵의 후손들 중 대부분은 자신의 할아버지가 그러셨던 것 처럼 교사라는 직업을 택했다.

---

4) 손녀 딸 최 올가가 오성묵의 후손들이 지닌 가족 문서들을 제공해 주었다. 최 올가와의 인터뷰 (2018.01.05.)

◎ 유가이 유리 알렉산드로비치(Югай Юрий Александрович, 타티야나 페트로브타[Татьяна Петровна]의 아들)[5]

1947년 1월 24일 타지키스탄 소비에트사회주의공화국 두샨베에서 출생. 1965년 학교 졸업, 1972년 카자흐스탄사범기술대학교 졸업. 야금생산의 자동화 전공. 계속해서 계산기, 프로그래밍, 정보기술, 교육 등을 전공, 모스크바주 국가 및 자치부서에서 근무. 공훈 휴양으로 연금생활중. 크라스노고르스크에 거주. 기혼, 아들 2명, 손자 2명.

◎ 오성묵 알렉세이 마르코비치(Осенмук Алексей Маркович, 마르크 페트로비치[Марк Петрович]의 아들)[6]

1966년 모스크바에서 출생.

금광채굴회사 '폴류스'의 경제 및 재정 담당 부사장, 모스크바은행간 통화거래소 부대표. 1984-1986년 육군 복무. 1989년 모스크바재정대학교(현재 국립재정아카데미) 국제경제관계학부 졸업.

1990년 싱가폴거래소(SGX)의 거래사 과정을 이수했다.

1991-1992년 소연방 국립은행의 은행간 통화거래센터(통화거래소)에서 근무했다. 1992-1997년 모스크바 통화거래소의 부대표이자 이사회 회원이었으며, 모스크바 통화거래소의 전략발전 업무를 감독했다.

---

5) 손녀 딸 최 올가가 오성묵의 후손들이 지닌 가족 문서들을 제공해 주었다. 최 올가와의 인터뷰 (2018.01.05.)
6) 손녀 딸 최 올가가 오성묵의 후손들이 지닌 가족 문서들을 제공해 주었다. 최 올가와의 인터뷰 (2018.01.05.)

1997-1998년 연합수출입은행(ОНЭКСИМбанка) 기업고객부 차장 역임, 1999-2003년 러시아은행 고객서비스조직부장이었다.

2004년부터 황금채굴회사 "플류스-졸로토"의 최고재무책임자.

2021년부터 "광산프로젝트 관리(극동지역 황금 및 구리폴리메탈 매장지의 지리탐사 및 개발)"사의 대표이사.

모스크바 통화거래소 부대표직에 있으며, 국제재무기관들과 협력하고 있다.

◎ 오성묵 발레리야 블라디미로브나
(Осенмук Валерия Владимировна, 오성묵 알렉세이 마르코비치[Алексей Маркович]의 부인)[7]

1967년 출생

1989년 모스크바국립대학교 역사학부 예술사학과 졸업, 1992년 박사학위 취득.

2001-2002년 베이징 중앙예술아카데미에서 연수. 1993년부터 수리코프 모스크바국립아카데미예술원의 예술사와 이론학부에서 강의하고 있으며, 2005-2006 학술업무 담당 부총장 직을 맡고 있다. 현재는 부교수이다.

■ **학술적 관심**

불교예술, 극동과 중앙아시아의 예술, 예술심리학.

발레리야 블라디미로브나 오성묵의 사범활동은 극동, 남아시아와 남

---

7) 손녀 딸 최 올가가 오성묵의 후손들이 지닌 가족 문서들을 제공해 주었다. 최 올가와의 인터뷰 (2018.01.05.)

동아시아의 예술사 분야에 대한 학술적 관심과 긴밀하게 연결되어 있다. 그녀는 중세 중국미술과 불교 예술문화 분야의 최고 전문가이다. 그녀는 20년 이상 수리코프 모스크바예술대학에서 수업을 진행하고 있으며, 국립예술지식연구소 아시아, 아프리카 지역 예술 분야에서 일하고 있다.

1999년부터 발레리야 블라디미로브나 오성묵은 모스크바국립대학교 예술학부에서 강의하기 시작했다. 현재 그녀는 다양한 사범활동을 하고 있으며, "인도, 극동과 동아시아 예술"과 "이슬람 지역 예술"이라는 필수과목을 강의하고 있다. 또한 "불교예술사"라는 특별과정과 "동방예술" 세미나를 진행하고 있다. 그녀는 모스크바 대학교에 존재하는 동방 미술문화 연구학파를 발전시키고 있다.

2013년 최고전문가 양성과 학술사범 요원에 끼친 확연한 업적을 기려 러시아연방 문화학술부의 명예증서를 받았다.

알렉세이 마르고키비와 발레리야 블라디미로브나는 1995년과 2002년생 아들 두 명을 두고 있다.

◎ 오성묵 갈리나 동명노브나 (Осенмук Галина Донменовна, 동명 페트로비치 [Донмен Петрович]의 딸)[8]

1957년 8월 14일 보스토치노카자흐스탄주 울란스크 지역의 아수불라크라는촌에서 출생.

1974년 우스티카멘노고르스크에 있는 4번중학교 졸업, 사범대학교 물리수학부에 입학, 교무주임 겸 수학선생님, 이후 응축기공장의 프로그래머, 그리고 나중에는 공장 콤소몰의 자유서기로 근무함. 1984년 북쪽의 싀크늬브카르시로 이주하여 주택 및 공공서비스지국의 부국장으로

---

8) 손녀 딸 최 올가가 오성묵의 후손들이 지닌 가족 문서들을 제공해 주었다. 최 올가와의 인터뷰 (2018.01.05.)

근무. 우스티카메노고르스크에서 30년 이상 상업에 종사. 그곳에서 어머니와 함께 거주 중.

◎ 최 (오성묵) 올가 니콜라예브나 (Цой [Осенмук] Ольга Николаевна, 오성묵 안나 페트로브나[Осенмук Анна Петровна]의 딸)[9]

1959년 10월 19일 소연방 카자흐스탄 보스토치노카자흐스탄주 우스티카멘노고르스크시에서 출생.

모스크바관리대학교 졸업. 전공은 관리자동화시스템. 모스크바시 중장비생산부 산하 국립 정보 계산 센터에서 근무했다.

1987년 자기 직업을 교육 방향으로 완전히 바꾸기로 결심하고는 기숙학교에서 양육 및 음악선생님으로 근무했다. 1990년부터 대안교육과 사회문화계획수립 분야에서의 전문가이자 개념창시자.

1990년 친구들과 함께 러시아 최초의 대안학교 중 하나를 설립했다. 리차 트로이체릭코보(Лица Тройце-Лыково) 사립학교의 선생님이자. 공동대표이다. 2000년부터 어린이 문화센터인 "티메이아카데미"의 원장이다. 2015년 인간의 총체적 발전의 생활공간인 "손전등 아카데미" 프로젝트의 창설자이다. 교육 과정 "바람의 문화"의 저자이며, 변형 트레이너, 동기부여 연사 등이다. 자발적 환경, 사회문화 프로젝트, 과정, 노래와 동화 방법론의 창시자이다. 대한교육 조직의 러시아 및 국제 회원이다.

---

9) 손녀 딸 최 올가가 오성묵의 후손들이 지닌 가족 문서들을 제공해 주었다. 최 올가와의 인터뷰 (2018.01.05.)

3. 문화

　러시아에서의 메스미디어의 발전은 문화와 예술 분야의 유명한 활동가들을 더 가까이서 접할 수 있게 만들어주었다. 소비에트 시기에는 소수민족 출신의 문화와 예술 활동가들에 관한 정보가 없었다. 고려인에 대해서는 전혀 언급하지 않았다. 무언의 금기가 있었던 것이다. 고려인 출신의 화가, 문학가, 시인들은 자신의 창작품을 발표했으나 무명으로 남아 있었다. 민주적 변화가 창작 인텔리에 관해 알 수 있게 해 주었다. 그들은 러시아의 도처에 살고 있다.

1) 보로네쉬 출신의 조각 명가

◎ 박 엘자 니콜라예브나(Пак Эльза Николаевна)[10]

　조각가는 1942년 5월 15일 우즈베키스탄 토이튜베시에서 출생했다. 1964년 타시켄트예술대학을 졸업했다. 1970년 레핀 레닌그라드회화, 조소 및 건축대학교를 졸업했다. 기념용, 기대용, 장식용 조각을 하는 조각가.

　1974년부터 소연방 예술인협회의 회원. 1970년부터 2001년까지 러시아공화국 예술재단 보르네시 예술생산공방에서 일했다.1970년부터 보르네시 예술학교에서, 그리고 1971년부터 1972년까지 보르네시 건

---

10) 러시아 예술가동맹. 박 엘자 니콜라예브나. URL: http://vrnsh.ru/%D1%85%D1%83%D0%B4%D0%BE%D0%B6%D0%BD%D0%B8%D0%BA%D0%B8/%D0%BF%D0%BF%D0%B0%D0%BA-%D1%8D%D0%BB%D1%8C%D0%B7%D0%B0-%D0%BF%D0%B5%D1%82%D1%80%D0%BE%D0%B2%D0%BD%D0%B0; URL: http://www.fenkar.ru/proektyi/rossiya-mnogonaczionalnaya/elza-nikolaevna-pak.html (2018.01.23.)

축건설대학교에서 강의를 했다. 1990년 러시아국가상을 수상. 1992년 러시아의 공헌예술가에 선정. 예술활동공헌자(2001). 페트로브학술예술원의 아카데믹.

  엘자 니콜라예브나 박은 주도 체로노제이먀의 외관을 결정짓고 있는 일련의 작품들을 만들어 낸 보르네시의 유명한 조각가이다.

  엘자 니콜라예브나 박의 주요 창작활동은 보르네시에서 이루어졌다. 그녀는 그곳에 일련의 걸출한 조각품들을 만들어냈다. 특히 인형극장 옆에 일단의 조각품이 펼쳐져 있는데, 이것은 엘자 니콜라예브나의 최고 작품 중 하나로 여겨진다. 극장 근처에 그녀의 작품이 하나 더 있다. 중편소설의 영웅 가브릴라 트로예폴스키 셋터르 빔이다. 엘자 니콜라예브나는 자신의 남편과 창작 파트너인 이반 디쿠노프가 없이는 절대 창작활동을 하지 않았다. 이 기적적인 가족이자 창작동맹은 보르네시에게 수많은 뛰어난 조각품을 선사했다. 그중에서 일부 기념물은 러시아의 작가와 시인들에게 주어진 것이다. 예술학자의 견해에 따르면

플라토노프, 푸쉬킨 조각상 그리고 다른 것들은 러시아 문화의 유산 중 일부라고 한다.

소비에트 시대의 시국적 이미지가 딱 한 번 엘자와 디쿠노프의 창작 대상이 되었다. 최고 범주의 마스터였던 그들은 소련공산당 지역위원회로부터 레닌의 동상 설립을 예약 받았다. 이 외에도 드라마공연장, 어린이 공원의 외관 장식을 맡았으며, 많은 다른 작품도 존재한다.

엘자 니콜라예브나 박의 재능은 보르네시에서 인정을 받았다. 즉 지역행정부는 물론, 전국에서 그녀의 모든 작품에 표창을 수여했다. 소비에트 시대의 말기에 엘자 박은 국가상의 수상자가 되었으며, 얼마 후 러시아 소비에트 연방 사회주의 공화국의 공훈 예술인이 되었다. 또한 6년이 흐른 뒤에 러시아연방 공훈 예술가로 인정받았다. 다수의 증서, 메달, 표창 등이 있다.

2000년대 엘자 니콜라예브나는 종교적 동기로 인해 자신의 도시에 종교를 주제로 일련의 작품을 설치했다. 2003년 블라고베셴스크 사원 앞에 네 명의 천사로 에워싸인 성자 미트로파니의 동상이 등장했다. 이 것은 보르네시 교구와 예술인 지도부 간의 공동 프로젝트였다.

엘자는 창작활동 이외에 사회활동에도 종사하고 있다. 그녀는 주 전체 내에서 고려인민족문화자치의 대표자로 활동하고 있다. 보르네시와 다른 여러 도시에서 엘자 박의 노력을 통해 다양한 형태의 계몽, 교육 그리고 문화 행사가 치러졌다.

40년 넘게 엘자와 이반은 조각가의 왕조를 키우고 교육했다. 맏아들과 막내알들인 막심과 알렉세이는 부모의 발자취를 따라 또는 부모와 함께 보르네시에서 작업하고 있다. 딸 나탈리야는 그래픽에 종사하며 모스크바에서 생활하고 있다. 예술학교에서 그녀의 졸업 작품은 "우리 가족"으로 불린다. 10명이 넘는 친척의 초상화를 그래픽으로 표현한 작품이다. 여기서 스케치의 절반은 예술가 대가족의 일상생활을 포착하고 있다. 엄마는 스케치를 하고 있고 형제는 조각을 바라보고 있으며, 아버지는 기념비를 파고 있다. 고양이는 작업장 바닥에 웅크리고 있다. 박씨 가족 전체의 공동 작품도 있다. 처음에는 엘자와 이반이 함께 기념비를 만들었다.

엘자 박 가족의 주요 특징 중 하나가 문화의 혼합이다. 아들 막심은 자신의 세계관에 러시아와 한국 두 개의 문화가 있음을 인지하고 있다. 무엇보다 그것은 음식에 반영되어 있는데, 러시아와 한국 요리가 같이 나온다.

엘자 박은 우즈베키스탄으로의 강제이주 이후에 태어났다. 그녀의 이야기에 따르면 처음에는 엄마와 함께 누쿠스라는 작은 도시에서 살았다고 한다. 고려인 집단농장 '북극성'에서 목화와 벼를 심었다. 농장의 지도자는 사회주의 노동영웅이었다. 이 농장은 매우 유명했다. 대부분의 노동자들은 고려인이었다. 이런 상황에서 아이들을 위해 고려인 반이 생겼고 거기서 언어를 배웠다. 집에서는 부모랑 항상 한국어로 대화를 나누었다. 현재 엘자 박이 한국어를 사용하는 경우가 드물다. 최근 그녀가 힘들게 한국말을 한 것은 15년 전이다. 즉 그녀를 관광 차 남한으로 초청했다.

역사적 모국으로의 여행은 좋은 인상으로 남았다. 한국은 전혀 다른 세계이다. 어릴 때부터 알았던 그리고 자기 동포들과의 만남, 대학에서는 예술사를 공부한 후, 엘자는 한국의 문화적 흐름과 조각 스타일을 잘 알게 되었다. 처음으로 역사적 모국에 입국한 그녀는 매우 잘 아는 장소에 왔다는 느낌을 받았다.

조각가 엘자에게 족, 집, 일 그것은 보르네시였다. 이곳에서 모든 인생을 보냈으며, 아이들이 태어나고 자랐다. 이 도시에서 창작의 길도 걸어왔다. 그러나 모국은 그녀의 어린 시절이 있는 우즈베키스탄이다.[11]

---

11) Там же.

2) 상트페테르부르크 출신의 화가 명가

◎ 변 바를렌(Пен Варлен)[12]

1916년 9월 29일 연해주 시코토보 지역의 유란천 촌에서 출생, 1990년 5월 26일 소연방 레닌그라드에서 74세를 일기로 사망.

1940년 레닌그라드 회화, 조각 및 건축대학교에 입학하여 1947년 오스묘르킨의 공방에서 회화화가라는 자격을 갖추고 졸업. 졸업 작품으로는 회화 '고려인 어부'가 있다.

1947-1950년 동 대학교 박사과정 이수. 예술학 박사.

1950년부터 레핀 레닌그라드 회화, 조각 및 건축대학교 회화학과 교수(1977).

1953년부터 1954년까지 소연방 문화부의 명령에 따라 북한에서 자문으로 활동하며 평양예술대학교에서 교육체계의 복원에 도움을 주었으며, 그와 동시에 새로운 작품도 만들었다.

그의 작품은 박물관과 러시아, 북한, 프랑스, 일본, 미국, 한국 및 다른 나라의 개인 콜렉션으로 남아 있다. 이 중에는 국립러시아박물관, 상트페테르부르크 역사박물관, 시조각박물관, 남북극 박물관, 중앙육해군 박물관, 러시아학술원의 푸시킨 하우스, 러시아국립도서관, 우즈베키스탄 국립예술박물관, 야로슬라브 미술박물관, 오를로프주 미술박

---

12) 변 바를렌. 고려인 출신의 러시아화가. URL: https://remch-ch.livejournal.com/1376377.html (2018.01.23.)

문관, 코스트롬스크 역사건축 및 미술박물관-보호구, 미하일로프 미술
갤러리(알아이주), 도가딘 아스트라한스크 국립미술갤러리, 신용욱(대
한민국 서울) 개인 컬렉션 등이 있다.

◎ 변 세르게이 바를레노비치
(Пен Сергей Варленович, 변 바를렌의 아들)[13]

러시아 미술가, 러시아연방 공훈 미술가,
게르첸 러시아국립대학교 묘사예술학부 회화
학과 교수, 상트페테르부르크 화가동맹 회원.

1952년 레닌그라드에서 출생.

1976년 레핀 레닌그라드 회화, 조각 및
건축대학교 회화학부 졸업, 오렌시니코프
소연방 인민화가의 공방.

1980년부터 러시아 화가동맹 회원. 해양
화가. 50개 이상의 작품이 컬렉션과 러시아 국방부 연방국립기관 '중앙
육해군박물관'의 전시실에 보관되어 있다.

■ 출판

러시아 국방부 연방국립기관 '중앙육해군박물관'의 개인전시 카탈
로그, 2002.

회화앨범, 중국, 2009.

---

13) 변 세르게-이 바를레노비치. URL: http://fii-herzen.spb.ru/ru/staff/dept-
painting/pen (2018.01.23.)

) 아르한겔스크

석 나제즈다 카피토노브나(Шек Надежда Капитоновна)[14]

1951년 9월 9일 타시켄트주 달베르진 촌에서 출생, 바이올린 연주자, 러시아 공훈예술가, 러시아 예술가동맹 회원.

1974년 펜자예술학교 졸업. 1980년 모스크바국립 수리코프 예술대학교 졸업. 화가조각가 전공.

1976년부터 주, 지역, 공화국 그리고 전연방 예술가 전시회에 참석했다. 1989년 러시아 예술가동맹에 가입.

2013년 지역 역사학자인 예브게니 오브샤킨을 기념하는 예술적 결정과 기념 게시판 설립을 기려 러시아 문화활동가 상을 수여 받았다. 아르한겔스크에서 살고 있으며, 아들 두 명을 두고 있다.

4) 에스토니아

◎ 임 세르게이(Лим Сергей)[15]

세르게이 임은 바다의 자연현상과 사랑에 빠져있으며, 붓으로 그림을 그리길 좋아한다. 그는 철도기술학교를 졸업한 후 냉각분과의 기술자가 되었다. 현재 그 직업은 이미 존재하지 않는다. 전문적인 화가 교

---

14) 나제즈다 세크의 석상. URL: https://kotlaslib.aonb.ru/doc/kamen.pdf (2018.01.23.)
15) 임 세르게이. URL: http://hesburger.arts.in.ua/gallery (2018.01.23.)

육을 받지 않았음에도 불구하고 그는 자신이 좋아하는 일을 시작했다.

임과의 인터뷰를 통해서 할아버지가 할머니와 함께 모계로 극동 출신이며, 그곳에서 할아버지는 선생님이셨고, 할머니는 집단농장에서 일을 했다는 사실을 알게 되었다. 세르게이는 살아계실 대 그들을 봤기 때문에 더 많은 것을 기억하지만, 그것은 이미 우즈베키스탄에서 본 그들의 모습이었다. 부계는 세르게이가 태어나기 전에 모두가 사망해서 그 누구도 기억하지 못하고 있다.

임 세르게이의 아버지는 상트페테르부르크에 있는 대학을 마친 후 탈린으로 배치되었다. 그의 직업은 수력공학장비 엔지니어였다. 엄마는 사할린 출신으로 아버지가 군대에 복무할 당시 알게 되었다. 6년간의 구애 끝에 탈린으로 그녀를 데리고 올 수 있었다. 세르게이의 아버지는 탈린항 건설에 참가했다. 어머니는 영어교사였다.

세르게이는 태어날 때부터 예술가였다. 자신의 돌잔치에서 그가 처음으로 잡은 것이 색연필이었다. 자기가 기억하는 한 언제나 그림 그리기를 좋아했다. 그러나 완전히 그림에 전념한 것은 8년 전부터다.

화가라는 직업에서 가장 중요한 것은 자신을 찾는 것이며, 방향을 설정하고 그 방향을 따르면서 지속적으로 완벽을 추구하는 것이다. 임의 주요 창작 주제는 바다이다. 그러나 어릴 때는 사람 그리기를 더 좋아했다. 그리고 모든 아이들이 그렇듯 전쟁을 그리기도 했다.

세르게이는 에스토니아에서 자신을 "탈린스키 아이바좁스키"로 부르는 것은 자신만이 바다를 그리기 때문이라고 생각하고 있다. 그는 심지어 위대한 이반 콘스탄티노비치 아이바좁스키 이후 두 번째로 인정

받는 것조차 바라지 않고 있다. 장군을 원하지 않는 그런 병사는 않 좋은 것이다. 화가 임 세르게이는 어떠한 경우에도 에스토니아를 위해서 언젠가는 거의 아이바좁스키가 될 수 있을 것으로 보인다.

■ 민족 정체성 주제에 대한 성찰

저는 에스토니아의 탈린에서 태어났습니다. 우리 부모님이 모두 소비에트 고려인이라는 사실을 생각한다면 전 거의 한국인 가족 속에서 성장했으며(우리는 모든 친척들과 멀리 떨어져 에스토니아에서 살았기 때문에 거의라고 했다), 따라서 저도 당연히 고려인입니다… 피로도 그리고 정신적으로도.

그러나 소연방에서도 에스토니아는 특수한 공화국이었고, 거기서 큰 나는 고려인 가족 속에서 살았음에도 현지의 정신에 따라 생각을 합니다. 이것은 내 작품들에도 드러나고 있습니다. 심지어 사촌 누이와 형제들은 내가 고려인이 아니라고 말했으며, 지금도 그렇게 말하고 있습니다. 문화도 다릅니다. 고려인 환경에 속한 나는 내가 하는 것이 다르다는 것을 언제나 깨닫는 것은 아닙니다. 예를 들어 친척들이 살았던 고려인 집단농장에서는 내가 '하얀 까마귀' 같다는 생각이 듭니다.

내 정신은 아마도 이미 유럽식인 것 같습니다. 그리고 저도 전통에 있어서는 완전히 무지한 사람입니다… 그러나 역사, 특히 소비에트 고려인의 역사를 배웠습니다. 아버지께서도 많은 사실을 말씀해 주셨습니다. 아버지는 비록 고향으로부터 떨어진 곳에서 약 50년을 살았지만, 문화도, 역사도, 한국어도 모두 기억하고 간직하고 계십니다. 애석하게도 우리 엄마는 오래 전에 돌아가셨지만, 그들이 종종 한국어로 말씀을 나누셨던 것을 기억합니다.

한국 음식을 요리하고 좋아하는 요리는 무엇이냐는 질문에, 세르게이는 기꺼이 다음과 같이 답했다. "그럼요. 당연히 요리하죠! 그러나 제가 아닙니다. 아버지가 전문가이십니다. 연금생활자이신데도 그는 아직까지 일하고 계시고 또한 요리사로 일하십니다. 꽤 자주 한국 요리로 대접을 하시곤 합니다. 가장 좋아하는 요리는 당연히 '국시'입니다. 두부도 좋아하지만, 중앙아시아에서만 그걸 먹을 수 있는데, 아쉽게도 저는 그곳에 자주 가지 않습니다. 아시는 것처럼 에스토니아에서는 두부를 살 수 없습니다."[16]

고려인의 특징으로 남아 있는 것은 일하는 것 그리고 다시 일하는 것일 거라고 세르게이는 생각하고 있다. 전문가가 되어야만 자신의 의미를 이해할 수 있을 것이며, 자신의 노력으로부터 만족을 느낄 수 있을 것이다.

5) 모스크바

◎ 황 알렉산드르 표도로비치(Хван Александр Фёдорович)[17]

1957년 소연방 추바쉬 자치소비에트사회주의공화국의 제보크사리시에서 출생, 러시아 영화감독, 무대감독, 배우, 연출가, 아버지는 표도르 황(Фёдор Хван, 1927년 만주에서 출생, 2005년 모스크바 졸), 할아버지 야코프 솔로모노비치 코펠리오비치(Яков Соломонович Копелиович), 할머니 클라브디야 알렉세예브나 슈발로바(Клавдия Алексеевна Шувалова), 누이 엘레나 표도로브나 황(Елена

---

16) 세르게이 임은 영감만이 걸작을 낳는다고 했다. URL: https://ru.sputnik-news.ee/culture/20170308/5021306/sergej-lim-tolkp-vdohnovenije-rozdajet-shedevry.html (2018.01.23.)

17) 황 알렉산드르 표도로비치. URL: http://www.kino-teatr.ru/kino/director/ros/4608/bio/ (2018.01.23.)

Фёдоровна Хван), 영화학자, 배우 에이전시
사장. 류시 슈발로바(Люси Шувалова)와
표도르 황의 만남과 사랑에 관한 가족사는
황 엘레나의 '류샤와 페댜'라는 기록소설에
묘사되어 있다.

예술학교를 졸업하고 1980년 전러시아
국립영화촬영학교(레프 쿨리자노프와 타티
야나 리조노바의 공방)의 연출학부를 졸업
했다. 1992년 올레그 멘시코프가 주연을 한 '듀바듀바'라는 영화를 제
작하면서 감독으로 유명해졌다. '듀바듀바'는 최고의 데뷔를 위한 영화
상을 받았으며, 칸을 포함한 영화제에도 몇 차례 참가했다. 그 외에도
그가 직접 이 영화의 음악을 작곡하기도 했다.

1996년부터 고리키 영화스튜디오를 운영진의 일원이다. 러시아 영
화촬영가연맹 지도부 서기이다.

배우로서의 활동

연도	영화	역할
1996	조종사의 학술적 분야	예술가
1996	지젤의 매니아	중국인
1997	기이한 시간	사샤의 친구
2004	아르바트의 아이들	베레진
2005	행복에 관한 옛날이야기	파이조
2006	페테르부르크의 FM	문지기
2009	제안된 의무	감독
2011	물리학 또는 화학	장이 아버지 천

감독활동

연도	영화
1990	주인(옴니버스영화 '도미누스')
1992	듀바듀바
1995	결혼행진(옴니버스영화 '기차의 도착'라는 단편소설을 영화화)
1998	좋은 드란, 나쁜 드란
1999	죽는 것은 쉽다
2001	부랑자
2002	카르멘
2006	비밀 임무
2009	제안된 의무
2010	히트로프카
2010	격납고
2011	행복의 집단
2012	마리나 로샤
2013	일부러 고안하지 말라
2013	목걸이
2013	사랑의 가치
2013	평범한 도금양나무
2014	우유를 탄 피
2014	운명보다 강한 것
2014	사랑을 위한 절반의 왕국
2015	영원에서 본 시선

상장

연도	수상 내역
1990	모스크바에서 옴니버스 영화 '도미누스' 중 단편소설 '주인'을 위해 '데뷔'영화 특별상.
1992	아나파에서 영화 '듀바듀바'를 위한 키노쇼크 영화제에서 감독상 수상.
1992	영화 '듀바듀바'로 올해의 데뷔상을 위한 영화기자단상.
1994	영화 '듀바듀바'를 위한 청년 영화 '영화포럼'의 모스크바영화제에서 21세기의 영화로 공천된 상.
1995	옴니버스 영화 '기차의 도착' 중 단편소설을 영화화 한 '결혼 행진'을 위해 소치에서 개최된 지역영화제 '영화산맥'의 FIPRESCI상.

연도	수상 내역
1995	옴니버스 영화 '기차의 도착' 중 단편소설을 영화화 한 '결혼 행진'이 올해 최고의 영화를 위한 영화기자단상 수상.
2001	옴니버스 영화 '검은 방' 중 단편소설 영화화 한 '여자마법사'가 아르한겔스크에서 개최된 "스폴로히' 영화제에서 심사진의 특별상 수상.
2003	영화 '카르멘'이 블라고베셴스크에서 개최된 '아무르의 가을'이라는 영화제에서 프리예**미**호프 대상을 수상.
2003	영화 '카르멘'이 베르**댠**스크에서 개최된 영화제에서 그랑프리 수상.

◎ 박 발레리 유리예비치(Пак Валерий Юрьевич)[18]

가수, 작곡가. 러시아 공훈예술가, 러시아와 국제경연대회 축제 등에서 수상, 모스크바 콤소몰상 수상.

1957년 4월 8일 모스크바에서 출생, 카자흐스탄 소비에트사회주의공화국의 켄타우시에서 유소년 시절을 보내며 중학교와 아코디언 반에서 음악학교를 졸업했다. 음악학교 졸업 후 6줄 기타를 독학으로 배웠으며, 켄타우시의 보컬에서 활동하기 시작했다. 그때부터 그의 작곡가 생활이 시작되었다. 1975년 모스크바국립 문화대학교에 진학하여 '러시아 전통악기의 오케스트라의 지휘자'를 전공하여 1979년 졸업했다. 막시모바의 보컬반과 스메흐노프 작곡가반 수업을 선택하여 들은 것이 자신에게는 행운이었다고 한다.

1979년 학교를 졸업한 후 '수채화'라는 보컬에서 솔로 연주자로 모

---

18) 박 발레리 유리예비치. 일대기. URL: http://vpak.ru/ob-avtore/biografiya/ (2018.01.23.)

스콘서트에서 일하기 시작했다. 1979년 소련육군에 입대했다. 모스크바 군관구 음악 및 무도 앙상블의 합창과 오케스트라 솔리스트로 역할. 1981년부터 모스콘서트에서 솔로 연주자로 활동.

"사랑을 재판하지 말라", "올바른 사랑" 등의 앨범이 있다. 새로운 앨범을 만들고 있다.

◎ 허가이 알렉산드르 아나톨리예비치
(Хегай Александр Анатольевич)[19]

1956년 8월 18일 모스크바에서 출생, 유명한 싱어송라이터, 다양한 콩쿨과 자작곡 축제에서 수상 및 증서 수상.

소비에트 고려인 집안에서 교육을 받았다. 소년기부터 알렉산드르는 6줄 기타를 연주하기 시작했으며, 이 취미가 그와 평생 같이 하게 된다.

알렉산드르 허가이의 작곡은 '의학 음악집'(2003), '프리엘부르스 2004-2009', 최고의 클럽 음악 '바드레트로'(2008), 그리고 다른 바드 프로젝트에서 소개되었다. 허가이는 창작집단 '트베리 Ъ'의 공동창시자이며 그 집단 내에서 문화대중분과를 담당하고 있다.

1975년 모스크바 통신 전자기계대학의 콩쿨에서 수상, 1976년 모스크바 물리기술대학교의 콩쿨에서 수상, 자작곡 페스티벌에서 다수의 증서 수상. "당신은 혹시 아시는 가요…"

---

19) 허가이 알렉산드르 아나톨리예비치. URL: http://www.bards.ru/person.php?id=2051 (2018.01.23.)

알렉산드르 허가이가 좋아하는 자작곡가로는 세르게이 니키틴, 율리 김, 유리 비조르, 블라디미르 카찬 등이 있다. 휴식 중에는 낚시를 즐긴다. 히트곡으로는 '줄이 들어간 하얀 수건 안에서' '도로가 입은 회색 치마' '산타클로스의 독백' '사위의 독백' '마루샤와 전기기술자' 등이 있다.

◎ 김수한(Ким Су Хан)[20]

모스크바 출신의 그래픽 화가. 사할린 홀름스크 지역의 퍄티레치예라는 촌에서 태어났다. 1976년 이르쿠츠코예 예술학교를 졸업했다.

본인 스스로 얘기하듯이 화가로서 "그림을 그리고 싶어 하는 것이 붓으로 글씨를 멋지게 썼던 할아버지에게서 온 것 같으며, 붓이 종이 위에서 움직이는 것을 지켜보는 게 재미있었다."고 한다. 김수한의 창작의 길은 상대적으로 얼마 전부터 시작되었다. 2010년 러시아의 수도로 이사한 후 병마에서 벗어난 김수한은 다시 그림을 그릴 수 있었다.

김수한은 러시아 예술가창작동맹의 일원이다. 중앙화가동맹에서 개최된 전시회에 여러 차례 참석했다.

---

20) 김 슬라바(Ким Слава, 김수한). URL: https://graff.in.gallerix.ru/ (2018.01.23.)

6) 상트페테르부르크

◎ 이 넬리 페트로브나(Ли Нелли Петровна, 1942-2015)[21]

1942년 2월 5일 출생했다. 레닌그라드의 림스키코르사코프 음악학교 졸업(예카테리나 파블로브나 안드레예브나가 학과장으로 있는 성악학과), 1970년 음학원 졸업(타티야나 니콜라예브나 라브로바의 반).

음악원에서 학생 시절부터 콘서트 활동을 했으며 유명 작곡가들과 협연을 했다: 세르게이 슬로님스키, 미하일 페르켈마, 유리 팔리크 등과 같은 유명한 작곡가들과 함께 등단하기도 했다. 학교생활을 마칠 때까지 위 작곡가들과 함께 활동했으며, 학업 종료 후에는 레닌그라드에서부터 크라스노야르스크, 무르만스크, 세베로드빈스카, 시베리아에 이르기까지의 소연방 전 지역을 돌아다녔다. 또한 소연방 공화국의 모든 수도에서 공연을 펼쳤으며, 매우 자주 프리발티카, 키예프, 레닌그라드 등지에서 무대에 올랐다.

10년 동안 소연방 볼쇼이극장 국립아카데미에서 수석 지휘자 라자레프의 지휘 하에 오케스트라 솔로 앙상블의 여성솔로였다. 쉬니트케, 데니소프, 구바이둘리나, 몬수랸과 다른 이들의 작품을 불렀다.

종종 해외 순회공연을 다녔다. 실내콘서트 음악 이외에도 오페라에서도 활동을 했다.

---

21) 이 넬리 페트로브나. 일대기. URL: http://www.kino-teatr.ru/teatr/acter/w/sov/385864/bio/print/ (2018.01.25.)

1988년 서울 국립음악원에서 초빙교수로 10년 동안 근무했다. 림스키코르사코프 음악학교에서 강의를 했으며, 그 이후에는 음악원에서 강의하며 20년에 걸쳐 그곳에서 일했다. 상트페테르부르크의 차이콥스키 자선재단 산하에서 성악을 가르쳤다. 2015년 12월 2일 사망했다.

■ **출연작**

'라 트라비아타', '피가로의 결혼', '요란타', '마농'

■ **수상경력**

전소연방 글린카 음악 콩쿨 증서(1971), 국제명예훈장 "음악공훈"(1993), 미국 "평생의 업적"이라는 미국 인명센터의 공로 수상, 프랑스 음악의 선전을 위한 '예술상 수훈자'.

◎ **최 빅토르 로베르토비치**
   (Цой Виктор Робертович, 1962-1990)

러시아 록의 전설. 가수, 시인, 작곡가, 영화배우. 빅토르 최는 1962년 6월 21일 레닌그라드(현재의 상트페테르부르크)에서 출생했다. 빅토르의 아버지는 고려인으로 카자흐스탄 출신이며 기사로 일했다. 엄마는 러시아인으로 레닌그라드 토박이로, 체육 교사였다. 빅토르는 어릴 적에 그림에 심취했다. 따라서 4학년(1974년) 당시 부모는 그를 미술학교로 전학시켰으며, 그는 그곳에서 1977년까지 수학했다.

음악은 미술과 함께 빅토르가 지속적으로 몰두했던 것 중 하나였다.

그의 부모는 그가 5학년이 되었을 때 첫 번째 기타를 그에게 선물했다. 미술학교에서의 학생 시절 그는 막심 파시코프(Максим Пашков)를 알게 되어 그와 함께 훗날 '팔라타 №6'라는 그룹을 결성했다.

1978년 빅토르 최는 세로프 레닌그라드 미술학교에 장식과에 입학했다. 그러나 활자체와 포스터가 그에게는 부담이 되었다. 음악에 몰두하는 것이 훨씬 더 큰 만족을 가져다주었다. 1979년 빅토르는 '성적불량'으로 학교에서 제적되자, 그 직후 공장에서 일을 하면서 야간학교에 입학했다. 이후 그는 №61 국립중등전문기술학교(СГПТУ)에서 '목조가' 전공으로 수학했다. 이 학교를 졸업한 그는 레닌그라드주 푸시킨시에 있는 에카테리나 궁전박물관의 복구공방에 배치되어 그곳에서 잠시 동안 일했다.

1980년 빅토르는 모스크바에서 '아브토마티체스키예 우도블레트보리텔리' 그룹과 함께 아파트 콘서트(아파트 방에서 하는 콘서트 - 역주)에 출연하기 시작했다. 1981년 레닌그라드의 카페인 '트룜'에서 베이스기타 주자로 무대에 데뷔했다. 1981년 여름 빅토르 최, 알렉세이 리빈, 올레크 발린스키 등으로 '가린과 기페르볼로이드(쌍곡선)'이라는 그룹을 결성했다. 1981년 가을 레닌그라드의 락클럽에 가입했다. 올레크 발리스키가 탈퇴한 후 그룹의 명칭을 '키노'로 변경했다.

1982년 그룹 '키노'는 레닌그라드의 락클럽에서 데뷔했으며, 이후 보리스 그레벤시코프(그룹 '아쿠아리움'의 리더)를 프로듀서로 하여 첫 번째 앨범을 출시했다. 1982년 가을 빅토르 최는 정원 트러스트에서 목조가로 일했다.

1983년 2월 19일 '키노'와 '아쿠아리움'의 공동 콘서트가 개최되어, '알미늄 오이', '완행열차' 그리고 '크롤리 버스' 등의 곡이 연주되었다. 1983년 봄 빅토르 최와의 이견으로 인해 알렉세이 리빈이 그룹을 탈퇴했다.

1984년 봄 '키노'는 레닌그라드 락클럽의 두 번째 페스티벌에 출연하여 수상했으며, 빅토르의 곡은 "나는 우리 집을 비핵화 지대로 선언한다"는 최고의 반전가요로 인정되었다.

1984년 후반기에 빅토르 최(키타, 보컬), 유리 카스파랸(기타, 보컬), 게오르기 구스타프 구리야노프(드럼, 보컬), 알렉산드르 티토프(베이스, 보컬) 등으로 두 번째 '키노'가 결성되었다. 얼마간의 시간이 흐른 뒤 티토프의 자리를 이고리 티호미로프가 대신했다.

1984년 여름 '키노'는 '캄차트카의 책임자'라는 앨범을 출시했으며, 그 뒤를 이어 앨범 '이것은 사랑이 아니야'(1985), '밤'(1986) 등이 세상에 나왔는데, 여기에 실린 '엄마 무정부', '밤을 보았는가'라는 곡은 급속도로 인기를 끌었다.

1985년 봄 '키노'는 레닌그라드 락클럽의 세 번째 페스티벌 수상자가 되었으며, 1년이 흐른 후 네 번째 페스티벌에서 최고의 작사상을 받았다.

1986년 '키노'와 '아쿠아리움'은 미국의 콘서트 프로그램에 출연했으며, 그곳에서 '붉은 파도'라는 앨범을 출시했다. 1986년 가을 빅토르 최는 유명한 보일러실 '캄차트카'에서 기관공으로 일했다. 1987년 봄 락클럽 페스티벌에서의 마지막 출연이 이루어졌으며, 그룹 '키노'는 창작의 완성' 상을 받았다.

음악적 창작 이외에도 빅토르 최는 키노에서 행한 자신의 작업으로 유명해졌다. 그는 영화 "야 하!"(감독 라시드 누마노프), '방학의 끝'(감독 세르게이 리센코), '락'(감독 알렉세이 우치첼) 그리고 '아사'(감독 세르게이 솔로비요프) 등에 출연했다. 라시드의 영화 '이글라'(1988)에서 빅토르 최는 주연인 모로의 역할을 수행했다.

그는 이외에도 회화 작업도 계속했다. 1988년 뉴욕에서 개최된 레닌그라드 현대 화가전에 작품 10점을 출시했다.

1988년 '피의 그룹'이라는 앨범이 출시되었으며, 1989년 말에 전문적인 스튜디오에서 작업이 이루어진, 그룹의 처음이자 마지막이 된 '태양이라는 이름의 항성'이라는 앨범이 출시되었다. 1989년 여름 유리 카스파랴니와 함께 빅토르 최는 미국을 다녀왔으며, 1990년 봄에는 일본에 있었다. 1990년 6월 24일 모스크바의 루즈니키에서 그룹 '키노'의 마지막 콘서트가 열렸다. 여기서 특별한 폭죽이 터지면서 올림픽 횃불이 피어올랐다.

1990년 8월 15일 12시 28분 빅토르 최는 자신의 자동차 '모스크비치'를 타고 밤낚시를 하다 유르말라(Юрмала)로 돌아오던 도중 자동차 사고로 인해 비극적으로 사망했다. 그의 자가용은 '이카루스'라는 승객용 노선버스 밑으로 끼어들어갔다. 일련의 수사 결과에 따르면 빅토르가 졸았다.

그는 상트페테르부르크의 보고슬로프스키 공동묘지에 매장되었다.

빅토르 최의 개인적 삶에 대해 언급하면, 그는 1984년에 마리야나라는 여자와 결혼했으며, 그녀는 1982년부터 '키노'의 관리자로 일했다. 1985년 8월 5일 둘 사이에서 아들 알렉산드르가 태어났다. 두 부부는 빅토르가 죽기 몇 년 전에 헤어졌으나, 공식적으로는 이혼한 상태가 아니었다.

2005년 6월 27일 빅토리야 마리야나 최는 중한 지병으로 사망했다.

빅토르 최의 사망 이후 '키노'의 멤버들은 끝까지 작업을 해서 마지막 발표집을 출시하기로 결심했다. 1990년 12월 '검은 앨범'이 출시되어 빅토르 최에게 헌정되었다. 그룹 '키노'는 해체되었다.

1990년 모스크바 크리보아르바트 거리에 '빅토르 최의 벽'이 등장했다. 이 벽은 그룹 '키노'의 가사에서 인용한 내용을 가득 찼다. 그의 팬들은 일 년에 두 번, 생일인 6월 21일과 그의 사망일 8월 15일에 이 벽에 모인다.

2006년 빅토르 최의 벽은 Art Destroy Project 운동의 참가자들에 의해 색이 칠해졌으나, 그 뒤에 팬들에 의해 다시 복구되었다. 2002년 8월 15일 라트비아에서 35킬로미터 거리의, 빅토르 최가 사망한 장소인 스콜라 탈시 고속도로에 기념비가 세워졌다(제작자는 화가인 루스란 베레샤긴과 조각가인 아미란 하벨라시빌리).

페테르부르크 시의 페트로그라드 지역에는 빅토르 최의 클럽박물관인 '보일러실 캄차트카'가 있으며, 이곳에서 음악인들은 정규직 화부로 인정된다. 이 클럽은 2003년에 개관했다. 보일라가 있었던 예정 장소에 작은 벽이 하나 있다. 박물관 재단에는 빅토르 최의 기타, 포스터, 사진, 음반, '키노'의 콘서트 티켓 등이 보관되어 있다. 클럽은 전통적인 순례지 중의 하나로 여겨지고 있다.

2009년 페테르부르크에 빅토르 최의 비석을 준비하여 설치하는 대회가 개최되었다. 2010년 11월 20일 (알타이 변강)바르나울에 있는 알타이 국립사범대학교 건물 근처에서 전설적인 록 뮤지션을 위한 기념비의 개막식이 열렸다.

러시아(소비에트) 고려인의 민족적 자아를 언급하면서 위에 언급한 예에 근거하여, 소비에트 시기 고려인은 자신을 가장 먼저 소비에트 인민으로 자아를 인식했으며, 그들의 모든 활동은 러시아와 소비에트 문화의 발전으로 방향을 지었다. 자아인식이 고려인들에 의해서 후순위로 밀려서, 그들은 자신을 고려인으로 생각하고 자신의 민족을 절대 거부하지 않았다. 러시아어가 고려인의 모국어가 되었으며, 러시아어에 대한 지식수준이 종종 러시아 동료들의 지식수준보다 높다.

우리의 견해에 따르면 모국어인 한국어의 상실에 대해 소비에트 정권과 그 환경만을 비난하기 힘들어 보인다. 자신의 고향으로부터 강제로 이주된 다른 민족들은 자신의 모국어와 문화를 유지할 수 있었다.

고려인의 경우, 고려인들은 러시아 땅에 살고 있다면 그 나라의 문화와 언어를 받아들일 의무가 있다고 깊게 확신했었다.

실질적으로 고려인 1세대와 2세대는 자신의 아이들에게 언어와 전통을 전수하는데 관심이 있었다. 수백 명의 고려인들이 고향을 떠나 대도시로 공부하러 가, 그곳에서 빠른 속도로 러시아 문화에 동화되어 점차적으로 모국어를 잊어버리면서 일상생활 수준에서 한국어를 사용하기 시작했다.

언어와 전통의 상실 원인은 우리가 생각하는 것보다 훨씬 깊은 곳에 있으며, 러시아 극동을 향한 한인들의 이주 시점에서 그 뿌리가 시작되었다. 한인들이 19세기 말 자신의 고향을 떠난 근본적 원인은 자신의 국가, 경제적 지원 그리고 조선 당국의 자기 백성들에 대한 배려 등에 대한 신뢰가 없었다는 것에 있다. 이국땅으로 떠나면서 한인들은 자신의 모국으로 돌아가지 않기 위해 모든 것에 준비가 되어 있었다.

◎ 채 마리나 페트로브나(Цхай Марина Петровна)[22]

1960년 9월 15일 카자흐스탄 소비에트 사회주의공화국의 잠불라(현재의 타라스)에서 출생. 4살이 되었을 때부터 노래를 부르기 시작했다. 음악교육을 받은 후 1975년 음악학교 아코디언 반에 진학했다. 1981년 무소르크스키 음악학교 민요반에 입학. 그해 마리나 채는 '렌콘체르트' '즐거운 목소리' 등의 악단에서 솔로로 활약하며 가수로

---

22) 마리나 채. 일대기 URL: http://www.kino-teatr.ru/kino/acter/w/star/37134/ foto/22645/ (2018.01.25)

서의 경력을 쌓기 시작했다.

1990년부터 마리나는 '베네피스' 극장에서 보야르스키의 지도 하에 솔로로 활동했으며, 1996년부터 '페테르부르크 콘서트'의 솔로가 되었다. 1990년 그녀는 '유르말라 얄타' 텔레비전 콩쿨에서 수상했다. 매력과 예술성을 심사진 상과 관객 호감상을 받았다. 1996년 전러시아 소비에트 가요콩쿨에서 1등에 올랐다. 1995년 유럽에서 러시아텔레비전 방송국에 의해 촬영된 30분짜리 텔레비전용 영화 '마리나'를 발표했다.

1997년 독일의 카셀시에서 순회공연을 하며 외국인들을 위해 러시아 민요와 신기한 로망스를 불러주었다. 2000년 마리나는 자신의 다른한 측면을 발견했다. 즉 조직자로서의 능력을 보여준 것이다. 그녀는올림픽에서 감독, 사회자, 관리인이었으며, 직접 무대를 꾸미고, 사람들과 특이한 열정으로 무대에 섰던 친한 예술가들을 초청하는 등의 활약을 펼쳐 두 개의 축제를 성공적으로 진행했다. 마리나는 이미 수년동안 자선활동도 펼치고 있다. 장애아동 및 고아들을 위해 무료로 공연하고 있으며, 자선단체와 협력하고 "황금 펠리칸"이라는 프로그램에도참석하고 있다.

7) 사마라

◎ 강 디아나 옐리세예브나(Кан Диана Елисеевна)[23]

1964년 5월 10일 출생, 러시아작가협회 회원, 시인. '윤년의 봄', '소그드 인', '박트리아의 지평선', ' 러시아 벽촌의 신민', '두 개천 사이' 등의저자이며, 모스크바와 러시아 지역 출판소의 수많은 출판물의 저자이다.

---

23) 류틔 V. 디아나 옐리세예브나 강(Лютый В. Диана Елисеевна Кан) http://hrono.ru/avtory/moloko/kan_diana.php (2018.01.25)

 우즈베키스탄의 테레즈라는 국경군사도시의 소비에트 육군 장교요원의 가족 속에서 태어났다. 1983년 오렌부르크에서 살았다. 모스크바국립대학교와 최고문학과정을 졸업했다. 러시아 작가동맹 지도부는 높은 시민의 소리라는 러시아에 관한 일련의 시를 발표한 것을 기려 전러시아 문학상 '전통'을 수여했다. '시'부문에서 '제국의 문화'라는 전러시아상 수상(2007). 최고문학과정(유리 쿠즈네초프의 시 세미나)을 마친 1997년부터 사마라주에서 살고 있다.

아버지는 고려인으로 소비에트 육군의 장교였으며, 어머니는 러시아인으로 카자크 혈통이다. 테르메스에서 강은 학교를 졸업했으며, 1983년 가족이 오렌부르크로 이주했는데, 이때부터 강은 시를 쓰기 시작했다.

1984-1990년 모스크바국립대학교 언론학부에서 수학했으며, 이후 오렌부르크로 되돌아갔다. '오렌부르크의 주간'이라는 신문사에서 몇 년 동안 일을 했다.

첫 번째 시집 '윤년의 봄'이 1993년 칼루가에서 출간되었다.

1994년 강은 러시아 작가협회에 가입했으며, 1995년 고리키 문학대학 산하 최고문학과정의 쿠즈네초프 세미나로 편입했다. 강의 시 창작은 러시아의 (모스크바, '우리의 현대인'과 그 외의)중앙과 지역 정기간행물에 의해 출간되고 있다.

1997년부터 그녀는 사마라주의 노보쿠이븨세프스크시에서 살고 있다.

화가로서의 강은 두 문화의 자식이다. 그녀는 "박트리야의 지평선"이라는 책의 서문에서 "내 시는 러시아정교와 무슬림, 동방과 서양, 사

랑과 죽음 등 양 극단의 충분히 기괴한 합금 같은 것이다. 그렇게 운명
도 다르지 않았다. 나는 정교회 집안에서 태어나 중앙아시아에서 자랐
다.”고 기술했다.

이와 함께 “여류 시인의 기질을 드러내는 문구가 그녀의 성숙함에
관해 말할 권리를 부여하는 것이 아니라, 그녀의 두 번째 책에 등장하는
그리고 그녀의 시를 질적으로 새로운 수준으로 격상시켜주는 새로운 철
학적이고 정교적인 억양이 부여하는 것”이라고 평론가 페레야슬로바가
강조했다. 오랫동안 동양으로 떠난 후(“나는 운명에 겸손하게, 자신을
노래하며 포효하는 글의 모든 압박으로 내 동방에 실컷 울었다) 영웅 디
아나 강은 조물주가 그녀에게 선물한 그런 삶을 받아들이기 시작했다…

강의 첫 번째 책인 “윤년의 봄”은 여류시인의 내면세계를 흔들어 놓
고 있는 사랑의 드라마이다. 언어적 다양성, 시적 언어의 자유, 멋지게
채색된 갈등 등이 저자의 독특한 창작적 약속이 되었다. 뛰어난 츠베타
예프스카야식 억양이 시적 주제의 날카로운 드라마를 강조해주고 있
다. “아침마다 그들은 애도하고, 차가운 가슴에 손을 언고, 손으로 짠
시트를 던져버리고… 멀리 서있으라! 다가오지 마. 그렇게 날 쳐다보지
마, 이렇게 너에게 쓸모가 없는 것으로부터”(“아침마다 그들은 애도하
고…”, 1993). “윤년의 봄”에서 강은 직접적인 시적 진술로 보임에도
불구하고, 정교적 질서에 대해 충분히 자유로운 태도를 보인다. “알라
가 너를 묻어줄 것이다. 나는 그리스도가 묻어줄 것이다. 여기에서 입
술에, 영운한 눈물의 맛이”(“알라가 너를 묻어줄 것이다…”, 1993). 사
랑의 드라마는 다른 모든 우선순위들을 삶의 주변으로 무모하게 밀어
붙이고 있다.

강의 두 번째 책 “소그디아인”(1998)은 시집 전체의 표제의 중앙아
시아식 의미에도 불구하고 진심어린 노동에서 비롯된, 당당하고 정교

적인 그리고 러시아적인 요소를 포함하고 있다. 저자의 세계관은 단어가 아닌, 본질적으로 정교회식이 되어가고 있다. "황금 족쇄를 내 팽개치고, 세상을 맨발로 - 오! 하느님! - 눈물로 얼룩진 러시아 단어, 너는 고개를 떨구고 간다. 너의 고통스러운 불행이여, 러시아인은 살면서 강해진다, 진정컨대. 넌 하느님의 어머니 마리아의, 비밀스런 사랑스러운 아이"("단어", 1998). 러시아어 단어에 대한 강의 태도는 비밀과 아름다움처럼, 독선에 물들은 억양, 그와 함께 시적 연설의 소란스러운 가벼움의 부재, 시의 예술적 성격이 이런 특징을 지니고 있다. 러시아적 시초와 아시아적 시초는 그녀의 세계 느낌 속에서 자리를 찾았다. 신성한 루시는 정신이며 심장이다. 아시아는 영혼과 육체이다. 이런 독특한 인척관계에 대한 열쇠는 "제국" 개념에 있다. 제국적 세계관의 범주 내에서만 러시아와 아시아의 이웃과 상호침투가 기만적인 것으로 보이지 않기 때문이다. "오. 소그디아, 나의 모국이여! 난 손을 뻗는데, 너는 뒤로 젖히겠지, 신랄한 다마스커스의 창 끝이, 방어하며, 내 가슴으로 향하겠지"("소그디아나에 관하여, 나의 모국…", 1998). "종종 불가피하고 미치게, 넌 나를 꿈에서 보지, 코사크의 모자, 스텝에서 들리는 말의 울음소리, 사울의 말의 제국의 휘파람. 모국의 통곡에 울어버릴 텐데, 하자르 활의 의전을 뚫어 울리는, 초상화에서 바라보며 울라고 허락하지 않았다. 내 할아버지 카작 안드레이 드테파니치 스트루코프"("종종, 불가피하고 더 미치게", 1998). 강의 민족적 모국은 소문자로, 영적 '모국'은 대문자로, 즉 이렇게 그녀의 예술적 그리고 도덕적 우주가 형성되어 있다.

세 번째 책 "박트리아의 지평선"(2000)은 여류시인의 예술적이고 영적인 탐색이 지속하고 있다. 그녀는 서문에서 다음과 같이 기술했다. "중앙아시아에서 일하는 조각가에게는 '박트리아 지평선'이라는 표현이 있다. 이것은 자기까지 탐색할 때보다 더 깊이 항상 탐색할 필요가 있음을 뜻한다. 난 "박트리아 지평선"이라는 개념이 건축뿐만 아니라, 모든 인간적 활동에 적용될 수 있다고 생각한다. 그에 더하여 러시아 시는 전혀 표상성을 허용하지 않고 있다." 카자크족의 두목 두토프의 추방을 받은 성모 마리아의 기적을 만드는 타빈의 이콘에 관한 시에서, 자신의 땅에서 패한 러시아 군대의 외국 땅으로의 슬픈 퇴각을 그리는 그림은 아마도 현실에서 쓰인 것 같다. 저자의 언어적 그림은 이렇게 분명하다. "성모마리아의 타빈의 이콘, 비가 너의 성스러운 얼굴을 채찍질하고, 길은 추도의 상보에 의해 얽혀 있다. 얼음 덮인 카라사리크의 뒤를 따르고, 전선은 상처를 남기고, 마지막 학대 의지에도 불구하고, 파란 줄무늬가 있는 것처럼, 중국 빙하가 빛나는 곳"("성모 마리아의 타빈의 이콘", 1999). "블라시예프의 날…"(2000)은 전혀 다른, 부드러운, 시적 언사는 거의 집안생활의 시다. "블라시예프의 날, 부레누쉬카를 맛보라, 준현절 물이 든 빵, 바닥까지 사랑을 마셔라, 그보다 더 단 것은 없으리! 스메타나로 젖을 짜지 마라, 넌 가족을 먹여 살리는 자, 죄를 위해 기도하고, 넌 땅에서 곡식을 먹으리".

강의 시적 목소리의 억양 폭은 가중된 시민의 목소리, 역사적 회상, 그리고 사랑의 가사, 그리고 풍자적 제스처, 심지어 민족적 가을 노래를 포함하고 있다. 이 노래의 음성은 러시아 어의 달콤함과 그녀의 시에 대한 사랑, 거의 모성적 관계를 명확하게 보여주고 있다. "가을 웃음거리가 아니라 눈물을 흘릴 것이니, 황금선홍빛 머리스카프가 풀리고. 버섯이 빛나고 물푸레나무 열매가 쓰구나. 백학 날개의 노래로 시작되니"("가을 웃음거리가 아니라…", 2003).

그녀의 네 번째 시집 "러시아 벽지의 신민"(2003)은 그녀의 창작품이 마치 전 러시아적 규모의 시적 현상인 것처럼 만들어준다. 이 책에서 여류 시인의 발성 및 주제별 측면이 전반적 형태로 제시되었다. 현대 세계의 현실은 진실, 아름다움, 양심의 척도에 기초한 예술가들에 의해 그 무게가 규정된다. 강의 시적 감정은 폭발적으로 될 수도 있으며, 매우 절제적인 바 이것은 그녀 내면의 창의적 안정성과 세계관 규정을 말해준다. 시적 감성의 부인은 열정과 결정성에 의해 당연하지 않은 것으로 구별된다. "시로 티그르와 에프라트 사이에는, 꾀꼬리가 쉬지 않고 지저귄다. 우리는 너와 함께 그곳으로 갈 필요가 없다. 우리는 너와 함께 그곳에 가자. 단어가 침묵할 때, 평화가 다시 통치할 것이다. 우랄과 볼가 사이에, 드네프르와 돈 사이에, 강들 사이에는, 주님이 주신 위에서, 정교의 부사, 황금의 침묵"("자기 쟁기의 삐걱거림을 알아라…", 2002). 성적 감정의 모욕의 궁극적 정도는 시의 시민적 동기의 근원으로 강은 그와 동시에 정교, 성을 변형하고 명확히 하면서, 어두운 복수가 우위를 차지할 뿐만 아니라, 자신을 주장하는 것을 허용하지 않고 있다. 그래서 강의 화난 시구는 영적 투명성과 수사의 조화를 잃지 않는다.

강의 시에는 일대기적, 때로는 일상생활 내용이 매우 많다. 그녀의 마음을 실현 불가능한 것들에 대한 슬픔으로 가득 차 있음이 명확한 바, 이런 슬픔은 강의 시적 목소리가 레르몬토프처럼 천국에서 유래하는 자신의 노래를 부르는 애수에 잠긴 영혼을 생각나게 하는 가수의 그것에 더 가깝다. 시 속에서 정통과 정교에 대한 관계는 많은 면에서 그녀의 시적 목소리가 지닌 자연적 특성에 의해서 그리고 살고 있는 운명에 의해서 결정된다. 시 창작에서 첫 번째의 정통적 변환은 가족과 관련이 있다. "오직 오늘, 지금! 이해했으니, 세상에서 가장 여성스러운 일은 식탁에서 빵부스러기를 쓸어버리는 것이다", "단 1분이라도 잊지 말지니, 세상에서 일은 여자일보다 못하지 않다, 어린이들의 눈물은 옷

자락으로 모아라." 그러나 가족 자체도 여성과 어머니 기원의 깊이에서 이야기될 때 동방정교의 영적 질서가 확립되는 그런 돌로 밝혀졌다. "어린 아이의 머리를 어루만지고, 황금 돔의 슬픈 모습으로", "침묵하는 수녀원 주변으로 교만한 자존심을 가라앉히고, 수도원의 카모마일 꽃다발 속으로, 회개하며 얼굴을 묻는다."

가리체프의 표현에 따르면 강의 이름은 "현재 새로운 문학세대의 상태와 수준을 보여주고 있다"(러시아 작가, 2002, № 24. 4쪽). 강은 '우리의 현대인'지의 상을 받았으며(1998, 2000), 전러시아문학상 '전통'을 수상했다(2002).

8) 볼로그다

◎ 유가이 레타(Югай Лета)[24]

시인, 화가, 볼로그다에서 태어나서 살고 있음. 언어학 박사(논문 주제 "애도의 주요 형태 : 볼로그다주의 장례와 추도사와 자료를 중심으로") 취득.

그녀의 시는 '문학의 러시아', '문학신문' 등의 신문과 '민족우호', '새로운 청년', '라(태양의 신 - 역주)의 아이들', '별' 및 다른 잡지를 통해 소개된다.

---

24) 유가이 레타. http://cultinfo.ru/literature/literature-in-the-vologda-region-personalities/yugay-leta.php (2018/01/25)

■ 시집

Паж. Вологда: Арника, 1999.

Сиреневый лес. Вологда: Книжное наследие, 2001.

■ 민속사료 수집

"그 어떤 연안과 합류하지도 말고 다가오지도 마세요" : 볼로그다주의 장례와 추도사 / Сост., авт. вступ. ст. и коммент. Е. Ф. Югай. Вологда, 2011. Вып. 1: Тотемский, Тарногский, Бабушкинский и Никольский районы."

■ 컬렉션, 연감, 선집에 발표된 시

시선 // Зерно. Калуга, 2009.

시선 // Зёрнышко: читаем детям. Калуга, 2009.

■ 정기 간행물

시선 // Новый Петербург. 2001. № 42.

시선 // Санкт-Петербургский университет. 2001. № 32.

■ 네트워크 간행물

시 // Интернет-журнал «Пролог»

■ 평론과 비판

E.G. 날고 있다! // НГ-ExLibris. 2002. 18 апреля.

«동방의 풀이 있는 곳»: Лета Югай // Жёлтая гусеница. 2010. № 4.

■ 인터뷰

꽃가루 속의 코 // Независимая газета. 2014. 8 августа.

유가이 레타의 눈으로 본 일주일: 인터뷰 // Ва-банк. № 46 (196). С. 4.

■ 민속자료 수집

삶의 나무. Вып. № 9. / под ред. З.К. Бакулиной и Е.Ф. Юга
й. Вологда: БОУ ДОД ВО «Вологодский областной детско-
юношеский центр традиционной народной культуры»,
2015.

■ 민속과 민족 논문

"볼로그다주의 장례와 추도사에 나타난 '삶'과 '죽음' // Мортальн
ость в литературе и культуре: сб. науч. тр. М.: Новое лит.
обозрение, 2015. С. 159 – 172."

추도사에서 볼로그다주 동부의 비교 // Русская речь. 2015. № 5.

여기에 소개된 사람들의 운명은 혈연이나 직업상의 연결고리에 의
해서 서로 연결된 이들이 아니다. 이들은 고려인 출신으로 러시아 지식
인 사회를 대표하고 있다. 그들은 러시아의 도처에서 생활하고 있으며
자시 업무의 전문가들이다. 그들은 한국어를 모른다. 왜냐하면 그들에
게 모국어는 러시아어이기 때문이다. 그들은 자기 선조들의 뜻을 실행
했으며, 이 나라에서 러시아의 자랑스러운 시민이 되었다.

4. 정교

소연방의 해체 전까지 종교는 금기사항이었다. 따라서 20세기 말에서 21세기 초에 러시아의 고려인 내에서 러시아정교의 신부들이 등장하기 시작한 것은 종교적 현상으로 볼 수 있다. 수천 명의 한인 이주 1세대들이 정교에 입적하고 교회의 믿음 있는 신도들이었다. 레닌-스탈린 이데올로기는 자신의 "공산주의라는 종교"를 도입하여 종교와 교회를 파괴했다. 1990년대에 들어서면서 미국, 독일 그리고 대한민국 출신의 개신교 선교사들이 다수 러시아로 입국했다. 고려인은 처음으로 개신교도들과 소통하게 되었다. 그러나 현재 그들 중에서는 종교를 받아들인 고려인도 적지 않다. 그들 중에서 정교 최고 품위에 오른 사람도 있다.

◎ 블라디카 페오판(Владыка Феофан, 김[Ким])[25]

속세 명 김 알렉세이 일라리오노비치(Ким Алексей Илларионович): 최초의 러시아 고려인 출신 '주교'.

1976년 1월 19일 유즈노사할린스크시에서 출생. 1993년 같은 시의 동방 리세 졸업. 1997년 모스크바무역대학교 유즈노사할린스크 분교 졸업. 2000년 스몰렌스크 신학교 졸업. 2010년 모스크바 신학아카데미 졸업.

1995년부터 유즈노사할린스크시 성 이노켄티 성당에서, 이후 같은

---

25) 페오판. 고려인 대주교(김 알렉세이 일라리오노비치) URL: http://www.patriarchia.ru/db/text/1648588.html (2018.01.25)

시의 보스크레센스코예 대성당에서 찬양의 순종을 가짐, 1997년 8월 14일 유즈노사할린스크 대주교와 쿠릴스키 요나단에 의해 삭발례를 갖고 거룩한 성인 참회자 테오판, 즉 니케이스키 주교를 기리기 위해 테오판이라는 이름으로 수도원의 금욕 생활에 들어갔다. 1997년 8월 17일 성자 이오나판 주교에 의해 성 수도보제(修道補祭)로 성직자의 직위를 수여받았다.

1997년부터 1998년까지 유즈노사할린스크시의 부활대성당의 사제가 되었으며, 그와 동시에 성당 합창단의 선창자의 역와 교구신문의 편집자 역을 수행했다. 1998년부터 1999년까지 스몰렌스크 대성당에서 미사를 드렸으며, 동시에 스몰렌스크신학교에서 수학했다. 2000년부터 아바칸과 키질 대교구의 성직자가 되었다. 2000년 9월 모스크바 주교의 교회 섭외 대표이자, 가장 존귀한 키릴, 스몰렌스크와 칼리닌그라드의 미트로폴리트의 축복에 의해 대표 한국에서 살고 있는 고려인들 내에서 성직역할을 계속하도록 대한민국으로 파견되었다.

2006년 5월 6일 "서울 명예시민"에 임명됨. 2006년 8월 13일 북한의 평양시 대동강변에 위치한 러시아정교 사원의 최초 헌당식이 개최되었다. 전쟁 중 이 사원은 거의 파괴되었다. 평양시민의 수보다 두 배나 많은 대량의 평양에 폭탄이 투하되었다. 현재 이 사원은 수도 평양을 아름답게 꾸미는데 확신히 기여하고 있다. 이 사원의 최초 성직자는 모스크바신학교 출신의 사제 페오판(김)과 요안 라이다.

2011년 10월 성 조무원은 테오판(김)을 성 키질과 틔빈 주교로 수도원장으로 임명했다.

◎ 송 알렉산드르 이바노비치(Сон Александр Иванович)[26]

1962년 카자흐스탄의 코크체타베시에서 출생, 1978년부터 모스크바에서 거주. 아버지 알렉산드르는 자이코노스파스키 스타브로피갈 남자수도원 전임사제였다.

1979년 25번 중학교 졸업, 1984년 토레스 민스크국립외국어사범대학교의 통번역학부를 우등생으로 졸업. 통역, 연구원, 통역학부 강사 등으로 일했으며, 국제 마케팅

회사와 러시아 PR회사에서 지도자의 직책을 수행.

1984년 포크로프 사원(아딘초프스키 지역의 아쿨로보 촌)에서 입적했다.

2009년 모스크바 신학교를 방송통신으로 졸업

2008년 (싱카폴의)성모 마리아 대성당으로 러시아정교 교구의 등록 문제로 교회정치에 의해 출장을 감. 2015년 미하일 대천사 성당(쿠알라룸푸르)으로 출장.

2010년 사제장로의 직위를 수여받음

2012년 모스크바 신학아카데미과정 졸업.

예배 훈장을 보유하고 있다.

---

26) 송 알렉산드르. 일대기 URL: http://xn--80aafbpa2agfwhgdoki9gxdh.xn--p1ai/aleksandr-son/ (2018.01.25.)

◎ 김 니콜라이 아나톨리예비치
(Ким Николай Анатольевич)[27]

모스크바 총대주교 부다페스트 교구의
성직자, 사제장, 헤비즈에서 성모의 '생명을
지닌 원천'의 이콘의 도래를 기리는 수도원
장 주임 사제.

1960년 레닌그라드의 러시아인과 고려
인 가족에서 출생, 1977년 물리수학학교를
졸업하고 레닌그라드 기능대학 물리수학부
에 입학했다. 대학교를 졸업한 후 레닌그라드의 일련의 연구소에서 연
구원으로 일했다.

1988년 올가 스트라티브나와 결혼했다.

그의 인식에 따르면 그는 중요한 세계관 문제에 대한 답을 찾기 위
해 학문을 했기 때문에 정신적 탐구에 머무를 적이 단 한 차례도 없
었다고 한다. 그러나 그는 볼로클람스크에 있는 요시프볼로츠키 수도
원에 들어가, 밝아짐과 오감, 진실의 발견을 느꼈다고 한다. 이후 사막
의 광야를 돌아다녔다.

1989년 교구민, 이후 제단 보조 그리고 푸시킨(차르스코예 셀로) 시
의 복구 중인 주권자 표도르의 성당의 낭송자가 되었다.

1992년 1월 29일 니콜라이 쿠리야노프 사제장에게서 축복을 받아
성품성사를 받아들였다. 수도자가 직접 그를 몸짓으로 불러 말하기를
김 니콜라이가 성인이 될 것이며 부인은 그것을 도울 수 있도록 부인에
게 은총을 내리라고 했다.

---

27) 김 니콜라이 아나톨리예비치. 일대기 URL: https://drevo-info.ru/
articles/16340.html (2018.01.25.)

같은 해 9월 20일 그는 집사 계급으로, 10월 4일에는 상트페테르부르크 소재 성모마리아 스몰렌스크 이톤 사원에서 상트페테르부르크 대주교 요안에 의해 장로 품위에 임명되었다. 그는 콜리노시에 있는 주님 승천 교회에서 집사로, 이후 정규 사제로 성직에 임했다. 2000년 1월 개인적 이유에서 헝가리로 영구 이주했다. 그곳으로 그의 친구들 역시 이주했으며, 부다페스트의 요안 카다르 사제와 친밀한 관계를 쌓았다. 부다페스트에 러시아 정교사원의 건립이 시작될 예정일 때 요안 신부는 조력자가 필요했다. 따라서 고위성직자는 그의 교구를 축복했다. 베를린의 테오파네스 대주교는 사제 부다페스트에서의 본당 주임사제인 대제사장 요안 카다르의 요청에 따라 세르기엡스키 본당의 두 번째 임시 사제로 봉사 드리는 것을 허락했다. 그러나 헝가리에서 러시아 주민의 유출과 우스펜스키 사원으로 인한 콘스탄티노폴 총대주교 간의 소송으로 인하여 러시아 정교회 설립 계획이 취소되었다.

그러자 니콜라이 신부는 이렘시에서의 알렉산드라 파블로브나 대공작녀의 사원 능원을 복원하였으며, 그곳에서 규칙적인 예배를 재개하는 작업을 맡았다. 2001년 9월 파벨 대주교의 칙령에 따라 부다페스트에 있는 세르게예프 교구의 두 번째 사제직을 유지한 상태에서 이 교회의 복원에 대한 축복을 받았다. 2003년 9월 6일 교회 200주년 기념식에서 비엔나 힐라리온 주교의 칙령에 의거하여 이렘 사원의 주임사제로 임명되었다.

2007년 그는 대제사장으로 승격되었다.

그는 러시아정교회의 전교회 박사 및 대박사과정이 설립되자 대박사과정에 입학했다.

2010년 3월 5일자 성회의 결정에 의해 헝가리 교구의 성직자 직위에서 해방되어 모스크바 교회대외관계국의 대표에 임명되었다. 같은 해 10월 2일 정교회 관계에 대한 교회대외관계부의 사무국의 직원이 되었다.

2012년 10월 4일 부다페스트 감독관구의 성직자로 재차 포함되었다.

2012년 12월 26일 헤비즈시에서 성모의 '생명을 지닌 원천'의 이콘이 새로운 모습으로 도래하는 것의 주임사제로 임명되었다.

■ 저작

천년 왕국, 계시록 20장 해석의 주석과 역사. 상트페테르부르크, 알레테이야, 2003.

천국과 인간, 성인 니키타 스티파의 유산, 상트페테르부르크, 알레테이야, 2003.

개인 사이트에 일련의 논문들이 게재되어 있다: http://onkim.orthodoxy.ru/

■ 수상 경력

• 사제모자 상(1995)
• 가슴십자가 상(2001)
• 러시아정교회 세르게이 라도네즈스키 3등훈장(2004).

5. 스포츠

러시아에서 고려인 출신의 유명한 운동선수는 많지 않다. 단신, 아시아유형의 얼굴, 신체적 차이 등과 같은 인류학적 특성으로 인해 할 수 있는 스포츠가 체조, 격투기와 동양무술 등과 같은 특정된 분야에 국한되었다.

고려인사에서 운동선수는 특별한 경우이다. 최근 고려인 사회에서는 고려인 운동선수, 1970년대와 80년대에 인기를 끌었던 가라테와 같은 동양무술의 대가 등이 간혹 회자된다.

소비에트 고려인 청년들에 관한 이야기를 언급해야겠다는 관심은 가라테라는 운동에서 일정한 수준에 올랐던 이들이 특별한 성격, 정신력, 인내, 국제주의적 감정 등을 지니고 있었던 것에서 차이를 보였다. 그들 중 많은 이들은 러시아의 청년들에게 가라테와 태권도를 전수하면서 대문자로 시작하는 정평 있는 선생님으로 지금도 그 분야에 남아 있다.

1) 소연방 내 격투기의 역사

1964년 올림픽에서 가라테 고수가 많은 관객들에게 최초로 자신의 격투술과 자세를 시합이 아닌 시범의 형태로 보여주었다. 모든 이들은 그 시범에 흥미로워했다. 그때부터 가라테가 세계의 거의 모든 곳에서 끓어오르듯 퍼져나갔다. 주인공이 다양한 발차기를 해대는 영화가 수도 없이 쏟아졌다. 소연방으로 가라테가 들어온 것은 외국인 학생들 덕분이었다.

소비에트 가라테의 선구자에 속하는 이로는 테츠오 사토(Тэцуо Сато), 하시모토(Хасимото), 알렉산드 포드세콜딘(Александр Подщеколдин), 블라디미르 코발레프(Владимир Ковалев), 아코 타울루예프(Ако Таулуев) 등을 들 수 있다.

이들은 1960년대 초부터 가라테를 전적으로 합법적으로 가르치기 시작했다. 가라테가 급속하게 유명해지기 시작하면서 당국의 통제에 들어가지 않게 되자 나라의 지도부는 놀라워했다.

1972년 가라테에 관한 첫 번째 공식적 언급은 "소연방 스포츠위원회의 체조, 가라테, 여자 삼보 그리고 카드놀이 브리지의 금지에 관한 명령"이었다.[28]

1977년 가라테도 중앙학교를 설립하자는 아이디어가 생겼다. 그리고 이 학교에 최고 중의 최고를 모집하기로 결정했다. 슈투르민과 카시야노프의 학교로 공개 모집을 공고했을 때 10,000명의 사람들이 줄을 섰는데, 그중 50명만을 골라야 했다. 공식 자료에 따르면 1970년대 말 소연방에서 가라테를 배우는 사람이 6백만 명에 달했다.[29]

1978년 3월 13일 소연방 국가스포츠위원회 산하에 알렉세이 보리소비치 슈투르민을 수장으로 하는 전소연방 가라테위원회가 설립되었으며, 동년 11월 13일에는 소연방 스포츠위원회가 '가라테 격투술의 발전에 관한' 명령을 발표했다.[30] 1979년 11월 스포츠 공동체의 주도 하에 전소연방 가라테위원회가 전소연방 가라테위원회로 재조직되었다. 이 위원회의 대표에 KGB대령 빅토르 쿠프리야노프(Виктор Куприянов)가 임명되었다. 연방 최고회의 간부회의 회원 일리야 굴레프(Илья

---

28) Каратэ в СССР // http://livefight.ru/karate-v-sssr/
29) Каратэ в СССР // http://livefight.ru/karate-v-sssr/
30) Там же.

Гульев)가 소연방 가라테 방법론위원회의 수장이 되었으며, 심판위원회장에는 블라디미르 아르튜흐가(Владимир Артюх), 증명위원회장에는 타데우쉬 카시야노프(Тадеуш Касьянов)가 각각 임명되었다.

1979년 제1회 모스크바 챔피언 경기대회가 개최되었다. 동년 5월 탈린에서는 제1차 '탈린컵' 국제 경기가 개최되었으며, 12월에는 제1차 전소연방대회가 열렸다. 1980년 10월 레닌그라드에서 제2차 전소연방 대회가 개최되었다. 1981년 2월 타시켄트에서는 제1차 소연방 가라테 챔피언 대회가 열렸다.

1981년 11월 11일 러시아공화국 상원 상임간부위원회의 "가라테교육규칙의 위반에 대한 행정책임과 형사책임에 관한" 6/19번과 6/24번 칙령 및 '가라테의 불법적 교육'에 대한 형사적 책임에 관한 러시아공화국 형법 219/1조가 발표되었다.[31]

1982년 3월 탈린에서 제2차 소연방 가라테챔피언전이 개최되었다. 1년 뒤인 1983년 5월에는 제3차 챔피언전이 열렸다.

1984년 5월 17일 소연방 스포츠위원회는 '스포츠 단체 내에서의 가라테 교육 금지에 관한' 404호 명령을 발표했다.[32] 이때부터 소연방에서 가라테에 대한 제2차 '전체적인 금지'의 시기가 시작되었다.

그러나 이런 '금기'가 열정적인 이들을 잠재울 수 없었다. 그들 중 많은 이들이 "지하"로 스며들었으며, 지하에서 다른 종류의 운동들의 비호 하에 수련을 계속했으며, 다른 이들에게 가라테를 가르치기도 했다. 많은 이들이 그로 인해 고통을 받고 책임을 져야 했다. 다른 이들은 특수부대에 들어가서 가라테를 수련했다. 그들 중 일보는 다른 스타일로 위장하기도 했는데, 당시 '가라테'라는 단어를 사용하지 않는 다양한

---

31) Там же.
32) Рыбкин В. Центральная школа каратэ. М., 2013. С.25.

격투술, 예를 들어 우슈, 태권도, 주짓수, 아이키도, 킥복싱, 타이복싱 및 다른 많은 격투기들이 눈사태처럼 성장하기 시작했기 때문이었다.

금단의 과일은 언제나 달콤하다. 소연방 시기의 '금기' 기간 동안에 사람들은 격투술 종류에 대해 지대한 관심을 보이고 있었으며, 실질적으로 모든 도시, 읍면 또는 촌에 어떤 격투술이든 분파가 하나는 있었다.

1980년대 말 전국에 걸쳐 막대한 규모로 인기가 급상승했다. 자가 양성된 트레이너를 갖춘 다수의 독자적인 '분파'가 존재했다. 각 분파에서는 자신들만의 교육 방법을 지니고 있었으나, 대부분의 경우 정식이 아니어서 트레이너들이 전문적 양성과정을 거치지 못한 채, 많은 이들은 지식에 의존하고 있었다. 많은 클럽 내의 수련생들 사이에서 불량한 목적으로 길거리에서 자신의 경험을 이용하는 힘든 십대들이 다수 존재했다. 각 분파에서는 체력의 단련을 추구했을 뿐 양육 과정은 전적으로 무시되고 있었다. 이런 현상이 전국적으로 전형이 되어 버렸다. 전국에 통일된 가라테 트레이너 양성 과정이 존재하지 않았다.

이사예프[33]의 견해에 따르면 볼셰비키들이 소비에트의 권력 수립을 위해 이용했으나, 그것이 권력 그 자체를 쓰러뜨렸다고 한다. 규정을 위해 볼셰비키들은 이용했다는 설이 있다. 규율에 더해 명확하게 선택된 격투술 교육 방법은 금메달을 따거나 기록을 세우기 위한 것이 아니라, 자아인식의 길로 가는 모든 사람들을 위한 것이다.[34]

1989년 12월 18일 소연방 국가스포츠위원회는 '소연방에서의 동방 격투술의 발전에 관한" 9/3번 규정을 채택했다. 본 규정에 따라 소연방

---

33) Исаев Е.А., настоятель храма свт. Димитрия Ростовского Иерей, инструктор Центральной школы каратэ, Мастер боевых искусств России.
34) Рыбкин В. Центральная школа каратэ. М., 2013. С.345.

에서의 가라테 '금지'가 해제되었다.[35]

1991년 1월 가라테 발전의 질서를 잡기 위해 소연방 국가스포츠위원회는 가라테 사범 양성 제1차 과정을 실행했다. 이때부터 가라테의 발전이 문명화된 범위 안에 들어갔으며, 다양한 형태를 책임지는 전소연방 위원회가 등장했다. 소연방 올림픽위원회 산하 가라테조직연맹이 이 모든 위원회들을 통일했다. 소연방에서의 가라테 발전을 조화하는 강력한 위계적 시스템이 등장했다.[36]

이런 금지의 파장으로 소연방에서는 뛰어난 가라테 스타군들이 자라기 시작했다. 그들 중에는 비탈리 박, 올레크 신, 빅토르 한, 베니아민 박, 아딕 리, 올레그 최 그리고 많은 소비에트 고려인들이 있다.

◎ 박 비탈리 바실리예비치(Пак Виталий Васильевич)[37]

1953년 2월 7일 우즈베키스탄에서 출생, 러시아 운동선수, 소연방 가라테 명인, 모스크바 챔피언전 1대 챔피언(1979, 1980, 1981), 소연방 가라테 챔피언(1981), 소연방 카타 기술조합 챔피언(1982), 태권도 7단(전태권도연맹), 가라테 쇼린지류 켄코칸 3단. 1990년부터 1994년까지 모스크바 태권도협회 회장, 소연방 태권도연맹 제1부회장.

1975년 모스크바기술연구소 건축학부 토지정리과 졸업.

---

35) История развития каратэ в СССР // http://www.uspekh-karate.ru/content/karate/history1.php

36) Там же.

37) Из дневниковых записей Пак Виталия.

1974년 가라테라는 멋진 격투술을 알게 된 후 거의 16년을 적극적으로 살면서, 환상적으로 가라테 연습에 몰두했다.

비탈리 본인 스스로 "가라테의 길을 택한 후, 자신을 알기 위해서 그리고 자신의 두려움을 통제하기 위해서 모험을 했으며, 결투술을 완성하면서 자신의 숙명을 완수하고 스스로를 찾아내기 위하여 끊임없이 내 길을 단련시켰다"[38]고 기술했다. 이런 조건 속에서 칠전팔기의 모든 인생, 인생의 의미가 담겨 있는 가라테에 대한 모든 사랑과 함께 모든 삶은 자신을 인식하는 것이다.

"'깨지기 쉬운 고려인' 비탈리 박은 일단의 고려인 친구들과 함께하는 비할 데 없는 아름다움과 우아한 장인이자, 매우 창조적이고 섬세하게 인생을 지각하는 사람이다."[39]라고 이 장인의 친구이자 가라테 전우인 유명한 조각가 루카비쉬니코프가 특징지었다.[40]

박 비탈리는 운동선수의 제1범주에 들어간다. 설립자 쉬투르민(Штурмин А.Б.)의 지도 하에 카라테 중앙학교 일본식 명칭으로 '센세'로부터 교육 받은 가라테의 마스터이다. 그는 운동격투방향 '소비에트 가라테'라는 새로운 무술 버전의 정착에 적극 참가했다.

비탈리 박이 태권도 기술과 처음 접한 것은 '냉전'이 종결되어 소연방 시민이 해외로 나갈 수 있는 가능성이 보였던 1987년 헝가리에서 태권도 세계선수권대회가 개최될 당시였다. 태권도의 기술적 병기는 가라

38) Рыбкин В. Центральная школа каратэ. Кн. 2. М., 2013. С.376.

39) РыбкинВ.Центральнаяшколакаратэ.Кн.1.М.,2013.С.27.

40) Рукавишников А.И. – народный художник Российской Федерации, Заслуженный художник РСФСР и Киргизской ССР, действительный член Российской академии художеств, профессор. Мастер монументальных и станковых композиций, скульптурных портретов. Занимался каратэ под руководством А. Б. Штурмина — основоположника русской школы каратэ, обладатель «черного пояса».

테 마스터를 놀라게 만들었다. 이에 그는 자신의 다리 타격술을 개선하기로 결심했다. 유럽에서 태권도 마스터를 초대하여(대한민국과는 1990년까지 외교관계가 없었다) 마스터 클라스와 태권도 세미나를 스포츠 컴플렉스 "라멘키"에서 개최했다. 태권도 마스터 클라스를 운영하던 최초의 사람 중 한 명은 태권도의 그랜드 마스터 황대진이었다. 그는 세계태권도연맹의 8단 보유자이자 핀란드 태권도연맹의 회장이었다.

현재 비탈리 박은 러시아 대표팀의 태권도 복식의 직업적 전문지도자 중 일원으로서 자신의 실습을 계속하고 있으며, 신체와 사지 장애자의 재활을 위해 반드시 필요한 다리 사용법 및 태권도 기술의 숙달을 교육을 개발하기 위해 일련의 효과적인 방법과 원칙적인 보편적 훈련을 적용하면서 개선하고 있다.

■ 비탈리 박의 회고록 중에서[41]

처음에는 호신술 차원에서 몇 가지의 현실적인 방법을 배우고 싶어서 가라테에 열중했지만, 시간이 지나면서 이기는 과학으로서의 가라테를 수련하는 것이 마음에 들었습니다. 수련 중에 진정한 만족을 느끼면서 의지와 감정을 조절하는 방법을 배웠습니다. 결국 막대한 수의 젊고 진보적인 친구들의 집단 속에서의 매일 같은 수련은 그들을 가르치면서 그들과 함께 정신적으로 그리고 물리적으로 강해졌으며, 내적 세계관이 형성되었습니다.

헌신과 꾸준한 수련 덕분에 저는 전의 이해에 도달했습니다. 모든 점에서 완전한 정신적 통일에 도달하기 위해서는 항상 그리고 어디서든 지속적인 전의 실습이 필요했습니다. 그리고 저는 많은 가라테 추종자들이

---

41) Интервью Ж.Г. Сон с Виталием Паком. 5 января 2018 г.

정신적 원칙과 높은 의지를 지침으로 삼고 있다는 것을 믿고 있습니다. 의지는 일에서의 확신을 증가시켜주고, 이성과 육체를 발전시켜줍니다.

◎ 신 올레그 알렉세예비치(Шин Олег Алексеевич)[42]

1951년 투르크메니스탄 나샤우즈스카야 주에서 출생, 우즈베키스탄 카라칼파키에서 거주.

러시아 운동선수, 소연방 스포츠 장인, 1976년부터 가라테 트레이너. 국제가라테 대회 은메달(영국 1991년), 태권도 6단, 가라테 최고 단계 3단, 태권도 승인위원회 대표, 러시아 태권도협회 회장(1995-2006). 1972-1974년 소비에트 육군에서 사병으로 복무.

1979년 모스크바기술대학교 토지정리과 졸업.

2001년 모스크바체육대학교 졸업.

오랜 시간에 걸쳐 수련과 기술 단련을 실행하면서 경험을 쌓았으며, 스포츠맨의 도덕적 의지의 덕성을 쌓았다. 그는 수백 명의 가라테와 태권도 선수를 양성했다. 제자 중에는 러시아, 유럽챔피언 신, 스포츠 명인, 명인의 후보들이 있다.

현재 모스크바의 스포츠전문클럽 '라멘키'의 태권도 사범이다.

■ 올레그 신의 회고록 중에서

가라테 수련은 일정 시간을 지나자 대학교에서의 모든 수업을 실질적으로 포기했으며, 내 모든 시간을 수련에 투자했다. 그때부터 수련하

---

42) ИнтервьюЖ.Г.СонсОлегомШином.8января2018г.

고 있으며 수련을 시키고 있다. 나는 1976년부터 사범으로 일했다. 경장도 우리에게 찾아와서는 모스크바 페르보마이스키 지구의 경찰관들을 위해 수련을 시켜달라고 부탁했다. 가라테연맹이 아직 존재하지 않았음에도 불구하고 경찰에서는 우리의 수련에 대해 정보를 파악했으며, 경찰서 요원들에게 가라테 동작을 가르치는 것이 유익하다는 결정을 내렸다. 수련을 시키라고 나를 보냈다. 당시 나는 붉은 띠였다. 붉은 띠 보유자가 당시에는 수련을 시킬 수 있었다.[43]

◎ 한 빅토르 겐나디예비치
(Хан Виктор Геннадьевич)[44]

1959년 출생, 러시아가라테연맹 부총재, 러시아 운동선수, 소연방 가라테명인, 소연방 가라테 챔피언(1983), 7단(WKF).

1977년 학교를 졸업한 빅토르는 모스크바로 향하여 모스크바국립대학교에 진학해서 그곳을 마친 후 경력을 쌓아가려 했다. 그러니 살기 위해 돈을 벌어야 했다. 당시 모스크바에서는 가라테를 둘러싼 큰 투기가 있었다. 빅토르는 사할린 출신으로 나중에 어떤 영화를 찍었던 김인호(Ким Ин Хо)라는 사람을 만났다. 이 김인호가 빅토르의 첫 번째 사범이 되었으나, 지하에서 불법적으로 가라테 수업을 받았다.

1979년 빅토르 한은 제1차 모스크바챔피언전의 승리자인 비탈리

---

43) Там же.
44) Интервью Ж.Г. Сон с Виктором Ханом 4 января 2018 г.

박(Виталий Пак)으로부터 수련을 받았다.

1980년부터 한은 다양한 챔피언십에 참가했으며, 그 당시에 첫 번째 승리를 거두어 챔피언십 은메달을 차지했다. 1982년부터 수년 동안 빅토르는 투르크메니스탄 대표팀을 위해 출전했으며, 그 당시 투르크멘국립체육대학교에 진학했다. 1983년 모스크바 대표팀에 참가한다는 희망이 깨졌다. 소연방 챔피언십에 참가한 것은 성공적이어서 빅토르 한은 소연방 챔피언이 되었다. 이 시합은 1984년 소연방에서 가라테 금지 도입이 이루어질 때까지의 마지막 경기였다.[45]

지하에서 몰래 연습하던 힘든 시기를 버텨내고, 1989년 금기조치가 해제되기 전날 빅토르 한은 자신의 친구이자 소연방 카라테 챔피언을 3회나 지낸 베니아민 박(Вениамин Пак)의 도움을 받아 스포츠전문 클럽 "라멘키(Раменки)"를 창설했다. 같은 해 빅토르 한의 스포츠 경력에서 또 하나의 승리가 있었으니, 그가 80킬로그램 이하급과 무제한급에서 소연방의 챔피언이 된 것이었다. 이것은 가라테 금기 철폐 이후 첫 번째 연방선수권대회였다. 동시에 이 경기는 1990년 멕시코에서 진행된 가라테 세계챔피언선수권대회에 나갈 소연방 대표팀의 초대 출전에 앞서 치러진 예선 경쟁이었다. 빅토르 한은 대표팀의 리더였다. 러시아 대표팀의 제1차 국제대회 참전은 승리로 끝을 맺지 못했다. 그러나 향후 러시아 운동선수들을 승리로 이끌어 줄 경험을 얻을 수 있었다.

1993년까지 빅토르 한은 대회에 매우 적극적으로 참가했으며, 1990년부터 2001년까지 전러시아가라테연맹의 부회장을 역임했다.

1994-1997년 러시아연방 대통령 산하 인민경제 아카데미 내에 지도자들을 위한 프로그램을 이수했다.

---

45) http://ruswkf.ru/personal/han-viktor-gennadevich/

현재 빅토르 한은 '가라테도연맹'을 지휘하고 있으며, 29년째 성공적으로 살아남은 스포츠전문클럽 '라멘키'를 운영하고 있다. 현재 '라멘키'에는 클럽에서 직접 배우는 사람은 물론 20개가 넘는 그 지부에서 수련하고 있는 운동선수가 1,000명이 넘는다. 이 클럽은 가라케는 물론 다른 종류의 운동을 수련할 수 있는 폭넓은 대안을 제시해주고 있다. 라멘키의 운동선주 중 100명 이상이 다양한 수준에서의 챔피언십에 참가하고 있다.[46]

■ 빅토르 한의 회고록 중에서

1979년 비탈리 박(모스크바 및 전소연방 가라테챔피언십 제1차 대회 우승자)에게 배우려했던 희망이 깨졌습니다. 페르보마이스카야라는 지하철 정거장 근처에 있는 학교 홀에서 수련을 받았습니다. 일주일에 두 번 밤늦게 오후 9시 이후에 수련을 받았습니다. 모스크바 전역을 돌아다녀야 했습니다. 비탈리에게는 매우 많은 제자들이 있었는데 체육관 안에 바짝 붙어서 서 있어야 했습니다.

비탈리의 제자로서 저는 지하철 츠베트노이 불리바르 역 근처의 막 개관한 가라테 중앙학교에서 수련할 수 있는 권리를 받았습니다. 그러나 거기에서는 아침에만 수련을 할 수 있었고 나머지 시간은 이미 여유가 없었습니다. 저는 일을 대충하면서 모든 증명서를 찾아다녔으나 매일 아침 가라테 중앙학교에 갔습니다. 체육관에는 누구보다 먼지 나갔고 가장 늦게 나왔습니다. 아침에 사범 중 누군가가 나를 집단에 넣어줬습니다. 수련이 끝나면 세르게이 샤포발로프(제1차 모스크바 가라테 챔피언십 우승장)가 오면 그와 일을 합니다. 약 13시쯤 마지막으로 유

---

46) Там же.

리 레온티예프(1980년 제2차가라테챔피언십 우승장)가 왔습니다. 그
럼 이미 모두가 수련을 끝내고 다음 아침이 될 때 다시 옵니다.[47]

◎ 최 올레그 알렉세예비치(Цой Олег Алексеевич)[48]

　　1959년 12월 17일 체첸인구세치야(체
첸)에서 출생, 일본 가라테도 마루오시카이
조직의 6단, 소연방 스포츠 장인, 스포츠클
럽 '라멘키'의 부대표, 1996-2001년 러시아
가라대 대표팀 수석코치, '라멘키'와 '가라테
도 연맹'의 수석 사범 '소연방 전 스타들의
가라테' 대회 2회 우승, 1991년 모스크바 챔
피언, 전소연방 및 국제대회 수상자, 1991년
소연방컵 수상자, 1991년 덴마크 오픈챔피언십 수상자, 러시아 가라테
도 대표팀 수석 트레이너.

　　올레그는 체첸에서 출생하여 카바르디노발카리의 프로흘라드니시
에서 부모님과 함께 살았다. 17살이 되던 해에 가라테를 처음으로 만나
게 되어, 소연방 시절에 출간된 나카야마 학파의 교과서를 통해 가라테
를 배우기 시작했다. 80년대에 들어 가라테가 스포츠 종목으로 금기시
되었을 때 대부분의 가라테 선수들이 그랬던 것처럼 지하에서 몰래 수
련했다.

　　올레그 최는 현재 가라테가 상승의 시기에 도달하여, 세계와 유럽
챔피언선수권에서 보다 높은 수준의 기술을 보여주고 있으며, 국제 대

---

47) Свадковский В. Они были первые // http://www.karateworld.ru/
index1.php?id=2237
48) Шин Д. Олег Цой // http://www.arirang.ru/

회에서는 나약한 상대가 없다고 한다. 세계의 모든 가라테 선수들은 태권도를 따라 그들이 좋아하는 운동이 올림픽 종목으로 채택되기를 희망하고 있다.

1999년 올레그 최가 지휘하는 러시아 유소년팀이 소비아에서 개최된 세계챔피언십에서 금메달, 은메달 그리고 동메달을 획득. 올레그 최가 트레이닝 시킨 러시아 대표팀은 다양한 국제대회에서 시상대에 올랐다.

올레그는 '라멘키'에서 10년 넘게 근무하고 있다. 노보시비르스크에서 개최된 러시아챔피언십에서 라멘키 출신의 선수들이 7개의 메달(그중 금메달이 3개)을 획득했다. 수석 트레이너 올레그는 1993년부터 그의 스포츠클럽이 단 한 번도 러시아챔피언십에서 금메달을 따지 못한 적이 없다는 사실에 자랑스러워하고 있다. 1989년에 개관한 라멘키는 지금까지 15명의 스포츠 장인과 4명의 국제급 장인을 배출했다.

■ 올레그 최의 회고록 중에서

당시 당연히 정보가 매우 적었고 손가락으로 말하는 것처럼 짜내야만 했습니다. 1980년 초 최초의 비에오가 나에게는 모든 지식의 보고였다는 사실을 기억합니다. 1981년 1월 츠베트노이 불리바르에 있는 중앙학교의 비탈리 박에게 다닐 당시, 그곳에서 전국적으로 유명한 신 올레그 알렉세예비치, 샤포발로프 세르게이(Шаповалов Сергей), 만수르 셀코브니코프(Мансур Шелковников), 유라 스투페니코프(Юра Ступеньков) 그리고 많은 다른 가라테 선수들을 볼 수 있었습니다. 당시 저에게는 비탈리 바실리예비치 박의 기술이 인상 깊었습니다. 타격의 속도 집중, 저는 당시 "언제고 내가 저렇게 될 수 있을까?"라고 생각했습니다.[49]

---

49) 신 D. 올레그 최. URL: // http://www.arirang.ru/ (2018.01.16.)

그로부터 30년이 더 지나 오랜 시간 수련을 했고, 많은 것들이 다른 형태로 드러났는데, 또 얼마나 앞으로… 더 많이 더 깊이 네가 가라테 연마에 몰두할수록, 더 많은 것을 이해하게 될 것인바, 한계가 존재하지 않으며 중요한 것은 서두르지 않는 것이다. 가장 단순한 것부터 면밀하게 마치는 것이 필요하며, 그때 너는 늙은 장인이 얘기했던, 그러나 네가 젊을 때는 특별한 의미를 부여하지 않았던 새로운 경험하기 시작할 것인바, 이것이 바로 진실한 가라케이다![50]

◎ 강 발레리(빌로리) 알렉세예비치
(Кан Валерий [Вилорий] Алексеевич)[51]

1958년 우즈베키스탄에서 출생. 모스크바기술대학교 토지정리과 졸업. 1975년 대학 선배인 박 비탈리, 신 올레그 그리고 릐브킨 블라디미르(Рыбкин Владимир)가 그를 마야코프카의 가라테 학교에 있는 슈투르민(А.Б. Штурмин)에게 데리고 가면서 스피와카(Спивака) 선생의 반에서 가라테를 배우기 시작했다. 이후 1976년 카시야노프(Т. Касьянов) 선배가 가르치는 반으로 옮겼다가 1987년에 슈투르민이 가르치는 가라테 중앙학교로 옮겼다.

모스크바챔피언십 3회 수상(1979, 1980, 1981년), 탈린, 레닌그라드, 타시켄트에서 개최된 소연방챔피언십 3회 수상.

현재 러시아격투연맹의 장인, '체료무쉬키'라는 격투센터에 있는 가라테 중앙학교에서 사범으로 있다.

---

50) Там же.
51) 릐브킨 V. 가라테 중앙학교. Кн. 1. М., 2013. С.27.

◎ 황 겐나디 세르게예비치(Кван Геннадий Сергеевич)[52]

1960년 8월 16일 우즈베키스탄에서 출생. 1969년부터 삼보, 유도, 가라테 등을 수련. 1981년 체육대학(현재 러시아국립체육아카데미) 졸업. 1982년 육군중앙스포츠클럽에서 군복무. 검은 띠(5단). 11개 이상 국제수준의 태권도 스포츠 장인, 러시아, 유럽 그리고 세계 챔피언 우승자와 수상자를 양성, '조국에 대한 공헌' 메달을 수여받음.

육군중앙스포츠클럽은 모스크바 태권도 선수들 사이에서 상당히 유명하다. 육군중앙클럽의 태권도 선수들을 연합시키는 사람의 이름이 바로 겐나디 세르게예비치 황이다. 그는 국제급 운동 마스터이며, 러시아 육군의 태권도 수석트레이너이자, 1993-1997년 태권도 러시아국가대표의 수석 트레이너, 수차례에 걸친 모스크바 삼보 챔피언, 무력부 챔피언결정전 우승자, 소연방 챔피언, 1981년 스페인에서의 삼포 세계 챔피언이며, 현재 육군중앙클럽의 대령이다.

겐나디 황은 우즈베키스탄 타시켄트주에 있는 집단농장 "드미트로프"에서 출생했다. 8살까지 한국말만 사용했다. 겐나디가 6살이 되던 해 부모는 우즈베키스탄 노천 금광의 중심지인 노보인스카야주의 자라브샨시로 이사했다. 9살부터 대규모 운동을 시작하여 삼보, 유도, 가라테 등을 연마했다. 18살 되던 해에 육군중앙클럽에 가입했다. 1989년 태권도를 처음 접했다.

현재 겐다디 황은 러시아 태권도 사회에서 중요한 인물 중 한 명이

---

52) Шин Д. Спорт и наши дети // http://www.arirang.ru/archive/kd/15/14.htm (2018.01.16.)

다. 약 9년 전 태권도가 새로운 종류의 운동으로 러시아에 소개되었을 때부터 겐나디는 태권도와 함께 했다.

육군중앙클럽 내 태권도 클럽은 현재 겐다디 황의 중요한 창작물이다. 1999년 12월 콘스탄틴 하트케비치(클럽 대표), 겐나디 황 그리고 블라디미르 뎀첸코(모스크바 태권도 수석 트레이너) 등에 의해 이 클럽이 창설되었다. 새로운 스포츠클럽의 구성원으로 기존 겐나디 황의 자치 스포츠센터가 포함되었다. 클럽 창설자들은 올림픽 태권도분야 예비자원을 위한 어린이학교와 청소년학교를 육군중앙클럽 내에 조직한다는 계획을 지니고 있었다. 또한 육군중앙클럽 태권도 어린이 분과에서는 무료로 훈련을 받을 수 있는 바, 만약 모스크바에 유일한 장소가 아니라 해도, 이런 곳은 많지 않다.

겐나디 황은 운동선수의 한 세대만을 양성한 것이 아니었다. 육군중앙스포츠클럽에 태권도가 있었던 반년 동안 그 클럽에는 상트페테르부르크에서의 국제청소년 경기의 승리자들과 무력부 러시아챔피언십 수상자들이 있었다.

■ **운동경력**

　　1981년 삼보월드컵 - 1위
　　1987년 소연방 삼보챔피언십 - 3등
　　1986년 소연방 삼보챔피언십 - 3등

◎ 노보시비르스크 스포츠전문가 클럽 '성공'[53]

1989년 베니아민 알렉산드로비치 박(Вениамин Александрович Пак)에 의해 설립되었다: 소연방 가라테챔피언십 3회 우승자, 소연방 스포츠 장인, (WKF)가라테 7단보유자(JKMO)가라테 8단, WTF태권도 4단, 노보시비르스크주 입법부의 문화, 교육, 학문, 스포츠, 그리고 청년 정책위원회 위원, 사회이니시어티브 "총무"를 지원하는 사회재단 노보시비르스크주 사회재단 이사단원, 노보시비르스크주 가라테연맹 대표, 전러시아연방 가라테 부대표이자 러시아 대표팀 수석 트레이너.

1989년 1월 체육운동센터 '성공'이 등록되었다. 본 센터의 명칭은 베니아민 알렉산드로비치의 부인 이리나 세르게예브나 박(Ирина Сергеевна Пак)에게 헌정된 것이다.

---

53) 전문스포츠클럽 '성공' URL: http://www.uspekh-karate.ru/content/karate/ (2018.01.16.)

현재 '성공'은 시베리아와 극동 지역에서의 가라테 발전의 중심지다. 1998년 클럽은 시베리아연방관구의 9개 지역을 시베리아와 극동가라테리그로 통합했으며, 이 리그에 65개 이상의 클럽이 가입했다.

클럽의 사범들은 전러시아와 국제적 수준의 경기에서 우수한 스포츠 경력을 보여주었으며, 러시아 대표팀에 포함된다. '승리' 클럽은 러시아는 물론 외국에서도 유명하며, 클럽의 활동은 노보시비르스크를 시베리아의 스포츠 수도로서 그 지위를 높여주고 있다.

'성공컵' 대회[54]는 러시아 스포츠계에서 의미 있는 경기이다. 이 대회는 1990년에 스포츠클럽 '승리'의 차원에서 생긴 것인데 시베리아연방관구의 수준으로 성장했다. 현재 이 전러시아 경기에는 세계챔피언과 유럽챔피언도 출전하고 있다. 현재 이 경기는 가라테 경기 중 가장 대규모이자 가장 많은 이들이 참가하는 경기이며, 전 러시아 달력에서 확고한 위치를 지니고 있다. 이 경기에는 러시아의 14개 지역과 25개 도시에서 1,500명의 선수들이 규칙적으로 참가하고 있으며, 가장 어린 선수는 8살부터 국제적 수준의 장인 및 세계 스포츠의 스타들이 참석하고 있다.

'성공'가 배출한 선수들은 걸출한 스포츠맨, 성공적인 기업가, 하원의원, 의학, 교육, 문화계의 빛나는 명성가, 유능한 관리자들이 있다. 스포츠클럽 '성공'은 높은 수준에 도달한 스포츠맨의 양성은 물론, 자라나고 있는 세대의 안정과 발전 그리고 현대사회에서 능동적인 생활태도를 지닌 좋은 사람을 양육하는데 자신의 노력을 쏟고 있다.

---

54) Там же.

■ 스포츠전문가 클럽 '라멘키'와 '성공'

모스크바시의 스포츠전문가 클럽 '라멘키'와 노보시비르스크의 스포츠전문가 클럽 '성공'은 소비에트 시기에 설립되었으며, 러시아연방 내에서 중요한 가라테 발전센터이다.

1995년 핀란드의 헬싱키에서 개최된 유럽 가라테챔피언십에서 베니아민 박은 일본의 유명한 장인이자 사범인 가라테 7단의 사사키 도시아츠를 알게 되어 그를 러시아로 초빙했다. 그때부터 '사사키 선생'은 매년, 때에 따라서는 더 자주 러시아를 방문하여 전러시아연방 가라테도(쇼토칸 스타일) 경기에 참가하고 있으며 승단 심사에도 참석하고 있다. 사사키 도시아츠는 "우리는 단순하게 스포츠로 같은 생각을 가진 사람이 아닙니다. 한 빅토르 씨, 최 올레그 씨 그리고 박 베니아민 씨는 저의 친구들입니다. 최소한 저는 그것을 바라고 있습니다."라고 얘기했다. 러시아의 스포츠맨들은 도시아츠가 방문하면서 러시아 가라테 역사에서 새로운 장이 시작되었다고 성명했다. 기술적 수준이 높아졌으며, 가라테도가 원전에 가까워졌다. 각 지역에 체육학교가 설립되었다. 현재 가장 강력한 단체는 학교는 다게스탄, 카바르디노발카리, 모스크바(모스크바가라테도연맹), 노보시비르스크('성공'), 첼랴빈스크 그리고 다른 도시들이다. 전러시아연방에는 약 60개의 가라테도 클럽이 있다.

두 클럽은 하나의 목적을 지니고 있다. "챔피언을 만들지 말자, 점잖고, 자랑스러운 그리고 선량한 사람, 러시아의 애국자를 양성하자."

◎ 김 넬리 블라디미로브나(Ким Нелли Владимировна)[55]

1957년 7월 29일 생. 카자흐스탄 국립체육대학교 졸업(알마타, 1978). 스포츠 공훈명인(1976, 운동선수). 타지키스탄 소비에트 사회주의공화국 레니나바드스카야주 슈라브시에서 출생. 미국 미네소타주 미네아폴리스시에 거주.

올림픽 챔피언(1976 - 단체, 도마, 마루운동, 1980 - 단체, 마루운동). 올림픽 은메달(1976 - 단체), 세계선수권 우승(1979 - 종합, 1974, 1978 - 단체, 1978 - 도마, 마루운동). 세계선수권 은메달(1978 - 종합, 1979 - 단체, 평균대, 마루운동) 그리고 동메달(1974 - 평균대, 1979 - 도마) 수상. 유럽 챔피언전(1975 - 마루운동, 1977 - 도마). 은메달(1975 - 종합, 1975, 1977 - 평균대) 그리고 동메달(1975 - 도마, 평행봉, 1977 - 종합, 마루운동) 수상.

소연방 챔피언(1975, 1980 - 종합, 1973, 1975 - 평행봉, 1975-1976 - 평균대, 1975, 1979 - 마루운동, 1976 - 도마). 은메달(1974, 1975, 1978, 1979 - 도마, 1974, 1976, 1979 - 평행봉) 수상.

월드컵 은메달(1979 - 종합)과 동메달(1979 - 도마, 평균대). 종합(1976)에서 소연방컵 승리. 종합(1974, 1975)에서 소연방컵 은메달.

1999년 국제 스포츠 명예의 전당에 가입됨. 노동적기 훈장 2회 수상.

---

55) 넬리 김. 일대기, 정보, 사적인 삶. URL: https://stuki-druki.com/authors/Kim-Nelli.php (2020.06.20.)

◎ 주 콘스탄틴 보리소비치(Цзю Константин Борисович)[56]

복싱선수, 운동선수, 프로선수 중 압도적인 세계챔피언.

1969년 9월 19일 러시아 스베르들로프주 세로프시에서 출생. 아버지 주 보리스 티모페예비치(Цзю Борис Тимофеевич)는 야금공장에서 일했으며, 어머니 주 발렌티나 블라디미로브나는 간호사였다. 그가 아홉 살이 되던 해에 아버지는 어린이 운동학교의 복싱부로 그를 전학시켰다. 주라는 성은 중국에서 러시아로 들어온 순혈 고려인이었던 콘스탄틴의 할아버지 인노켄티(Иннокентий)에서 유래한 것이다.

콘스탄틴은 항상 매우 적극적이었으며 활동적이었다. 그의 아버지 보리스는 어린 아들의 에너지를 다른 어떤 결실을 맺을 수 있는 방향으로 이끌어주기 위해서 1979년에 아들을 현지에 있는 유소년 체육학교 중 복싱을 가르치는 학교로 보냈다. 이후 그의 아버지는 자신이 잘못 선택한 것이 아니라는 사실을 알아차렸다. 운동장에서 날렵한 10살짜리 소년은 복싱을 배운지 6개월이 지나자 나이가 많은 사람들을 상대로 링 위에서 승리를 쟁취하기 시작했다. 2년이 지나자 소연방 연소자 복싱대표팀의 수석 트레이너가 콘스탄틴에게 관심을 갖기 시작했다. 이 시기부터 콘스탄틴 주의 전문적인 스포츠 선수로서의 일대기가 시작되었다.

그는 지역이나 국제경기에서 여러 차례에 걸쳐 승리했으며, 일부 시

---

56) 코스탸주. 일대기. 뉴스. 사진. URL: https://uznayvse.ru/znamenitosti/
biografiya-kostya-czyu.html (2020.06.20.)

합에서는 상을 타기도 했다. 매혹적인 승리는 패배와 번갈아 가며 찾아왔으나, 그런 사이클은 콘스탄틴의 정신력을 강화시킬 따름이었다. 1985년 콘스탄틴 주는 청년부에서 러시아공화국 챔피언 타이틀을 거머쥐었다. 그는 1989년 성인부에서 의미 깊은 승리에 도달할 수 있었다. 당시 그는 소연방 토너먼트에서 챔피언 벨트를 차지했으며, 그 이후 머지않아 유럽 챔피언 전에 출전하여 시상대에서 가장 높은 자리에 올랐다. 그 이후 오랜 시간에 걸쳐 여덟 차례의 승리가 이어졌다.

1990-1991년 유능한 복서는 두 차례에 걸쳐 소연방 챔피언에 올랐으며, 국제경기에서 수많은 금메달을 목에 걸었다. 1989년 모스크바에서 개최된 세계챔피언 전에서 콘스탄틴 추는 60킬로그램 급 경기에서 3등을 차지했다.

콘스탄틴 주는 2000년 일대 일 격투의 다양한 면들을 밝혀주는 전자 매거진 'Fight Magazine'의 첫 호의 편집장이 되었다. 이를 통해 사람들은 그가 지닌 또 하나의 재능을 알게 되었다. 이와 동시에 콘스탄틴은 방송인의 자격으로 다양한 텔레비전 프로그램에도 참석했다. 그는 '코샤(콘스탄틴의 애칭 - 역주) 주. 최고가 되어라', 스타와의 댄스, '오스트레일리아식 톱 모델' 및 기타 다양한 프로젝트에서 빛을 발하기 시작했다.

현재 콘스탄틴 주는 개인이 쓴 저작물의 출판사를 경영하고 있으며, 트레이너로 활동하고 있다.

고려인 출신의 러시아 운동선수들은 자신의 전 생애에 걸쳐 자기 업무를 계속하고 있다. 현재도 러시아에는 가라테와 태권도 같은 동양무술이 인기를 끌고 있다. 이런 종류의 운동에 대한 금기와 박해 같은 소비에트 시대의 모든 난관에도 불구하고 소비에트 고려인은 뛰어난 전사로 남아 있으며, 당국으로부터 받는 거대한 권위는 물론 공정하게 투쟁하여 획득한 국민으로부터의 존경을 받고 있다.

수백 개의 스포츠학교와 클럽이 작동하고 있으며, 전문 트레이너들은 5살 이상의 아이들을 가르치고 있다. 또한 수백만 명의 사람들이 동양무술을 익히고 있다. 본질적으로 가라테와 태권도는 국제적인 형태의 운동이다. 이런 운동에는 민족이 존재하지 않는다. 운동은 세계의 모든 민족을 통일시키고, 정칙하고 고귀하며 자기 나라에 충성하는 애국자를 만든다는 사실에는 논쟁의 여지가 없다.

그러나 심히 애석하게도 슬픈 사실 하나를 확인할 수 있다. 즉 이런 종류의 운동에 대한 고려인 사이에서 인기도가 확연하게 낮아지고 있으며, 스포츠클럽에서 고려인 청년을 보기 힘들게 되었다. 이미 태권도와 가라테에서 고려인 챔피언을 찾아보기 힘들다. 러시아의 고려인 청년들이 이런 멋진 운동 종목에 관심을 가져 우리들에게 새로운 챔피언을 선사하기만을 바랄 수밖에 없게 되었다.

결론

　고려인 3세에 대한 이 책의 2부를 끝내면서 유럽지역의 러시아에 거주 중인 고려인들은 러시아 사회에서 자랑스러운 지위를 차지하고 있음을 확신 있게 주장할 수 있다.

　고려인들 중 대다수는 농부라는 전통적 직업을 이어가고 있으며, 러시아의 농산업에 일조하고 있다. 고려인들이 주로 농사를 짓는 곳은 북캅카스, 볼고그라드주, 로스토프주, 스타브로폴스크주 그리고 극동이다. 고려인들에게는 오늘날에도 자신들이 살고 있는 곳의 자연 및 땅과의 통일이라는 고려인 전통 선물이 존재하고 있다. 우리 생각으로는 땅에 대한 조심스러운 태도와 사랑은 오직 고려인 민족이 지닌 고유한 적성이다.

　러시아어가 국어이며 러시아 문화가 지배하는 다민족 국가에서의 150년 동안 고려인들은 국가의 중요한 법률에 복종하며 사는 중에 자신들의 한국어와 민족적 전통을 잃어버렸다.

　정치적 그리고 경제적 위기의 가장 힘든 시기에 러시아인들은 지속적인 정신감정적 스트레스 속에서 살았다. 경제적 문제를 스스로 해결해야 했으며, 생활비와 식료품비를 벌어야만 했다. 많은 고려인들은 자신의 직업을 바꿀 수밖에 없었으며, 전혀 다른 업종에 종사하고 새로이 배우거나 경력을 쌓아야 했다.

대부분 유럽적 외모를 지닌 사람들이 살고 있는 유럽지역의 러시아 거주 고려인들은 자신의 다른 외모로 인해 금방 눈에 띄었다. 성인 고려인에 대할 때는 그들이 러시아에서 출생하여 자랐음에도 불구하고 마치 외지의 이방인 대하 듯 했다. 고려인 청년들의 유년기와 소년기는 그들이 모든 다른 사람들과 같지 않다는 사실에 의해 그늘이 져 있었다. 중앙아시아의 고려인들은 이런 사실을 경험하지 못했다. 그곳에선 외적으로 현지 주민과 매우 비슷했기 때문이다. 러시아 고려인과 카자흐스탄, 우즈베키스탄, 키르기즈스탄 그리고 타지키스탄 등지의 고려인 간에 존재하는 주된 차이점은 내적 불편, 정신감정적 요인의 존재 등인 바, 러시아에서 고려인은 모든 다른 이들과 차이가 난다는 것이다. 그러나 그럼에도 불구하고 러시아의 고려인들은 러시아어 구사 능력이 뛰어나며, 모국어인 러시아어로 시를 쓰고 노래를 부르며 다른 민족과 훌륭하게 소통하고 있다.

그럼에도 불구하고 최근 잃어버린 한국어와 한국 문화의 부활 및 그것으로의 회귀 경향이 보이고 있다. 최근 러시아에서 고려인 청년들의 활동이 상당히 늘어났다. 고려인 청년들은 적극적으로 자신의 문화, 즉 고려인 문화, 이주의 역사 그리고 러시아 땅에서의 생활사에 관심을 보이고 있으며, 자기 정체성과 민족의식의 문제를 해결하기 위해 노력하고 있다.

이런 사실에 대해서는 이 연구의 제3부에서 언급할 것이다.

3부

젊은 세대를 위한 미래

제1장

변화에 대한 시민들의
사회경제적 적응

러시아 중부 지역 러시아 고려인의 역사와 삶 연구 3부는 고려인 청년세대에 관한 것이다. 러시아 고려인 청년들은 1980년대 말에 태어났고 소비에트연방의 해체라는 새로운 환경에서 성장한 세대이다.

러시아어 사용하는 고려인 4세대들은 러시아 사회에 적응하였고 러시아어와 영어를 사용하며 대부분이 자신의 민족정체성은 고려인이지만 러시아연방의 일원이라고 생각한다.

3부에서는 1990년대 말-21세기 초 변화된 러시아 사회에서 고려인 청년세대의 사회경제적 적응 과정에 대해 고찰한다.

소비에트연방 해체 이후 현대 러시아사회의 과도기적 특징은 불안정한 현실 상황에서 민족정체성 모색이라는 특수한 파장을 불러왔다.

러시아에 시장경제가 시작되었고 고려인들은 시장경제라는 가혹한 상황을 극복해야 했다. 이는 인간에 대한 평가 시스템을 급격하게 변화시켰다.

이 시기 러시아에서 이민자의 수가 엄청나게 증가하였다. 이민의 주된 이유는 더 좋은 삶의 조건을 찾기 위한 것, 결혼, 아이와 부모가 있는 곳으로 이주 등 개인적 혹은 가정적인 이유 등이었다. 러시아인들은 여기에 범죄의 증가와 민족 간 분쟁도 이민의 주된 원인 중의 하나라고 지적한다.

모스크바와 러시아 대도시에서 범죄의 증가는 러시아 고려인들의 이민을 불러왔다. 가장 먼저 경제적으로 안정된 고려인들이 자녀 교육에 안정적인 환경을 만들고 그들에게 양질의 교육 환경을 제공하기 위해 이민을 택하였다. 이들이 이민국으로 택한 나라는 캐나다, 미국, 유럽이었다.

2000년대 러시아와 독립국가연합국가들의 러시아고려인들은 직업과 더 나은 삶의 조건을 찾아 한국으로의 이민을 택하였다. 최근 러시아에서 한국으로 이민자의 수는 급격하게 증가하였다.

러시아고려인이 더 빨리 덜 힘들게 적응하는 나라는 유럽인지 아니면 자신들의 역사적 조국인 한국인지의 문제는 고려인의 역사와 정체성 연구에서 중요한 부분의 하나이다.

사회경제적 적응은 사회 집단 내부 및 그 집단들 간에서 발생하고 있는 과정의 수준에서도, 그리고 사회적 계층 구조 내의 자기 위치에 대한 개인적 인식 수준에서도 극단적 불안정으로 특정지어지는 러시아 사회의 사회구조적 변형에 근거하고 있다.[1]

1990년대 사회경제적 적응 과정은 매우 복잡하고 어려웠으며 객관적 그리고 주관적 성격의 걸림돌에 직면했었다. 구세대의 청산, 소유재

---

1) 압라아모바 E.M., 1990년대 러시아사회의 변화에 대한 주민들의 사회경제적 적응. 경제학박사학위논문 요약문(Авраамова Е.М., Социально-экономическая адаптация населения к переменам в российском обществе 90-х годов. Автореферат дис⋯ д.эконом.наук). М., 1998 г.

산의 유형, 재산의 규모, 소득의 원천 등에서 구세대와는 완전히 다른 새로운 세대가 출현했다. 적응과정의 지원에 방향이 맞추어진 효과적인 국가 정책 구상이 장기화되면서 사회 내에서 위기 상황이 초래되었다.

독립국가연합 국가들 내에서의 사회경제적 위기는 이 나라들에서 러시아를 향한 미증유의 이민을 불러왔다. 러시아통계청의 통계자료는 2010년 유럽의 러시아 중부지역에서 공식적으로 거주등록을 한 러시아고려인의 수가 현격하게 증가했음을 명백하게 보여준다. 고려인들은 과거에 3가구에서 최대 10가구가 거주했던 지역인 칼리닌그라드주, 블라디미르주, 랴잔주, 이바노프주, 스몰렌스크주, 벨고로드주, 브랸스크주, 보로네시주, 리페츠크주 등지에서 살기 시작했다. 1989년과 2010년 유럽의 러시아 중부지역에 거주하는 고려인에 대한 통계자료를 비교해 보면 해당 시기 고려인의 수는 2배 이상 증가했다. 고려인의 대다수는 우즈베키스탄, 타지키스탄, 키르기즈스탄 출신이었다. 러시아고려인의 주된 경제활동은 상업, 서비스, 의료, 교육, 농업이다.

러시아 중부 지역, 상트페테르부르크, 레닌그라드주, 칼리닌그라드주의 고려인들

지역	1959	1989	2002	2010
모스크바	1,526	3,693	8,630	9,783
모스크바주	453	1,567	3,232	5,537
상트페테르부르크	–	2,929	3,908	4,031
레닌그라드주	–	577	1,030	1,122
칼리닌그라드주	–	153	651	731
블라디미르주	–	272	432	511
랴잔주	–	174	373	667
이바노프주	–	138	196	323
툴라주	381	267	367	772
야로슬라프주	–	–	–	–
코스트롬주	–	–	–	–

지역	1959	1989	2002	2010
니제고로드주	151	233	743	984
마리 엘	–	–	–	–
키로프주	–	–	–	–
트베리주	–	–	–	–
스몰렌스크주	–	81	240	325
칼루가주	122	240	402	638
오를로프주	–	–	–	–
쿠르스크주	–	–	–	–
벨고로드주	–	116	405	513
브랸스크주	–	52	113	126
보로네시주	–	154	499	672
탐보프주	–	–	–	–
모르도비야	–	–	–	–
추바시야	–	–	–	–
리페츠주	–	174	286	297
노보고로드주	26	186	325	341
타타르공화국	–	392	664	862
총 계	2,659	11,398	22,496	28,235

위 표는 이 지역에 공식적으로 거주등록을 한 고려인의 수치를 보여주나, 실제로는 표에 제시된 것보다 훨씬 많다. 직업에 따른 계절형 이주민, 부동산을 소유하지 않은 채 임시로 거주하는 이주민들은 수치에 포함되지 않았기 때문이다. 후자를 고려하여 고려인의 수를 계산하면 러시아연방에 2010년 150만 이상이 거주하고 있으며 2020년경에는 이보다 훨씬 더 많아질 것이다.

1. 러시아 사회의 도덕·심리적인 상태. 러시아의 외국인 혐오

오랫동안 정권은 러시아에 파시스트 청년운동뿐만 아니라 «백인우월주의(white power)»의 숭배자들인 스킨헤드가 존재한다는 사실을 공개적으로 인정하지 않았다. 정부에서는 이들은 평범한 건달 정도라고 치부했다.

러시아에 스킨헤드가 등장한 시기는 1990년대이다. 1992년 모스크바에는 대략 십 수 명 정도의 스킨헤드가 있었다. 그들은 평화롭게 행동했고 주로 자신을 과시하는데 힘을 썼으며 도시의 중심에서 시위를 하는 정도였다. 이들 초기 스킨헤드들은 청소년들의 맹목적 모방에서 나온 순수한 부산물이었다. 그들은 열정적으로 유럽의 전형들을 모방했다. 그런데 그들은 페레스트로이카 시기 소비에트 대중매체를 통해 서구의 스킨헤드에 대해 알게 되었다. 마침 1989-1991년 영국과 독일의 스킨헤드에 대해 유행처럼 이야기했고 조금 더 지나서는 체코의 스킨헤드에 대해 이야기했다.[2]

1993년 9-10월 러시아에서 발생한 일련의 정치적인 사건들과 백악관에서 발생한 국회의원 총살 사건은 스킨헤드 전파의 기폭제가 되었다. 국회의원 저격 사건만큼이나, 길거리에서 반(反) 캅카스 성격의 경찰테러가 만연했던 모스크바에서의 '특별한 정국'의 시기 역시 스킨헤드의 증가에 영향을 주었다. 체첸 전쟁은 스킨헤드의 수적 증가에 더

---

2) 타라소프 A., 현대 러시아의 나치-스킨. 모스크바 인권센터 보고서(Тарасов А., Наци-скины в современной России. Доклад для Московского бюро по правам человека). 검색일: 2019년 1월 10일. http://scepsis.net/library/id_605.html

강력한 영향을 주었다.[3]

스킨헤드 운동의 개화에 정치적 사건만이 영향을 준 것은 아니다. 경제 위기와 교육시스템의 붕괴라는 두 가지 요인이 청년들 사이에서 스킨헤드의 급속한 증가와 확립의 기초를 제공해 주었다. 러시아에서 '전체주의와의 투쟁'이라는 명목 하에 훈육을 금지한 것이 스킨헤드가 증가하게 된 보다 더 심각한 요인이다. 교육부는 '학교의 탈이데올로기화'라는 기치 아래 교육부 문서에서조차 '훈육'이라는 단어 사용을 금했다. 교육학이 교수법으로 축소되었다.[4]

그 결과는 심리적 대공황이었다. 러시아에서 이루어진 10년 동안의 개혁으로 반사회성[5]과 아노미적 성향[6]을 지닌 신세대가 성장했다. 당연히 이로 인해 어린이와 청소년 범죄, 마약, 매춘, 알코올, 성매매로 인한 전염병이 경악할 수준으로 증가했다. 젊은 신세대는 폭력과 개인주의에 근거한 온갖 단순하고 유치한 이데올로기를 여과 없이 다 받아들였다. 그들은 단순한 형사 범죄와 관련된 이데올로기뿐만 아니라 외국인 혐오, 인종주의, 반유대주의 등 정치·형사적 범죄와 관련된 이데올로기도 받아들였다.

러시아의 스킨헤드는 민족주의의 부산물이 아니라 사회변화의 부산물이다. 이것은 스킨헤드가 중요한 자원이 집중되어 있는 곳, 특히 최근 러시아에서 발생한 사회적 계급 분화가 두드러진 발전된 대도시에

---

3) 앞의 글.
4) 앞의 글.
5) 반사회성은 사람의 행동의 규범과 원칙이 사회와 사회의 도덕성에 상응하지 않는다는 의미이다.
6) 아노미는 가치관이 붕괴되고 목적의식이나 이상이 상실됨에 따라 사회나 개인에게 나타나는 불안정 상태로 한 사회체제가 아노미 상태에 있을 때는 공통의 가치관과 의미가 더 이상 이해되거나 받아들여지지 않으며, 더욱이 새로운 가치관이나 의미도 나타나지 않는 상태에서 대다수 사회구성원들은 무기력, 목적의식의 결여, 감정의 공허함과 절망 등을 경험하게 된다.

서 발생했다는 사실로 알 수 있다.

1994-1998년까지 스킨헤드의 수와 조직은 급격하게 성장했다. 그들 전체의 수는 몇십 배 증가했다. 모스크바와 상트페테르부르크에는 대규모 조직도 등장했는데 1개 조직의 조직원이 백 명에 이른다. 1998년 모스크바에만 약 20개의 조직이 있었다. 그들은 매일 몇십 명의 '외국인'을 제물로 택하였다.

모스크바, 상트페테르부르크와 다른 대도시에서는 히틀러 탄생일인 4월 20일이 되면 동양 출신의 초중고생, 대학생, 시민들에게 외부 출입을 공식적으로 금했다. 바로 이날 스킨헤드는 자신의 '특별한 작전'을 계획했다.

러시아 법률안에 파시즘 단체의 활동과 극단주의에 대처하는 조항이 있음에도 이들을 막을 수는 없었다.

1. 1995년 5월 19일자 연방법 №80-ФЗ «1941-1945년 소비에트인민의 대조국전쟁 승리의 공고화에 대하여»[7]의 제6항에는 "러시아연방은 러시아영토 내에서 파시즘 단체의 조직과 활동 방지를 위해 필요한 모든 방책을 채택할 의무가 있다"라고 명시되어 있다.

2. 1997년 1월 15일자 모스크바 법률안 №1 «모스크바시 내에서 나치의 상징적 표현물의 준비, 보급, 시위에 관한 행정부의 책임»[8]에서는 "공개적인 행위, 보여주거나 착용하는 행위, 인쇄 매체, 사진, 비디오, 영화, 포스터 등에 모방하는 것, 나치로 이해할 수

---

7) 정보-법률 사이트 «가란트»(Информационно-правовой портал «Гарант»). 검색일: 2019년 1월 10일. http://base.garant.ru/1518946/

8) 모스크바 시의회(Московская городская дума). 검색일: 2019년 1월 15일: https://duma.mos.ru/ru/37/news/novosti/moskovskaya-gorodskaya-duma-prinyala-v-tselom-zakon-goroda-moskvyi-o-vnesenii-izmeneniy-v-zakon-goroda-moskvyi-ot-15-yanvarya-1997-goda-1-ob-administrativnoy-otvetstvennosti-za-izgotovlenie-rasprostraneni

있는 다른 모든 행위들은 나치 상징물을 가지고 시위하는 것으로 간주된다"라고 명시하고 있다.

하지만 이 법률안들은 현실적으로 사회에 대해 어떤 강제력도 어떤 효력도 갖지 못했다. 실제로 2001-2002년 몇몇 엄청난 범법 행위가 발생한 이후에야 모든 러시아 신문들이 스킨헤드에 관한 기사를 쓰기 시작했다. 상황은 블라디미르 푸틴이 정권을 잡으면서 비로소 개선되기 시작했다. 2002년 4월 러시아 대통령 블라디미르 푸틴은 법률안 «극단주의적 행동의 대응에 관하여»[9]및 이 법률의 채택과 관련하여 필요한 입법행위 개정안을 하원의 심의에 제출했다.

이에 근거하여 러시아 검찰총장 블라디미르 우스티노프는 파시즘과 극단주의의 출현에 대응하는 법률안 실행 여부에 대한 감시를 강화한다는 지령에 서명했다. 우스티노프는 자신의 부하들에게 즉각 파시즘과 관련하여 발생한 모든 사건에 대해 법적인 해석을 하고, 폭력, 민족주의, 인종주의 이데올로기를 선전하는 단체와 조직의 활동을 금지하기 위해 법으로 허락된 전권을 완전하게 실현할 수 있는 방안을 강구하라고 명령했다. 검찰총장은 이런 범죄행위를 가장 유능한 수사관들이 담당하게 될 것이며, 검찰청 총국의 책임자들, 연방 검찰들, 시, 지역, 군 검찰들이 모두 기소 법정에서 개인적으로 지지하게 될 것이라고 발표했다.[10]

2004년 3월 러시아연방보안부와 내무부 지도부들은 작전회의에서 러시아에 극우주의자들과 파시즘 청년 단체의 존재를 인정했다. 러시아연방 내무부 장관 라시드 누르갈리예는 이렇게 발표했다. "현재 조직적으로 이루어지는 청소년들의 범죄, 청년들 사이에 전파되고 있는 극

---

9) 대통령의 입법 제안 // 러시아고려인(Законодательная инициатива президента // Российские корейцы), №5 (26), 2002년 5월.
10) 앞의 기사.

단주의가 러시아를 위협하고 있다. 러시아에 존재하는 스킨헤드 운동은 그 집단 내에 공동의 지도체계가 없고 조직적이지 못하다. 하지만 스킨헤드의 구성원들은 강한 지도자의 영향을 받고 있으며 그들을 조종하는 것은 쉽다. 이들은 20살이 되려면 아직 었지만, 이들의 대다수는 화려한 범죄 경력을 가지고 있다. 현재 이들의 주도로 아주 극단적인 파시즘 단체들이 등장하고 있다. 그래서 이들과의 전쟁은 가장 폭넓은 시민 계층들의 열성적인 지지 하에 모든 사법기관이 전력을 다해 수행해야만 한다. 현재 반극단주의, 반테러리스트 방책에 있어 불필요한 것이나 과도한 것은 있을 수 없다."[11]

2000년대 초만 해도 공직자 중 그 누구도 러시아에 파시즘 청년 운동뿐만 아니라 《백인우월주의》의 숭배자들인 스킨헤드의 존재 사실을 공개적으로 인정하지 않았다. 야스네바[12]와 차리치나[13]에서 발생한 피습 사건 이후에도 내무부 산하 모스크바 시관리국 국장 블라디미르 프로닌은 이 사건은 '평범한' 축구광들에 의한 것이었다고 강력하게 주장했다. 내무부 산하 상트페테르부르크 시관리국 지휘부는 민족주의적 토양에 기반하여 발생한 대규모 살육 사건 이후에도 항상 건달들의 선동에 의한 사건이었다고 발표했다. 바로 그래서 라시드 누르갈리예프의 발표는 놀라운 것이었다.[14] 내무부 장관은 청소년 층에서의 극단주의적 행동을 상대로 한 투쟁은 내무부와 러시아연방보안국의 가장 시

---

11) 스피린 Ю., 로트케비치 Е., 내무부가 스킨헤드와의 전쟁을 선포했다 // 이즈베스티야(Спирин Ю., Роткевич Е., МВД объявляет войну скинхедам // Известия,), 2004년 3월 3일.

12) 벨리코프 С.В., 《야스네보》 지하철역 옆의 시장에서 피습(Беликов С.В., Погром рынка у станции метро «Ясенево») // https://public.wikireading.ru/120079

13) 벨리코프 С.В., 《차리치노》 시장에서 피습(Беликов С.В., Погром рынка в Царицыно) // https://public.wikireading.ru/120080

14) 스피린 Ю., 로트케비치 Е.(Спирин Ю., Роткевич Е.), 앞의 기사.

급한 과제 중의 하나라고 발표했다.

2002년 7월 25일자 연방법 №114-ФЗ «극단주의적 행위에 대응하여»가 7월부터 효력을 가지게 되었지만 시간을 놓치면서 나라 전체에 질서를 잡는 데는 다시 몇 년의 시간이 필요하게 되었다. 러시아인이 아닌 다른 모든 시민들과 고려인들도 스킨헤드의 피습을 받는 처지에 놓이게 되었다.

권력기관이나 대중매체 그 누구도 1990년대 스킨헤드의 피습을 받은 희생자들에 대한 통계를 작성한 적이 없었다. 상기 양자 모두 극단주의적, 민족주의적 청년들의 존재를 인정하려하지 않았기 때문이다. 2000년대 초부터 비로소 대중매체를 통해 스킨헤드에 의한 피해와 관련된 진실이 러시아 시민들에게 알려지기 시작했다.

2. «스킨헤드» 희생자들

여기서는 2001-2006년에 발생한 사건을 연대순으로 제시되어 있다. 이것이 스킨헤드 희생자들 전체에 대한 기록은 아니다. 아직까지 2000년 이전 비이성적인 건달들로부터 피해를 입은 희생자들의 이름은 알려지지 않고 있으며 공포에 휩싸여 희생자들의 이름을 경찰에 알리지 않은 경우도 허다하다.

2001년 9월 11일. 힘키(Химки)에서 귀가 중이던 세계적 명성을 지닌 학자 발렌틴 채[15]가 스킨헤드들의 피습을 받았다. 겨우 살아났지만

---

15) 모헬리 P., 러시아의 파시스트들은 잡히지 않았을 뿐만 아니라 감옥에서도 나왔다 // 모스크바 콤소몰레츠(Мохель Р. Фашистов в России не только не ловят–их всячески отмазывают от тюрьмы // Московский комсомолец). 2003년 10월 23일; 러시아고려인(Российские корейцы).

더 이상 정상적인 학문 연구는 불가능했고 1급 장애인 판정을 받았다. 2003년 12월 힘키 재판소는 괴한 중 한 명에게 조건부 1년을 선고했다.

◎ 채 발렌틴 니콜라예비치(Тхай Валентин Николаевич)

1954년 우즈베키스탄에서 출생했으며 물리 수학박사이고 교수이며 이론과 응용역학 분야의 전문가이다. 1995년 «양자역학시스템의 질적 연구»라는 학위논문으로 박사학위를 받았다. 1997년부터 2000년까지 모스크바에너지공과대학 자동화컴퓨터공학부 수학모델학과 교수로 근무했다. 현재 러시아 과학아카데미 산하 트라페즈니코프(B.A. Трапезников) 경영문제연구소 수석연구원으로 근무 중이다. 2001년부터 이론과 응용역학국가위원회 위원을 역임하고 있다. 다수의 학술논문을 발표했다.

2001년 12월. 스킨헤드들이 유고자파드 관구에서 기계학 박사 겐나디 예피모치킨을 도끼로 피습했고 그의 가족들을 모두 죽였다.

2002년 1월. 러시아과학아카데미 산하 심리학연구소 소장인 안드레이 브루실린스키를 살해했다.

2002년 2월. 러시아국립의과대학 미생물학 부학장 발레리 코르슈노프를 살해했다.

2002년 4월. 레닌그라드 대로에서 로마노소프 모스크바국립대학

№ 10(31), 2002년 10월; № 11(32), 2002년 11월; № 12 (33), 2002년 11월; №1 (35), 2003년 1월; № 2 (35), 2003년 2월; № 3 (36), 2003년 3월; № 4 (37), № 5 (38), 2003년 5월; №5 (39), 2003년 6월; №6; № 4 (49), 2004년 4월.

명예교수인 83세 마히일 박[16]이 청소년들에게 습격을 당했다. 이후 괴한들은 사라졌다.

◎ 박 미하일 니콜라예비치
(Пак Михаил Николаевич, 1918-2009)

 로마노소프 모스크바국립대학 아시아아프리카대학 교수이자 컨설턴트, 모스크바국립대학 국제지역학센터 소장이다.

1918년 6월 21일 연해주 얀치혜 마을에서 태어났다. 1941년 모스크바국립역사철학문학대학 역사학부를 졸업했다. 역사학박자이자 교수이다. 중고등학교에서 역사를 가르쳤으며 이후에는 랴잔교육대학에 근무했고 1949년부터 모스크바국립대학에 근무했다. 주요 연구 분야는 한국의 사회경제와 정치발전, 그리고 동방역사학의 제(諸)문제에 관한 것이다. 1994년 러시아자연과학아카데미 회원, 러시아자연과학 유라시아연구부 아카데미 서기, 모스크바국립대학 명예교수를 지냈다. 모스크바 소비에트고려인협회를 창설했다. 전(全)연방고려인협회 초대 회장, 한국학국제협회 부회장을 역임했다. 모스크바국립대에서 로마노프상을 수상했다. 대한민국 국민훈장 '동백상'을 수상했고, 2009년 러시아자연과학아카데미 칼피츠 메달과 우정상을 수상했다.

2002년 4월 1일. 모스크바 근교 힘키에서 스킨헤드들은 두 명의 중앙아시아 출신을 야구방망이로 죽기 직전까지 폭행했다.

---

16) 신 Д., 무법 // 아리랑(Шин Д., Беспредел // Ариран), № 4(10), 2002년 4월.

2002년 4월 7일. 모스크바 붉은 광장과 스타리 아르바트 거리에서 미국인들이 스킨헤드의 습격을 받았다.

2002년 4월 8-11일. 미국, 일본, 필리핀의 외교대표부는 히틀러 탄생일 전에 "눈에 띠는 모든 외국인은 죽이겠다"는 협박성 인터넷 메일을 받았다.

2002년 4월 14일. 쿠르스크에서 스킨헤드들이 스리랑카 출신의 대학생을 죽였다.

2002년 4월 15일. 크라스노다르에서 스킨헤드들이 아르메니아인 무덤을 파헤쳤다.

2002년 4월 19-22일. 러시아 전역에서 스키헤드의 가능한 공격과 관련하여 작전 《회오리바람-반극단주의자》가 수행되었다. 모스크바의 시장은 문을 닫았다. 외국인 학생들에 대한 휴교령이 내려졌다.

2002년 4월 20일. 울리야노프에서 스킨헤드들이 유대인 소년을 습격했고 울리야노프 유대인공동체 《솔롬》의 건물은 반유대인 슬로건으로 가득했다. 소년은 뇌진탕으로 입원했다.

2002년 4월 21일. 수르구트에서 스킨헤드들이 타지키스탄 출신의 남자를 죽기 직전까지 폭행했고 비디오테이프에 살인 현장을 기록했다.

2002년 4월 26일. 모스크바 검찰은 모스크바 근교의 열차에서 10여 명을 죽인 스킨헤드의 사건에 대한 재판을 진행했다. 2002년 1월 살인자들은 실형을 선고받지 않았다. 이들 중 8명은 14-18살의 청소년이었다.

2003년 8월 17일. 대낮에 스킨헤드들이 루뱐카 지하철역에 접근한 뒤 곧장 객차 안으로 뛰어들어 모스크바건축아카데미에 재학 중이던 고려인 올레그 채를 가혹하게 구타했다.[17]

---

17) 재판정 의자에 앉아 있는 스킨헤드들(На скамье подсудимых – скинхеды) // Вести.Ru; 채 올레그. 나는 누구를 상대로 하든 일대일로 싸울 준비가

2003년 11월 15일. 모스크바-프랴제보 간 열차에서 우즈베키스탄 출신 고려인 야로슬라프 강을 잔인하게 죽였다. 그는 동양 무술에 숙달했지만 깨진 병 조각으로 무장한 8명의 극단주의자를 막아내기에는 한계가 있었다. 7명이 유죄 판결을 받았다.[18]

2003년 11월. 모스크바 중심부에 있는 지하철 역 치스티예 프루디에서 정확하게 2보(步) 떨어진 곳에서 뛰어난 영화감독인 고려인 블라디미르 강이 목에 자상을 입었다.[19] 스클리포소프 외과대학의 외과의사들은 그를 살리기 위해 3일 동안 분투했다. 사건일지를 작성한 경찰 관계자들은 괴한을 찾는 것이 사실상 불가능하다고 밝혔다.

2004년 3월 1일. 모스크바 유그 관구(남부 관구)에서 14-16살의 괴한 3명이 러시아고려인 김 스타니슬라프[20]를 잔혹하게 죽였다.

모스크바인권센터는 매년 러시아의 인종주의, 외국인 혐오, 반유대주의, 인종차별주의에 대한 보고서를 작성하는데 이에 따르면 민족적 증오감에 기초한 살인의 수치가 급격하게 증가했다.

2004년 상반기에는 7건, 2005년 상반기에는 10건, 2006년 상반기에는 18건의 살인 사건이 발생했다. 2004년 상반기에는 100명가량이, 2005년 상반기에는 200명가량이 살해되었다. 모스크바인권센터의 자료가 증명하듯이 민족주의자들의 범죄 행위는 점점 증가하고 있고 도

되어 있다 // 러시아고려인(Тхай Олег. Один на один я готов драться с любым // Российские корейцы). № 10 (43), 2003년 10월.

18) 그는 남자답게 행동했다. 스킨헤드에 의한 또 한 명의 희생자 // 러시아고려인들 (Он вел себя по-мужски. Еще одна жертва скинхедов // Российские корейцы). № 12(45), 2003 12월.

19) 정보 연표 «러시아고려인»(Информационная хроника«Российские корейцы»), № 3 (48), 2004년 3월.

20) 김 게오르기. 우리의 아이들의 생명이 우려된다 // 러시아고려인(Ким Георгий. Страшно за наших детей // 러시아고려인(Российские корейцы). № 4 (49), 2004년 4월.

발적-과시적 성격을 띠면서 사람들이 운집하는 거리, 지하철, 열차 등에서 범죄가 자행되고 있다. 무엇보다 모스크바에서 범죄율이 가장 높은데 5건의 살인이 있었고 50명이 폭행을 당했다. 또한 상트페테르부르크, 볼지스크, 볼고그라드, 보로네시주 등의 상황도 유사하다.[21]

극우급진주의운동에 대한 사법기관과 경찰의 매서운 타격 이후 최근 거리 폭력은 현저하게 감소하였다.

1990년대 출생한 러시아의 신세대들은 민족차별주의에 기초한 문화적 민족주의와 외국인 혐오 및 그와 관련된 제반 사건이나 현상에 익숙하지 않다. 이것은 국가권력의 강화, 국민들의 경제, 문화적 복지 수준의 향상과 관련이 깊다. 현재 민족 간 관계에서 문화적 수준이 향상하고 있고 러시아인들의 도덕적, 심리적 안정감이 눈에 띠게 고양되고 있다.

---

21) 러시아의 외국인 혐오: 스킨헤드와 그 희생자들(Ксенофобия в России: скинхеды и их жертв). 2006년 9월 13일. 인터넷 자료. 검색일:2019년 1월 12일: https://www.newsru.com/background/21aug2006/skiny.html

제2장
러시아 사회에서 고려인 청년

1990년대 소비에트연방 해체 이후에 출생한 러시아고려인 세대들은 전혀 다른 환경에서 성장하고 교육을 받았다. 이 세대는 자유롭게 성장했다. 그들도 당연히 지역적 차이를 가지고 태어났지만 공통점은 교육을 받았고 경제와 사회생활에서 보다 실용성을 추구한다는 것이다. 현재 사고의 무게중심은 점점 합리적인 방향으로 옮겨가고 있다. 신세대는 한국에 관심이 있으며 자신의 역사적 조국에 대해 공부한다. 또 자신들이 러시아와 두 개의 한국 사이의 매개 역할을 하면서 관계를 발전시켜야 한다는 사실을 알고 있다.

본고는 고려인 청년 세대를 1990년대 세대와 2000년대 세대로 나눌 수 있다는 사실을 보여준다.

1990년대 세대는 외국인 혐오, 인종과 민족 차별주의에 근거한 청소년 계층의 갈등이라는 환경 속에서 성장했다. 그들의 부모는 시장경제의 조건에서 경제활동을 해야 했고 당연히 자녀 교육에 신경을 쓸 시간이 없었다. 좀 더 성공한 고려인들은 러시아에서 이민을 떠났고 많은 이들이 자신의 자녀들을 이런 위험으로부터 보호하기 위해 외국으로 유학을 보냈다.

최근 10년 동안 러시아사회는 많이 안정되었다. 고려인 청년들의 세계관도 변했다. 그들은 러시아사회에 완벽하게 통합되었다. 그들의 대다수는 러시아 고등교육기관에 입학을 했고 실제로 모두 영어를 할 수 있으며 삶의 모든 분야에서 성공적으로 활동하고 있다.

현대 고려인 청년들에게는 에너지, 학문에 대한 엄청난 욕구, 새로운 분야의 지식 습득에 대한 열망이 넘치고 있다. 실제로 모두 컴퓨터 및 그와 관련된 기기를 다룰 수 있으며 외국어를 구사하지 못하면 전망 있는 직업이나 여행을 생각할 수도 없는 만큼, 외국어도 배우고 있다.

빠르게 발전하는 사회는 젊은이들로 하여금, 활동적이고, 명민하도록 요구하고 있으며, 단 1분의 시간도 소중하게 여기도록 만들고 있다. 많은 청년들은 학비를 위해 일을 하고 극장과 전시회를 찾아 다니고, 자유시간을 즐길 수 있는 시간을 찾고 있다. 고려인 청년들은 자본주의에서는 강한 자만이 살아남을 수 있고 이때 지식이 큰 힘이 된다는 것을 아주 훌륭하게 이해하고 있다.

지금 세대의 청년들을 지난 세대와 비교할 때 더 현명하고 더 깊이 있고 더 많은 지식을 가지고 있다고 감히 확신할 수 있다. 이 세대는 지적 순발력을 가지고 태어났으며, 꿈을 꾸는 것이 아니라, 정치가, 학자, 톱 매니저, 음악가 등 자신이 어떤 사람이 되고 싶은지 정확하게 알고 있다. 이 청년들은 이전 러시아고려인 세대들을 옥죄었던 이데올로기의 구속으로부터 자유롭기 때문에 사회정치에 대한 공포심을 가지고 있지 않다. 이들에게는 하나의 원칙이 있다: 고민하여 결정하라-실행에 옮겨라-결과를 획득하라!

하지만 «돈-돈을 위하여»라는 원칙에 따라 살아가는 사람들도 있다. 직장생활로 바쁜 부모들은 자녀 교육에 필요한 만큼의 주의를 기울이지 못한다. 아이들이 부모의 사랑을 갈구하면 돈으로 해결한다. 점점 아이들은 부모와 멀어진다고 느끼고 그들 사이의 주된 연결 고리는 돈이 되어 버린다. 그런 상황에서 아이들은 자신의 행동에 대한 관용과 면책, 그리고 돈으로 모든 것을 사고 팔 수 있다는 확고한 신념을 갖게 된다. 이런 경우 각각의 개별적인 가족에 내재된 특성, 민족적 전통과 원칙을 한 세대에서 다음 세대로 전달하는 삶의 의미가 상실되어 버린다.

1. 세대의 계승성

자기 종의 대표자인 인간은 자신의 뿌리와 연결되어 있는 상태라는 전제 하에서, 발생한 모든 사건의 매우 소중한 증인이자 참가자이다. 자신의 뿌리와 단절되고 자신이 구세대와 이후 세대를 이어주는 중간 세대라는 점을 인정하지 않는다면 후손에게 어떤 유산도 물려주지 못할 것이고 이는 사회의 붕괴로 이어질 것이다. 영원한 가치, 삶의 경험, 역사의 교훈을 보존하기 위해 세대의 계승이라는 원칙이 존재한다.

달리 말하면 세대의 계승성이란 지식, 가치, 세계관, 전통을 전달하는 과정이다. 이것은 앞선 세대가 이룩한 문화, 발전, 지식의 수준을 다음 세대에게 전달하는 것이다. 이러한 계승성 덕분에 선조가 시작된 그 순간부터 이미 축적된 지혜, 지식, 전통, 경험에 새로운 내용을 덧붙이면서 사회의 발전이 계속될 수 있는 것이다. 이미 이룩한 모든 것을 잃지 않고 사회가 지속적으로 발전하기 위해 계승성은 필수적이다.

역사적 실체로서 전통문화의 많은 부분이 사라졌음에도 러시아고려인들의 많은 가정에는 여전히 세대 계승성이 보존되고 있다. 정치가, 의사, 교사, 학자, 군인, 화가, 아티스트들 가운데서 명문 가족을 만날 수 있다.

1) 아버지와 아들-두 명의 러시아연방 국회 대의원

◎ 정 유리 미하일로비치(Тен Юрий Михайлович, 1951-2003)

1951년 9월 27일 출생했으며, 2003년 7월 21일 사망했다.

1993년부터 2003년까지 국회의원, 사업가, 주식회사 '트루드(Труд)'의 회장을 역임했다.

2003년 돌연히 사망한 정 유리의 아들 세르게이 정은 공직에 근무하고 있다.

◎ 정 세르게이 유리예비치(Тен Сергей Юрьевич)[1]

1976년 8월 25일 이르쿠츠크에서 태어났다.

95개 위임 선거구에 관한 제7차 협의의에서 러시아연방 국가두마 대의원으로 선출되었으며 러시아연방 교통건설 국가위원회 위원이다.

세르게이·정은 이르쿠츠크에서 №47 학교를 졸업한 뒤 모스크바 법학아카데미에 입학했다. 대학 시절 그는 수차례 치타-하바롭스크 간 도로 건설에 참가한 학생건설부대의 간부로 활동했다.

---

1) 세르게이 정. 약력(Сергей Тен. Биография). 검색일: 2018년 1월 10일. http://sergeyten.ru/biography/

1999년. 세르게이 정은 법학 석사학위를 받았다.

2003년. 전국 단위의 정당 '예딘나야 로시야'에 입당했다.

2005년. 러시아연방 정부 산하 인민경제아카데미에서 '인사 관리' 전공으로 석사학위를 성공적으로 취득.

2006-2009년. 정당 '예딘나야 로시야'의 전(全)러시아청년사회정당 '몰로다야 그바르디야' 본부장 역임.

1994년에 주식회사 '트루드'의 인턴 변호사로 직장생활을 시작했다. 1997년까지 이 직책으로 근무했다.

1999년부터 주식회사 '트루드'의 부회장으로 근무했고 2003년부터 2011년까지 회장을 역임했다.

2010년 12월-2011년 12월. 이르쿠츠크주 입법회의 대의원을 역임했다.

2011년 9월-2016년 9월. 제6차 러시아연방 연방회의 국회 대의원, 교통위원회 부위원장을 역임했다.

2012년 1월부터 국영기업 '러시아고속도로'(ГК Автодор) 감사회의 의원.

2011년 9월 23일부터 2016년 2월. 당 총회 위원. 2010년부터 2012년까지 시베리아연방관구 정치 클럽 조정위원.

2012년 1월 27일-2012년 11월 23일. 정당 '예딘나야 로시야' 이르쿠츠크 지부 정치회의 서기를 지냈다.

2012년부터 지금까지 세르게이 정은 유라시아경제협의회 의회 간 경제정치 총회 상임위원이다.

2012년 3월부터 세르게이 정은 전국구 정당 '민관협력 발전 센터' 감시국 감시회의 의원직을 맡고 있다.

2012년부터 2015년까지 시베리아연방관구 국제우주정거장을 총괄했다.

2013년 10월 18일 세르게이 정은 전(全)러시아 사회단체 '소유즈

마시 로시이' 중앙협의회 사무국에 근무했다.

2014년 5월부터 9월까지 세르게이 정은 지역발전국 위원으로 근무했다.

2014년 6월부터 세르게이 정은 2013-2018년 러시아 교통국 활동계획 실현에 관한 대중의 의견 수렴 및 전문가 지원 평가를 위한 참고단의 단원으로 활동했다.

2015년 1월 세르게이 정은 정당 '예딘나야 로시야'의 프로젝트 '상트페테르부르크-러시아 해양 수도', '운송-대중교통의 잠재력'을 총괄 지휘했다.

2015년 2월-2016년 12월. 이르쿠츠크주, 부랴티야공화국, 자바이칼지역 국제우주정거장을 총괄 지휘했다.

2016년 9월. 제6차 러시아연방 연방회의 국가두마 대의원으로 재선되었다.

2017년 4월부터 정당 '예딘나야 로시야'가 계획한 연방 차원의 프로젝트 이르쿠츠크주의 '안전 도로'를 총괄 지휘했다.

2017년 6월부터 러시아연방 국회 분파 간 노동자 그룹 '바이칼' 위원장이다.

2017년 9월부터 협의회 '운송의 디지털 시대' 의장이다.

세르게이 정은 유리 정 자선 펀드 이사회 멤버, 바이칼 지역사회 의원이다. 자선 및 자선 펀드 덕분에 국제 펀드 '메체나티 스톨레티야'로부터 '민족의 명예(슬라바 나치)' 훈장을 받았다. 2018년 2월 27일 이르쿠츠크 의회는 세르게이 정에게 '자선과 봉사' 메달을 수여했다. 기혼이며 두 명의 아들과 한 명의 딸이 있다.

2) 가족 비즈니스

◎ 김(바칼리추크) 타티야나(Ким (Бакальчук) Татьяна)

러시아의 두 번째 여성 억만장자.[2] 인터넷 쇼핑몰 '와일드베리스' 회장

러시아 온라인 사이트 와일드베리스는 2004년 블라디슬라프와 타티야나 바칼리추크 부부에 의해 만들어졌다. 의류, 신발, 액세서리, 화장용품, 장난감, 가정용품, 책, 가전제품 등을 판매한다. 회사 사이트에서는 1만 500개 이상의 브랜드와 150만개 이상의 상품이 판매되고 있다. 사이트의 1일 방문객은 2백만 명 이상이다. 1일 평균 주문량은 12만-15만 개 이상이다. 회사가 보유한 물류 창고는 1천 개 이상이다. 와일드베리스는 벨라루스, 카자흐스탄, 키르기즈스탄에서도 활동한다. 본사는 모스크바주 밀리코보 마을에 있다. 주식회사 '와일드베리스'의

---

2) Forbes는 러시아에 두 번째 여성 억만장자가 출현했다고 발표했다. 검색일:23.02.2019: https://www.vedomosti.ru/business/news/2019/02/21/794744-zhenschini-milliardera?utm_medium=Social&utm_campaign=echobox&utm_source=Facebook&fbclid=IwAR2lI72czDcMDxKTfS66HL764Sn5AmY13P7Xlg93GWjrIY_XTR5vjAEqyrA#_

대표이사는 타티야나 바칼리추크다. '카르토테카.루(Картотека.ру)'가 발표한 자료에 의하면 그녀가 회사의 지분 100%를 보유하고 있다. 와일드베리스 본부에는 1만 5천 명의 직원이 근무하고 있고 주차장에는 150대의 자동차가 주차되어 있다. 2017년 영업 이익은 691억 루블로 2016년 대비 35% 증가했다. 2016년 순이익은 318억 루블이다.

인터넷 쇼핑몰의 회장은 1975년 10월 16일 포드모스코비예에서 출생했으며 모스크바 근교 가조프로보드 마을에서 중등학교를 졸업했다. 1981-1992년 모스크바주립사회인문대학을 다녔고 영어 교사 자격증을 취득했다. 영어 교사로 근무했으며 3명의 아이가 있다.[3]

◎ 바칼리추크 블라디슬라프 세르게예비치 (Бакальчук Владислав Сергеевич)[4]

1977년 2월 24일 모스크바주 류베르차흐에서 태어났다. 1994-1997년 모스크바에너지공과대학을 다녔으며 전공은 '전파물리학'이다. 졸업 후 컴퓨터 기기 판매와 인터넷 서비스 사업에 종사했다. 2004년부터 부인 타티야나 바칼리추크와 함께 인터넷 사이트를 운영했으며 인터넷 쇼핑몰 와일드베리스를 공동으로 창업했다. '카르토테카.루'가 발표한 자료에 의하면 블라디슬라프 바칼리추크는 '와일드베리스'와 공동으로 창업한 회사 '아톨'의 회장이다. '아톨'사는 인터넷 도매업, 보관, 택배 및 운송업에 종사한다. '카르토테카.루'가 발표한 자료에 의하

---

3) 타티야나 바칼리추크: 러시아의 독창적인 인터넷 사업가(Татьяна Бакальчук: уникальный интернет-предприниматель России)//검색일:2019년 1월 12일: https://mainfin.ru/persona/tatana-bakalcuk

4) 중국에서 생산되었고 탈세를 통해 반입된 물품 판매에는 관심이 없다(Не интересно продавать то, что произведено в Китае и завозится без налогов)//코메르산트(Коммерсантъ). № 54. 2018년 2월 20일. 10쪽.

면 그는 모스크바와 모스크바주에 서비스를 제공하는 인터넷 서비스업체인 iFlat-주식회사 '유니온텔'의 지분 49%를 가지고 있다.

포브스(Forbes)에 따르면, 회사의 가치는 6억 달러로 평가하고 있으며, 타티야나 바칼리추크 본인 역시 인정 받고 있어서, 약 12억 달러의 자산가로 평가받고 있다.

■ 타티야나 바칼리추크 김의 인터뷰 발췌문

2004년 딸이 태어났다. 딸이 1개월 정도 되었을 무렵 나는 전에 일하던 직장으로 복귀하여 다시 일을 하고 싶었다. 나는 외국어 교사였다. 그런데 돌아갈 수가 없었다. 아이 때문에 시간표를 짤 수가 없었기 때문이다. 나는 내가 할 수 있고 하고 싶은 일에 대한 열망이 무척 강했다. 그런데 아이와 함께 외출을 하거나 마트에 가는 일은 정말 너무나 힘들었다. 이때 우리는 아직 육아에 종사하는 엄마들을 대상으로 한 비즈니스에 대해서는 생각하지 못했다.[5]

이렇게 하여 2004년 봄 영어교사 타티야나 바칼리추크와 그녀의 남편인 전파물리학자 블라디슬라프 바칼리추크는 자신의 직장이 자신들에게 육아에 필요한 만큼의 재정을 보장해주지 못한다는 사실을 깨달았다. 그들은 인터넷 의류쇼핑몰을 창업하기로 결정했다. 그들은 독일업체 오토그룹(Otto Group)의 카탈로그 오토(Otto)와 퀠레(Quelle)에 있는 상품 예약과 재판매를 시작했다. 그 후 몇 년 뒤 독일 업체 오토그룹은 직접 러시아시장에 뛰어들기를 원했지만 결과는 좋지 못했

---

5) 타티야나 바칼리추크: 그냥 시작하고 그리고 하면 된다(Татьяна Бакальчук(WILDBERRIES): «Надо просто брать и делать»). 검색일: 10.-2.2019: https://retail-life.ru/tatjana-bakalchuk-wildberries-nado-prosto-brat-i-delat/?fbclid=IwAR2rgMEo0Fxrf44J7EhcOa4XEvA-Q0KQh5DTIVwyVz56HYQrHyFd7mVR0jo

다. 러시아에서는 아직 인터넷 쇼핑 문화가 대중화되지 않았고 택배 시스템은 서구보다 훨씬 뒤떨어져있었기 때문이다. 처음에 바칼리추크는 직접 독일 업체 오토그룹에 의류를 예약했으며 대중교통을 이용해 자신의 아파트로 가져왔는데, 이때부터 그녀의 집이 창고가 되었다.

쇼핑몰의 상호를 와일드베리스라고 지었다. 바칼리추크는 평범한 무채색의 옷보다는 밝은 색상의 옷을 선호했다. 2004년 가을 뱌체슬라프 바칼리추크와 함께 체육관에서 일하던 게르게이 아누프리예프가 부부를 도와 함께 일하게 되었다. 셋은 와일드베리스를 함께 경영하기 시작했지만 현재 회사의 지분 100%를 타티야나 바칼리추크가 보유하고 있다.

초창기에는 얼마를 버느냐가 아니라 가족을 부양하는 것과 일하고 또 일하는 것이 중요했다. 남편과 아버지는 타티야나가 비즈니스에 첫발을 내디딜 때 가장 훌륭한 조력자들이었다. 해마다 사업은 성장했고 전 러시아로 규모가 확대되었다. 현재 회사의 직원은 러시아 전역에 15,000명이 있으며 그들 중 200-300명은 프로그래머이다.[6] 타티야나 바칼리추크는 러시아에는 자신들의 회사와 비슷한 회사가 없어서 서구 회사를 모델로 삼았다고 말했다. 와일드베리스는 서비스와 회사 직원들의 복지에 주력했다. 회사 직원들은 자신의 일처럼 회사 일을 했고 밤 11-12시까지 쉬지 않고 일했다. 회사가 안정화되는 동안 직원들에게는 휴가와 휴일조차 없었다. 회장 바칼리추크는 직원들에게 가장 중요시하는 덕목은 어린 시절부터 배워야 하는 솔직함, 명예, 존중이라고 강조한다.

타티야나의 기본적인 전략은 고객들이 온라인으로 주문한 옷들을

---

6) 앞의 기사.

무료로 입어볼 수 있게 하는 것이다. 타티야나는 대다수가 여성인 자기 고객들의 심리적 특성을 아주 정확하게 꿰뚫고 있다. 구매자의 집까지 배송하는 것이 불편했는데, 대부분의 경우 남성인 택배기사들을 집에 들어오게 한 뒤, 구매자가 옷을 입어보는 동안 기사가 다른 방에서 기다리게 해야 했기 때문이다. 특히 예약한 옷을 사무실에서 입어봐야 할 경우 그 불편함은 배가된다. 이 부분에 대해 고민하던 중 직접 상품을 가지고 갈 수 있는, 도매상점과 유사한 물류창고에 대한 아이디어가 탄생하게 되었다. 물류창고에는 옷을 입어보고 신발을 신어볼 수 있는 아주 넓은 사무실이 별도로 마련되어 있다. 이곳에서 잠재적 고객들은 여유롭게 의복과 신발을 살펴보고 신어볼 수 있으며 편안하게 구매 결정을 할 수 있다. 이런 비즈니스 모델은 아주 효율적임이 드러났다. 요즘 약 40%의 고객이 물류창고에서 직접 상품을 고르는 것을 선호한다.

현재 와일드베리스 사이트에는 1만 500개 이상의 브랜드가 거래되고 있는데 이 중 3,600개의 브랜드는 2017년 제작되었다. 또 사이트에는 1만 5천 개 이상의 상품을 판매하고 있고 1일 방문객은 약 2백만 명이다. 고객들은 매일 대략 12만-15만 개의 상품을 예약하며 성수기에는 예약 상품이 30만 개에 달한다. 1일 상품 교환율은 5%정도이다. 2016년 상품거래액은 510억 루블, 2017년에는 691억이었는데 이는 전체 시장에서 35%, 러시아 시장에서 40% 성장한 수치이다.[7]

---

7) 중국에서 생산되었고 탈세를 통해 반입된 물품 판매에는 관심이 없다(Не интересно продавать то, что произведено в Китае и завозится без налогов)//코메르산트(Коммерсантъ). № 54. 2018년 2월 20일. 10쪽.

◎ 김 뱌체슬라프(Ким Вячеслав)의 가족

TM «Chantemely»사는 2009년 설립되었으며 섬유산업 시장에서 성공적인 발전을 이룩했다. 회사의 수석 디자이너 김 빅토리야와의 인터뷰를 통해 5인의 작은 회사에서 출발하여 러시아의 대표적인 여성용 란제리 회사로 성장하기 까지 고난의 길을 걸어왔음을 알 수 있었다. 이 가족의 지난 이야기는 무척 흥미롭다. 회사의 사원들은 아들 아르세니, 회장 김 뱌체슬라프 아내의 가까운 친척들, 수석 디자이너 빅토리야 등 가족으로 구성되어 있기 때문이다.

TM≪Chantemely≫사(社)의 회장

1990년대 경제 위기 당시 그들은 우즈베키스탄에서 극동 우수리스크로 이주했다. 1990년대 극동에서의 삶은 힘들었다. 빅토리야는 볶은 해바라기씨를 팔아야 했다. 그 후 그들은 중국에서 물건을 사와 모피 외투를 팔았다. 러시아 시장에서 자신의 위치를 찾으려는 열망은 여성용 란제리 생산으로 이어졌다. 현재 그들의 회사는 러시아에서 주도적 위치에 있으며 자신만의 브랜드를 가지고 있다. 모든 상품은 중국의 공장에서 생산된다. TM «Chantemely»사는 러시아의 18개 도시, 카자흐스탄, 벨라루스에 20개의 대리점을 두고 있다.

김 뱌체슬라프와 빅토리야는 한국 시장에 진출하려는 열망을 아주 강하게 가지고 있다. 그들은 수차례 한국을 방문했고 상호협력을 제안했지만 파트너사를 찾지 못했다. 게다가 그들에게는 아직까지도 한국 사업가들과의 교류에서 받은 아픈 상처가 남아있다. 빅토리야는 인터뷰에서 중국 파트너들과 일하는 것이 더 편하고 재미있다는 사실을 솔직하게 인정했다. 중국인들은 그들이 중국어를 하지 못함에도 러시아 고려인을 대하듯 친절하게 대한다. 중국인들은 파트너에게 솔직하고 타협을 할 줄 알고 적당한 파트너들을 찾아낸다.

빅토리야는 한국인들과는 대화는 아주 힘들다고 했다. 한국어를 할

줄 모르는 러시아고려인에 대한 한국인들의 심각한 불신은 한국의 동포들이 적의와 거만한 태도를 취하도록 만든다. 여러 차례 한국인과의 협력을 시도했지만 모두 성공하지 못했다.

빅토리야와 뱌체슬라프는 자신의 국적에 대해 우월감을 가지고 있다. 중국에서는 신뢰를 불러일으키는 동양적 감성을 지닌 러시아인이라며 그들을 존중한다. 그리고 러시아에서는 러시아어를 모국어처럼 구사하기 때문에 자연스럽고 개방적인 러시아인이라며 존중한다. 따라서 그들과는 상호협력에 관한 장기계약을 손쉽게 체결할 수 있다.[8]

TM «Chantemely»사는 러시아 시장에 회사가 출현한 순간부터 판매량에 대한 보고서를 솔직하게 제출했다. 10년 동안 회사의 판매량은 25배 증가했다.

한 분야에서, 한 회사에서, 한 비즈니스에서 가족들이 함께 일하는 것은 사업이나 가족관계에 유해한 것이 아니라 오히려 가족 관계를 원만하고 공고하게 만들어준다.

	2009	2011	2014	2015	2016	2017	2018
총판매액 루블	2,765 850	3,984 921	49,089 623	56,896 835	79,648 575	83,121 549	70,651 614
파트너 수	5	7	8	9	12	16	15
물류창고면적, km²	150	240	270	270	480	720	960

8) 송잔나와 TM «Chantemely»사 회장 김 뱌체슬라프와 수석 디자이너 빅토리야의 인터뷰. 인터뷰 진행 날짜: 2018년 7월 18일.

◎ 의사 이진(Ли Дин)의 가족

상트페테르부르크에서 동방의학병원 '암
리타'는 엄청난 인기를 누리고 있다.[9] 골
(骨)신경학 전문가이자 한의대체의학박사인
이진은 병원의 주치의이다. 한의학자 이진의
명성은 상트페테르부르크뿐만 아니라 다른
지역에까지 널리 퍼져있다.

의사 이진은 이미 청소년기부터 의사가
되려고 결심했다. 의학자로서 그의 길은 레
닌그라드 제8의과대학에서부터 시작되었다. 1973년 의사조수 자격증
을 취득한 후, 계속해서 자신의 길을 걸어 훌륭한 의사가 되어야 한다는
것을 깨달았다. 의사 이진은 전 생애에 걸쳐 배움과 지식 획득을 멈추지
않았던 위대한 인물이다. 그는 파블로프 상트페테르부르크 제1의과대
학, 의학아카데미, 크라니오사크랄 내과학과, 러시아의 압레제르 대학,
한국의 경희대학을 두루 거쳤다.

그의 삶에서 스포츠는 아주 중요한 역할을 했다. 젊은 시절 모든 소
비에트고려인처럼 그는 아주 진지하게 가라데에 열중했다. 1981년에
는 소비에트연방 챔피언이 되었다. 처음부터 저명한 한국학 연구자인

---

9) 밀키나 M., 아가르코바 Л. 수족침술은 영혼으로 하는 것이다 // 비즈니스
페테르부르크(Милкина М., Агаркова Л. Иголки на кисти и стопы
ставят с душой // Деловой Петербург). 2006년 5월 30일; 듀코프
С. 이 놀라운 도구-손 // 상트페테르부르크 콤소몰스카야 프라우다(С. Этот
удивительный инструмент–руки // Комсомольская правда в СПб).
№ 8 (86/2413) 2008; «암리타». 치료과정(«Амрита». Лечебные процедуры)
// Time Out. 페테르부르크, 2002년 1-2월; 생명에 근접한 에너지 // 비즈니스
페테르부르크(Близкая энергия жизни // Деловой Петербург). 2012년
11월 29일; 천년동안 이어진 건강 철학 // 황금 기린(Философия здоровья
длиною в тысячи лет // Золотой жираф). 2014년 9월.

안드레이 라나코프로부터 한국어를 배워 1990년대부터 한국어를 구사하게 되었다.

의사 이진의 가족은 대가족이며 매우 사이가 좋다. 아들과 두 명의 딸이 있다. 이진 가족은 자신의 인생을 멋지고 훌륭한, 고도로 전문화된 의사라는 직업에 받친 그런 가족이다. 이진의 병원에서 그의 가족이 모두 함께 일한다. 두 명의 딸 이영희와 이순희는 아버지를 따라 의과대학을 졸업했고 현재 가족 비즈니스에서 아버지의 지지자이자 훌륭한 조력자이다. 병원장은 이진의 손자 이유선이다. 리진의 아내 마르가리타는 병원에서는 물리치료사로 일하고 있다.[10]

◎ 이진 올렉 안토노비치(Ли Дин Олег Антонович)

1956년 우즈베키스탄에서 태어났으며 한의대체의학병원 '암리타'의 주치의이자 골(骨)신경학과 미용 침술 전문가이다. 1979-1985년 파블로프 레닌그라드 제1의과대학 의학부를 졸업했다.

■ 강의 이수

1983-1985년 북한 박자철 교수로부터 한의학을 전수받았다.

1985-1986년 파블로프 레닌그라드 제1의과대학에서 신경과 인턴 과정을 이수했다.

---

10) 고려인의 역사. 리진 박사. 인터뷰와 영화 촬영(История корейцев. Доктор Ли Дин. Интервью и съёски фильма) // 인터넷 자료: 검색일: 2018년 12월 20일. http://www.koreanclub.ru/history-koreans-dr-li-jin/

1988년 카찬(А.Т. Качан)교수로부터 반사요법에 관한 1차 전문가 과정을 이수했다.

1989년 하리코프에 위치한 우크라이나국립의학아카데미 시텐코 척추병리학 연구소에서 수동면역요법 전문가 과정을 이수했다.

1992-2007년 한국의 박재우 교수에게서 수족(手足)치료과정을 이수했다.

1997년. 미국 존 그린더(John Grinder) 교수의 강의 «심리치료의 혁신을 위한 신경언어학 프로그래밍»과 미국 프랭크 퓨셀릭(Frank Pucelik) 교수의 강의 «가족심리치료에서 신경언어학 프로그래밍»을 들었다.

1998년. 캐나다 벤쿠버 에릭손대학 아트킨손 교수의 강의 «가족심리치료»와 고르부노프 교수의 강의 «스포츠심리학»를 들었다.

2002년. 의학아카데미 동종요법학과 페소닌(С.П. Песонина)교수의 강의 «민간진단에서 전통 동종요법에 관하여»를 들었다.

2003년. 메치니코프의학아카데미 동종요법학과 포멘코(Н. Фоменко)교수의 강의 «생체공명요법»과 독일 베르네르 프라제에서 «동종요법과 동양전통의학의 접목»에 관한 세미나에 참석했다.

2010, 2012년. 이탈리아의 메르첼로 몬셀라토 교수의 세미나 «생체리듬학과 운동학»에 참석했다.

2006년. 러시아수동면역학협회 스코로메츠(А.А. Скоромец), 호자예프(Л.Ю. Ходжаев) 교수의 강의 «근골격계 질환의 골학(骨學)적 치료»를 들었다..

2007-2008년. 상트페테르부르크 의학전문대학원 호자예프 교수의 강의 «정골(Osteopathy)요법»을 들었다.

2006-2007년. 미국 존 아플레제라대학에서 «정골요법에 의한 치료

와 체내 감정 해소»에 관한 강의를 들었다.

2006년. 상트페테르부르크 의학전문대학원 사포니체프(Л.Г. Сафо ничев)교수의 강의 «림프배출요법»을 들었다.

2008년. 프랑스 로제 카포로시 교수의 강의 «마사지학»을 들었다.

2009년. 미국 두개골마사지치료아카데미 브루노 치클리 교수의 강의 «신경조직손상 심실운동»을 들었으며, 한국 서울 한의과대학 최성훈 교수의 강의 «체질침술학»을 들었다.

2013년. '한국생명공학 및 노화방지학회'(Korean Bioengieering & Rejuvention Society) 회장 이종기(Jongki Lee) 박사로부터 «미소매선침 (Embedding thread therapy, 메조나이트 치료) 강의를 이수하여, 미소 매선침과 리프팅 치료 자격증을 획득했고, 대한미용성형의학과정(Korean medical institute of Plastical Aesthetics)의 과정을 이수했다.

2013년 4월. 상트페테르부르크 동방 정골(Osteopathy)의학 '암리타' 센터에서 이현철 교수로부터 미소매선침 과정을 이수했다.

■ 경력

대한한방미용학회 러시아 지부 부지부장이다.

1992년 국제수족(手足)아카데미의 '수족침술교수' 직함을 받았다.

1992년 국제수족침술협회 회원이다.

2002년부터 러시아의 동종 요법 및 반사 요법 상트페테르부르크 협회 회원이다.

국제심리치료학아카데미 회원이다.

러시아 정골학 등록 회원이다.

수족침술 발틱협회 회장이다.

소비에트연방 가라데 부문 우수 선수이다.

가라데, 합기도 검은 띠 보유자다.

1981년 가라데 소비에트연방 준우승자다.

1998년 상트페테르부르크에서 개최된 격투기 페스티벌 '자유로운 러시아'에서 무술 부문 준우승을 차지했다.

재활의학과 철학 분야에서 9편의 학술논문을 발표했다.

◎ 이영희 스베틀라나 올레고브나
(Ли Ен Хи, Светлана Олеговна)

1987년 상트페테르부르크에서 태어났으며 동종요법 전문가이고 무술 주니어 부문 우승자이다. 결혼은 하지 않았다.

한의학 의사, 한방미용학 전문가.

상트페테르부르크 국립의과대학과 파블로프 의학아카데미 졸업

스포츠 의학 및 물리 치료학과에서 레지던트 과정을 이수했다.

■ 경력

2009-2011년. 드로지나(Л.А. Дрожжина)가 지도하는 ≪오산카≫ 센터에서 일했다.

2013년 3월. 대한미용성형의학과정 회장인 이현철 박사로부터 미소매선침(메조나이트 치료)에 관한 강의를 들었다.

2013년 4월. 상트페테르부르크 한의대체의학 '암리타' 센터에서 이현철 교수로부터 미소매선침을 전수받았다.

코르네엔코(B.B. Корниенко)에게서 플로랄 테라피, 약물 치료 과정, 루이지 마르셀로 몬셀라토(Marcello Moncellato) 3단계에 해당하는 동종요법, 침술요법, 류수혜의 의료기공을 이수했다

한국 경희대학교 한의대에서 4가지 골격 유형 이론 과정을 이수했다.

◎ 이유선 에두아르드 표도로비치
(Ли Ю Сен, Эдуард Федорович)

이진의 손자. 1982년 태어났으며 결혼을 했고 슬하에 두 아이가 있다.

신경학자, 한의학 의사, 대체의학 전문가, 한방미용 전문가.

러시아 대체의학 등록 회원.

전공: 신경학, 소아과 의사

■ 교육 경력

2005년. 상트페테르부르크 소아의학아카데미를 졸업했다.

2007년. 상트페테르부르크 소아의학아카데미 복원치료학부에서 반사요법 전문가 과정을 이수했다.

■ 경력

1996-2003년. 이진 교수에게서 수족치료 과정을 이수했다.

2008-2012년. 반사의학연구소(반사의학 프랑스학파)와 상트페테르부르크 소아의학아카데미에서 과정을 이수했다.

2006년. 상트페테르부르크 의학전문대학원의 사포니체프 교수로부

터 «림프배출요법»을 이수했다.

2009년. 한국 경희대학교 한의대에서 4가지 골격 유형 이론 과정을 이수했다.

2010-2011년. 이탈리아의 메르첼로 몬셀라토 교수의 «생체리듬학과 운동학» 세미나에 참석했다.

2012년부터 모스크바에 위치한 리트비노프(И.А. Литвинов) 교수의 정골의학 학회 «필로트(Пилот)» 회원이다.

2013년 3월. '한국생명공학 및 노화방지학회' 회장 이종기 박사로부터 미소매선침(메조나이트 치료) 과정을 이수했으며, 대한미용성형의학과정 회장인 이현철 박사로부터 미소매선침(메조나이트 치료)에 관한 강의를 들었다.

2013년 4월. 상트페테르부르크 한의대체의학 '암리타' 센터에서 이현철 교수로부터 미소매선침을 전수받았다.

◎ 이순희 타티야나 올레고브나
(Ли Сун Хи, Татьяна Олеговна)

1984년 상트페테르부르크에서 태어났으며 결혼을 했고 슬하에 1명의 아이가 있다. 한의학 및 한방미용학 의사이며 플로라테라피 전문가이다.

■ 교육

2006년 상트페테르부르크 파블로프 국립의과대학 의학부를 졸업했다. 2007년. 치료학으로 인턴 과정을 이수했다.

2007-2009년. 가정의학 부문에서 임상실험에 관한 주임의사를 지냈다. 상트페테르부르크 파블로프 국립의과대학 진단학 전문가 과정을 이수했다.

■ **경력**

코르니옌코 교수의 동종요법 및 약전 과정과 사진(Е. Сажина) 교수의 플로라테라피 과정을 마쳤다.

이탈리아의 메르첼로 몬셀라토 교수의 «생체리듬학과 운동학» 과정을 이수했다.

2013년 3월. '한국생명공학 및 노화방지학회' 회장 이종기 박사로부터 «미소매선침(메조나이트 치료) 과정 이수. 대한미용성형의학과정 회장인 이현철 박사로부터 «미소매선침(메조나이트 치료)에 관한 강의를 들었다.

2013년 4월. 상트페테르부르크 한의대체의학 '암리타' 센터에서 이현철 교수로부터 미소매선침요법을 전수받았다.

◎ 천 마르가리타(Чен Маргарита)

이진의 부인. 체육치료법 전문가. 1986-1991년 무드리 노브고로드대학교 교육학과 졸업.

■ **경력**

1996년. 데뱌토바(М.В. Девятова) 교수에게서 물리치료학 과정을 이수했다.

1997년. 레스카프트 물리치료재활아카

데미 튜린(A.M. Тюрин) 교수에게서 마사지 과정을 이수했다.

1998년 러시아의 «이고슬라프»에서 고르부노프(Г.Д Горбунов) 교수와 볼코프(И. Волков) 교수로부터 스포츠심리학 국제 과정을 이수했다.

1997년. 미국 존 그린더 교수의 강의 «심리치료의 혁신을 위한 신경언어학 프로그래밍»을 들었다.

1997년. 미국 프랭크 퓨셀릭 교수의 강의 «가족심리치료에서 신경언어학 프로그래밍»을 들었다.

2007-2008년. 상트페테르부르크 의학전문대학원 호자예프 교수의 강의 «대체의학»을 들었다.

2006-2007년. 미국 존 아플레제라대학에서 «대체의학에 의한 치료와 체내 감정 해소»에 관한 강의를 들었다.2006년. 러시아수동면역학 협회 스코로메츠, 호자예프 교수의 강의 «근골격계 질환의 골학적 치료»를 들었다.

2006년. 상트페테르부르크 의학전문대학원 사포니체프교수의 강의 «림프배출요법»을 들었다.

2008년. 프랑스 로제 카포로시 교수의 대체의학 «근막순환»을 들었다.

1992-2007년. 한국의 박재우로부터 수족치료 과정을 이수했다.

1985-1987년. 러시아 최영락(Чой Ен Рак)으로부터 태극권과 기공을 배웠다.

1989-1991년. 러시아에서 합기도를 배웠다.

1996-1999년. 중국 샤오린 출신의 류수혜와 시데찬에게서 기공과 태극권을 배웠다.

1998년 상트페테르부르크에서 개최된 국제무술대회 «자유 러시아)»와 «격투기»에서 준우승을 차지했다.

1986년부터 건강과 물리치료문화그룹을 이끌고 있다.

레스가프트 물리치료문화 아카데미 산하 재활센터에서 전문가로 일하고 있다.

◎ 이한선 안톤 표도로비치(Ли Хан Сен, Антон Федорович)

이진의 손자. 1984년 상트페테르부르크에서 태어났으며, 2006년 상트페테르부르크에 위치한 국립연구대학 《경제고등학교》를 졸업했다. 병원에서 경제 부문을 담당하고 있다. 미혼이다.

의사 왕가인 이진의 집안에서는 유럽적인 러시아문화와 동양적인 한국문화의 혼종문화가 발견된다. 이들은 러시아아카데미산하 의과대학을 졸업했고 한의학에 대해 아주 해박한 지식을 가지고 있다. 이들은 서구의 독특한 치료요법도 완벽하게 터득했다. 이들은 대체의학, 수동면역요법, 심리치료요법, 플로라치료요법, 동종요법 과정을 이수했다. 이들은 침술, 부황, 수족요법, 기공요법, 요가 등 한의학의 전문가들이다.

인간의 정신, 심리, 감정과 신체의 구성요소, 그리고 에너지(지, 기 그리고 [인도 요가에서의 - 역주]호흡)의 의미를 인간 유기체에 대한 전반적인 접근법을 통합한 이런 병원과 유사한 병원은 동양이나 서양 어디에서도 찾아볼 수 없을 것이다. 《암리타》 병원에서는 동양의 지혜와 서구의 실용성을 아주 훌륭하게 접목하여 새로운 의학을 만들어냈다.

이진 박사의 의견에 의하면 "서로의 장단점을 보완해주는 이러한 지식들은 촉매제가 되어 의학과 심리학의 전 분야에서 세계 의학의 수준을 새로운 단계로 발전시켰다. 한의학과 서양의학을 결합시킨 의사 이진의 다년간의 경험은 3천 년에 걸친 의학사에서 이런 융합의학의 고효율성 및 생태적 순수성을 확인시켜주었다."[11]

◎ 신 드미트리(Шин Дмитрий)의 가족

신 드미트리는 인터넷 포털 사이트 아리랑(ARIRAN.RU)의 편집장이다.

◎ 할아버지-신 니콜라이 니콜라예비치
(Шин Николай Николаевич, 1914-1992)

1914년에 태어났으며 1992년에 사망했다. 1937년 스베르들로프시에 위치한 러시아연방공화국 전(全)러 중앙집행위원회 산하 스베르들로프(현재 예카테린부르크시) 소비에트건설대학을 졸업했다.

---

11) 이진. 상트페테르부르크의 침술테라피, 메조니트요법, 기공요법(Ли Дин. Иглорефлексо терапия, мезонити, цигун в Санкт-Петербурге). 검색일: 2019년 1월 15일. http://clinic-amrita.ru/o-klinike/li_din

◎ 아버지-신 블라디미르 니콜라예비치
　(Шин Владимир Николаевич,
　1938-2013)

1938년에 태어났으며 2013년에 사망했다.
1964년 알마-아타시에 위치한 카자흐스
탄국립대학 어문학부를 졸업했으며 기자이
자 사진작가이다.

◎ 신 드미트리 블라디미로비치
　(Шин Дмитрий Владимирович)

1977년에 태어났으며 2001년 모스크바
에 위치한 러시아국립인문대학 역사고고학
부 고고학과를 졸업했고 전공은 고고역사학
이다. 현재 인터넷 포털사이트 아리랑
(ARIRAN.RU)의 편집장이다.

《1941-1945년 대조국전쟁의 전선에 참
가한 고려인들(Корейцы на фронтах В
еликой Отечественной войны 1941-
1945гг.)»(М.: ИВ РАН, 2011)의 공동저자이다.

◎ 화가 강 에밀리(Кан Эмиль)의 가족

◎ 강 에밀리 미하일로비치(Кан Эмиль Михайлович)

1954년 아랄해에서 태어났다. 상트페테르부르크국립아카데미 레핀 정물화·조각·건축학대학을 졸업했다. 화가, 사진작가, 도서와 앨범 구성 디자이너이다. 예술분야 도서를 출판하는 상트페테르부르크 소재 아르카(АРКА) 출판사에 근무했다. 결혼을 했으며 5분 차이로 태어난 쌍둥이 아들 표도르와 아르세니가 있다. 화가 집안에서 성장한 아들들은 어린 시절부터 음악과 예술을 접하였다. 아들들의 장래 희망은 영화 감독이며 둘 다 영화·TV대학을 졸업했고 카메라감독이 되었다.

◎ 아들 - 강 표도르 에밀리예비치(Кан Федор Эмильевич)

카메라 감독, 프로듀서.

1987년 2월 8일 출생

주요 장르는 단편영화, 액션, 어드벤처. 표도르는 글린카 합창학

교를 다녔고 합창 단원이었으며 유럽 순회 공연을 수차례 다녀왔다. 학교를 졸업한 뒤 영화·TV대학 카메라학부에 입학했다. 청년 시절 롤러 스포츠에 아주 열중했다.

2004년 동생과 함께 우연히 촬영 세트장에 가게 되었는데 그 이후 그의 삶은 영화와 미디어 쪽으로 완전히 바뀌었다.

2010년부터 전문적으로 뮤직비디오와 광고 촬영에 종사했다.

2015년 프로덕션 스토름(STORM)을 설립했는데 이곳을 근거로 현재까지 50편이 넘는 광고와 뮤직비디오를 촬영했다.

2016년 스튜디오 버블(BUBBLE)을를 설립하여 총감독으로 «소령 그롬: 휴일(Майор Гром: Выходной)»(https://youtu.be/RLt65JxNsWI)을 촬영했고, 이후 «소령 그롬: 전염병에 걸린 의사(Майор Гром: Чумной Доктор)» (https://youtu.be/ZQUxpQHY4eQ) 티저 영상을 촬영했다. 현재 장편영화를 촬영 중이며 2020년 상연될 예정이다. 그 외 몇 편의 시리즈물과 1편의 장편영화를 더 준비하고 있다. 2018년 광고대행사 설립하여 활동 범위를 넓혔다. 결혼은 했다.

◎ 아들 - 강 아르세니 에밀리예비치(Кан Арсений Эмильевич)[12]

영화감독.

1987년 2월 8일 태어났으며 감독이다. 글린카 합창학교를 다녔고 합창 단원이었으며 유럽 순회공연을 수차례 다녀왔다. 학교를 졸업한

---

12) 아르세니 강(Арсений Кан). 검색일: 2019년 1월 12일. https://www.kinonews.ru/person_31326/arseniy-kan

후 영화·TV대학 카메라학부에 입학했다. 현재까지 50편이 넘는 광고와 뮤직비디오를 촬영했다. 주요 장르는 단편영화, 액션, 어드벤처이다.

영화 «소령 그롬» (2016), 소령 그롬: 전염병에 걸린 의사» (2019) 촬영을 지휘했다.

2. 정치와 경제

◎ 최 블라디미르 올레고비치(Цой Владимир Олегович)

국가재정기관 레닌그라드주 비보르크연합자연보호박물관 관장이다. 블라디미르 최는 1984년 12월 15일 레닌그라드주 키리시시에서 태어났으며 1990년부터 비보르크시에서 거주했다

2006년 상트페테르부르크국립대학 사회학부를 우수한 성적으로 졸업했다. 2012년 상트페테르부르크국립대학 역사학부 예술학 석사 과정을 마쳤다.

주식회사 «비보르크조선소»의 마케팅 매니저로 근무했다.

2007년 3월. 레닌그라드주 제4차 협의회 입법회의 대의원으로 선출되었다.

2011년 11월. 레닌그라드주 제5차 협의회 입법회의 대의원으로 선출되었다.

2016년 9월. 비보르크 선거구 №1에서 레닌그라드주 제6차 협의회 입법회의 대의원으로 선출되었다. 레닌그라드주 입법협의회 경제, 재산, 투자, 공업상설위원회 부의장으로 선출되었다.

2015년 11월부터 비보르크연합자연보호박물관 관장이다. 블라디미르 올레고비치 덕분에 문화자원 보존 사업이 적극적, 효과적으로 이루어지고 있으며 비보르크와 비보르크 지역에서 자연 복원 사업이 진행 중이다. 이로 인해 관광사업을 실현할 수 있는 가능성이 훨씬 커졌다.

전국구 정당 «예딘나야 로시야»의 당원이다. 열성적인 사회정치활동으로 인해 여러 차례 다양한 부문에서 상과 감사장을 받았다.

- 레닌그라드주 입법협의회로부터 레닌그라드주 법안 입안과 발전에 미친 기여도와 열성적인 사회정치활동을 높이 평가받아 감사장을 받았다(2009년).

- 레닌그라드 경제 사회 발전에 미친 혁혁한 기여도를 인정받아 레닌그라드주 주지사로부터 명예 증서를 받았다(2011년).

- 국가 입법기관에서 보여준 뛰어난 직업 정신과 열성적인 활동을 높게 평가받아 레닌그라드주 입법협의회로부터 명예 증서를 받았다(2013년).

- 레닌그라드주 발전에 기여한 점을 높이 평가받아 레닌그라드주로부터 명예 베지를 받았다(2014년)

결혼을 했으며 세 명의 자녀를 두고 있다.

◎ 박 데니스(Пак Денис)

러시아연방 공업무역부 자동차공업과 철도건설국 국장이다. 1981년 3월 2일 출생. 2002년 상트페테르부르크국립대학을 졸업했으며 법학을 전공했다.

■ 경력:

2017년부터 러시아연방 공업무역부 자동차공업과 철도건설국 국장

2012-2017년. 러시아연방 공업무역부 국내무역 국가조절국 국장

2011-2012년. 러시아연방 법무부장관 보좌관

2010-2011년. 연방소비에트 부(副)회원

2002-2009년. 부(副)대의원, 상트페테르부르크 입법협의회 입법위원회 위원장

■ 수상 경력

러시아연방 법무부 3급 고문관 자격 취득

◎ 유가이 뱌체슬라프(Югай Вячеслав)

법률사무소 《예고로프, 푸긴스키, 아파나시예프와 파트너들》 극동부 부장이다.

2007년 극동국립대학을 우수한 성적으로 졸업했다. 2009년 사우스캐롤라이나 굴드 로스쿨에서 법학 석사학위를 받았다.

2016-2017년 미국의 유명한 법률사무소인 왁텔 립턴 로젠 앤 카츠

(Wachtell, Lipton, Rosen & Katz)에 근무했으며 40억 달러 이상의 계약을 성사시켰다. 모스크바 법률사무소 회원이다. 영국 웨일즈와 미국 뉴욕에서 변호사 개업 자격증을 획득했다. 뱌체슬라프는 저명한 국제신용평가기관 챔벌스(Chambers)에 의해 합병, 인수 및 기업법 분야에 추천되었다.

뱌체슬라프 유가이는 기업법, 합병, 인수 및 부채 탕감 분야의 전문가이다. 그의 전문적인 경력에는 기업법, 합병, 인수 및 부채 탕감 부문에서 러시아, 해외 및 국제 기업에게 광범위한 법적 대응에 대해 자문을 해준 것도 포함된다. 그는 또한 부동산, 개인고객, 기업구조조정 분야에 대해서도 자문을 해준다. 법률사무소에 근무하는 동안 다음과 같은 프로젝트에 참가했다:

- 아랍에미레이트연합(UAE)에 근거를 둔 공공 투자 및 건설 회사들이 러시아 에너지기간산업 프로젝트 실행의 범위 내에서 러시아공공투자펀드를 유치하려 할 때 자문을 제공했다.
- 컨소시엄 투자로 《텔레투로시야(Теле2Россия)》 사의 회사 지분을 인수하려는 프로젝트 계약을 성사시켰다.
- 동유럽 기업 아우찬(Auchan)이 릴(Real) 사업을 메트로 그룹(METRO GROUP)에게 11억 유로의 가격으로 판매하려 할 때 러시아의 모든 법률적 측면에 의거하여 자문을 제공했다.
- 연방재산관리청(Federal Property Management Agency)의 명의로, 30억 달러 규모의 주식 및 개인 예탁 증서 사모를 투자자들에게 판매하여 VTB 은행의 지분 10%를 매각하려는 러시아연방에 자문을 제공했다.

- 대외경제은행(VEB)과 45억 달러 이상의 대출 계약을 맺어 회사의 부채를 상환 하려는 러시아 알루미늄기업 옥 루살(OK РУСАЛ)에 게 자문을 제공했다.
- 지역의 여러 탐사회사를 인수하면서 광물자원과 에너지자원 채굴 사업을 선도하는 기업들에게 자문을 제공했다.
- 대규모 생산회사들에게 5억 달러의 채무 상환에 대한 자문을 제공했다.
- 가스그룹사(GAZ Group)에 15억 달러 이상의 신디케이트 대출의 재(再)파이낸싱에 대한 자문을 제공했다.
- 투자자 그룹에게 지역 식료품 생산업자 인수 시 필요한 자문을 제공했다.
- 대규모 러시아 통신사 중 한 곳을 매각할 때 법적 지원에 대한 자문을 제공했다.

기업법, 합병, 인수 및 부채 탕감 분야 전문가이며 영어를 자유롭게 구사한다.

◎ 김 드미트리 마트베예비치(Ким Дмитрий Матвеевич)

주식회사 «글로부스 텔레콤(Глобус-Те леком)» 회장

드미트리 김은 광역지사 부국장 겸 기업 및 국가 부문 활동 총괄 이사다. 1985년 9월 에 태어났으며 2005년 모스크바국립대 경 제학부를 졸업했고 2007년 모스크바국립대 최고비즈니스스쿨을 졸업했다.

2005년 주식회사 «제니트은행(Банк Зенит)»에서 수석 경제담당관으로 회사생활을 시작했다. 2006-2007년 주식회사 «로스고스스트라흐(Росгосстрах)»에서 수석 애널리스트로 근무했다. 2007년부터 주식회사 «국립 케이블 네트워크(Национальные кабельные сети)»에 근무하기 시작했으며 애널부 부장에서 출발하여 부회장으로 승진했다.

2012년 11월 부회장 겸 상업 이사로 임명되었다가 이후 광역단위 회사 «모스크바(Москва)»와 «로스텔레콤(Ростелеком)»의 부회장이자 상업이사로 임명되었다.

2015년부터 광역단위 지사 «첸트르(Центр)»와 주식회사 «로스텔레콤(Ростелеком)»의 기업과 국가기관 협력부처 회장이 되었다.

2018년 11월 1일부터 «로스텔레콤(Ростелеком)»의 자회사인 «글로부스 텔레콤(Глобус-Телеком)»사의 회장직을 맡고 있다.

◎ 정 마르크(Тен Марк)

스포츠.루(Sports.ru)의 회장.

28세이며 연해주 블라디보스토크에서 태어났다. 블라디보스토크 №1 고등학교를 졸업했다. 모스크바국제관계대학(МГИМО)에 입학한 뒤 2013년 사회학부 예술학과에서 석사과정을 마쳤다. 프로덕트.디그리(Product.degree) 스쿨의 오프라인에서 러시아와 국제기업 수석 전문가 과정을 이수했다. 2012년부터 어드벤튬(Adventum) 사(社)에 근무했다. 2013년부터 러시아 스포츠인터넷 포털사이트 스포츠(Sports.ru)에서 근무하기 시작했다. Sports.ru는 1998년 4월 22일 설립되었으며 마르크 정은 2019년 4월 22일 Sports.ru의 회장이 되었다. 이외 마르크 정은 모바일 애플리케이션 Product.degree 제품 관리자 스쿨의 큐레이터이며 여름학교에서 강의를 하고 있다. 이것은 여름에 텐트에서 거주하고 예전의 피오네르 캠프에서 공산소년단 캠프 건물에서 일하며 배우고 가르치려는 사람들을 위한 비상업적 교육 활동이다. 여름학교는 매해 관리자 없이 자원봉사자들에 의해 조직된다. 여름학교의 조직자와 교사들은 급료와 사례금을 받지 않는다. 여름학교 참가자들은 강의를 듣고, 세미나를 진행하며, 임의로 어떤 것을 준비하기도 하고, 연구를 하거나 학교 조직자들을 도와줄 수도 있다. 그래서 그들에게는 연령, 교육 정도, 거주지의 제한이 없다. 2016년 《여름학교》 프로젝트에서 초중고생, 대학생, 학자들을 위해 30개의 워크숍이 개최되었다. 여름학교에서 프로젝트가 수행된 4주 동안 약 1,500명의 참가자들과 교사들이 학교를 방문했다. 2016년 가을에 기능학교는 특별히 레스푸블리카대학교(RESPUBLICA University)를 위해 강의와 교훈적인 이벤트를 준비했다.

◎ 김 제냐(Ким Женя)

의상 디자이너, 모델.

러시아 포브스는 해마다 《러시아에서 가장 영향력 있는 30세 이하 리더 30인(30 under 30)》을 발표한다. 기업가, 재정과 투자, 관리, 스포츠, e-스포츠, 학문, 기술, 예술, 음악과 영화, 사회활동, 유행과 디자인,

뉴미디어의 10개 부분에서 젊은 리더들을 물색했다. 30세 이하 리더 30인에 선정되려면 해당 직업군에서 인정을 받고 있고 러시아 전역이나 국제적 수준에서 뛰어난 명성을 가지고 있어야 한다. 포브스가 «러시아에서 가장 영향력 있는 30세 이하 리더 30인»을 선정하는 것은 그들의 수입을 보여주려는 것이 아니다. 여기에는 창의적인 직업정신을 가진 사람들, 자선사업가, 스포츠맨 등이 주로 선정된다.[13] «유행과 디자인» 부문에서는 제냐 김이 선정되었다. 제냐 김은 뛰어난 모델이자 의상디자이너이며 자신의 브랜드 «J. Kim»을 런칭했다.

제냐 김은 28세이며 우즈베키스탄공화국 타시켄트에서 태어났다. 젊은 고려인 디자이너는 18세 때 우즈베키스탄에서 모스크바로 이주했다. 그녀는 아시아 문화의 모티브가 바탕이 되고 있는 브랜드 컨셉을 고안하기 전에 3년 동안 독자성을 찾으려 노력하면서 실험적으로 스포츠와 일상복을 디자인했다. 전통의상의 아름다움을 보여주려는 제냐 김의 열정은 패션 업계에서 그녀를 두드러지게 만들었다. 그녀는 2013년 첫 의상 컬렉션을 보여주었다. 이때 그녀는 모스크바 카를 파베르제 응용실험예술학교의 대학생이었다. 그녀는 150,000루블을 주고 한국에서 컬렉션을 제작했다. 가족의 친구가 후원을 했는데 그는 제냐가 대학을 다니면서 뱌체슬라프 자이체프에게서 인턴십을 할 수 있도록 로비 활동을 했다. 제냐는 스폰서의 이름을 밝히기를 거부했다. 초창기 약간의 후원금을 받은 뒤 제냐 김은 이후로는 자립적으로 활동하기로 결심했다. 몇 벌의 컬렉션을 제작했고 그것들을 개인적으로 판매했으며 그 돈으로

---

13) 제냐 김(Женя Ким). 검색일: 2019년 4월 15일. https://www.forbes.ru/ profile/zhenya-kim; https://www.forbes.ru/biznes/376377-30-samyh-perspektivnyh-rossiyan-molozhe-30-let-reyting-forbes; https://bazaar.ru/ fashion/geroi/zhenya-kim-podstraivatsya-pod-obshchie-trendy-eto-smeshno/#part0

다시 새로운 컬렉션을 만들었다. 브랜드 J. Kim은 모스크바의 쇼룸 인덱스플래트(indexflat), 대형마트 «츠베트나야»와 뉴욕의 쇼룸 마이노운(Mainoun)에 전시되었다. 그녀의 두드러진 직업적 성과 중 하나는 패션부문에서 세계적인 권위를 지닌 상 중 하나인 울마크 프라이즈(Woolmark Prize)에 노미네이트 된 것이다.

다른 많은 젊은 디자이너와 비교할 때 제냐의 장점은 자신이 초기에 선택한 창작노선에 대한 절대적이고 확고부동한 확신을 바탕으로 대중적 트랜드에 휩쓸리지 않고 영리하게 개인과 트랜드 사이의 균형을 맞출 능력이 있다는 점이다. 이외에 제냐는 현재 스트리트 웨어의 인기 추세를 읽거나 대다수의 사람들이 쉽게 이해할 수 있는 스타일을 만들기 위해 한국 전통의상의 요소들을 해석하고 옷감을 구하기 위해 우즈베키스탄을 방문하며 다소 과장된 디자인도 두려워하지 않는다.[14]

◎ 김 캬탸(Ким Катя)

항공사 «아에로플로트»의 스튜어디스

우리는 자주 러시아 비행기를 이용하지만 아시아 출신의 스튜어디스를 보는 경우는 매우 드물다. 캬탸 김은 «아에로플로트» 사에서 이미 2년 6개월을 스튜어디스로 근무하고 있다.[15]

---

14) «Self-made» 디자이너 제냐 김, Harper's BAZAR를 위한 인터뷰. 2016(«Self-made» дизайнер Женя Ким, интервью для Harper's BAZA. 2016). 검색일: 2019년 2월 12일: https://bazaar.ru/fashion/geroi/zhenya-kim-podstraivatsya-pod-obshchie-trendy-eto-smeshno/#part0

15) 캬탸 김-«아에라플로드»의 동양인(Катя Ким–восточное лицо «Аэрофлота»). 검색일: 2019년 2월 12일: http://gazeta.korean.net/PERSONNEL/2786

카탸 김은 28세이며 우즈베키스탄에서 태어났다. 8살 때 가족과 함께 러시아로 이주하여 1학년에 입학했다. 그녀의 부모님은 자식들에게 보다 좋은 환경을 만들어주기 위해 자주 이사를 다녔다. 카탸는 중·고등학교와 대학교를 크라스노야르스크에서 졸업했으며 대학에서는 통역을 전공했다. 어린 시절부터 그녀의 부모님은 자식들에게 열성적이었으며 그들이 자기 분야에서 전문가가 될 수 있는 좋은 환경을 만들어주려고 노력했다.

자신의 원칙과 가치를 지닌 카탸는 의지를 지니고 이 직업을 택했다. 자유를 사랑하는 그녀에게는 공간을 이동하며, 다양한 사람들과 교류할 수 있는 가능성, 그리고 그런 직업에 반드시 필요한 원칙을 지니고 있다는 사실이 중요하다. 비번인 날 카탸는 심리학과 예술사를 공부하고 독서와 여행을 좋아한다.

스튜어스라는 직업을 선택할 때 특별히 요구되는 사항들이 있다. 즉 직업적 의무 사항을 이행할 수 있는 신체 조건과 서비스분야에서 일을 하려는 열망, 뛰어난 영어 능력 등이 그것이다. 카탸는 스튜어디스가 되려는 사람은 장기간의 취업 준비와 각종 장애물들을 극복해야 한다고 생각한다. 가장 중요한 것은 자존감을 지니는 것으로, 다름 아닌 자신만의 개성 덕분에 카탸는 자신의 매력을 느끼고 있으며, 한국인이라는 민족적 자실 역시 그녀에게 많은 도움이 되고 있다. 다른 한편 다민족국가라는 러시아의 상황은 고용주로서 국제적 기업 《아에로플로트》의 위상을 규정하고 상승시켜준다. 자신의 직업을 사랑하냐는 질문에 카탸는 이렇게 답했다.

"길은 한 공간에서 다른 공간으로 통로를 만들면서 항상 역사를 써내려갑니다. 당신이 변화된다는 사실은 중요하며, 그런 사실은 가치있는 것이고, 바로 그런 가치로 살아야 합니다. 저는 매일 내 자신을 보여

줄 수 있고, 자신의 길을 가면서 사람들과 협력하고 장소를 바꾸고 섬세한 것들에 주목해야 하는 내 직업을 사랑합니다. 모든 사람들은 그런 순간들을 자신의 컬렉션에 축적하게 되며, 승무원들이 지닌 이런 컬렉션은 방대합니다! 한번은 제가 충분히 보이는 모습만으로 제 동료를 대했는데, 제 관심을 끈 것은 똑부러지게 일하는 그의 이상적인 행동 방식이었습니다. 어느 날 저는 일하고 있는 그를 봤습니다. 그는 고객과의 짧은 대화로 갈등 상황을 해결했습니다. 저는 감탄했습니다. 전문가들과 일한다는 것은 행복입니다."[16]

현재 카탸는 모든 유형의 항공기에 탑승할 수 있기 때문에 남동아시아, 러시아 전역, 유럽 등 아주 다양한 노선에서 스튜어디스로 일하고 있다.

3. 학문과 교육

◎ 김 예브게니(Ким Евгений)

고려인과학기술협회 회원이며 하바롭스크주 주지사 상을 수상했다.

2019년 2월 13일 러시아 과학의 날을 맞아 주정부 영빈관에서 주정부 사회부문 담당 부지사 나탈리야 푸둡키나는 학문과 혁신 분야의 젊은 학자들에게 상금을 수여했다.

2019년 수상자 중의 한 명은 고려인과학기술협회 회원인 김 예브게니였다. 김 예브

---

16) 앞의 기사.

게니가 속한 연구팀은 알루미늄 합금 주물의 물리 기계적 특성 개선을 목적으로 희토류 금속과 복합 합금 첨가제를 개발하였다. 예브게니는 고려인과학기술협회 학술대회와 세미나에서 해당 연구 활동의 결과에 대해 발표하였다. 그리고 이때 훌륭한 피드백을 얻었고 당연히 이는 연구 활동에 긍정적인 영향을 주었다. 해당 테마에 대한 연구는 당연히 계속될 것이고 향후 국제적 차원에서 연구될수도 있다.

◎ 김 크세니야 보리소브나(Ким Ксения Борисовна)

화학박사, 보로네시에 거주

크세니야 김은 1991년 우즈베키스탄공화국 타시켄트주 알말리크시에서 태어났다. 2000년 가족이 보로네시로 이주했다. 2008년 크세니야 김은 은메달을 받으면서 고등학교를 졸업했다. 학교에서 가라데를 배웠으며 스포츠 선수다.

2008년 보로네시국립엔지니어기술대학 생태학 및 화학공학과에 입학했으며 전공은 《환경공학》이다. 학술활동에 열정적이었고 여러 대회에 참가했다. 전(全)러시아 대회 《미래로 가는 엘리베이터》의 우승자이다. 보로네시주의 《골든 북: 2013년 뛰어난 참가자들과 학생들》에 기록되었다. 2013년 우등생으로 대학을 졸업했다. 졸업할 때 무기화학 및 화학공학과에서 박사과정에 입학하라는 제안을 받았다. 2015-2016년 러시아연방정부 장학금을 받았다.

2017년 화학공학 박사학위를 받았으며 테마는 《수용액을 함유한 암모니아 및 질산염 전기 투석》이었다. 2008년부터 지금가지 무기화학과 화학공학과 교수로 근무하고 있으며 학문 연구를 지속하고 있고 학술대회에 참석하고 있다.

◎ 엄 파벨 파블로비치(Эм Павел Павлович)[17]

지리학 박사.

파벨 엄은 1987년 연해주 파르티잔스크 시에서 태어났다. 러시아경제지리학자이자 한국학 학자이며 한국 사회경제지리와 이론 지리학 분야의 유명한 전문가이다. 2010년 우등생으로 극동국립대학 지리학부를 졸업했다. 2010년 러시아과학아카데미 산하 극동지부 태평양지리학대학 박사과정에 입학했고 2011년 모스크바에 위치한 러시아과학아카데미 산하 지리학연구소로 전학하여 2013년 박사과정을 마쳤다.

2013년 모스크바 지리학부에서 박사학위를 받았으며 테마는 «한반도의 침식된 중심지 시스템(Системы размытых центральных мест Корейского полуострова)»이었다.

■ 학술 연구 활동

2011-2013년. 러시아과학아카데미 산하 사회경제지리학연구소 선임연구원을 지냈다.

2013년. 러시아과학아카데미 산하 사회경제지리학연구소 책임연구원을 지냈다.

---

17) 엄 파벨. 한국을 위한 구명정(Эм Павел. Спасательная шлюпка для Кореи) // 러시아고려인(Российские корейцы). №12 (185). 2018년 12월.

2017-2018년. 파리 고등사회학스쿨 한국학연구센터에서 박사 후 연수 과정을 이수했다.

2018년. 네델란드 레이덴대학 초빙연구원을 지냈다.

2018년. 러시아지리학 전국 순위에서 9위를 차지했다.

40여 편의 학술논문을 러시아 및 해외에 발표했다.

■ 연구 업적

엄 파벨 파블로비치. 한국. 2차 인구통계학적 전환: 특수성과 결과 (Республика Корея. Второй демографический переход: особенности и результаты) // 아시아와 아프리카의 오늘(Азия и Африка сегодня). 2019. №1. 38-45쪽.

엄 파벨 파블로비치. 《한반도에서 도시화의 공간적 발전: 남한과 북학의 비교(Пространственное развитие урбанизации на Корейском полуострове: сравнение Юга и Севера)》. 블라디보스토크: 출판사 돔 데베푸(дом ДВФУ), 2018. 총 208쪽 (저서)

엄 파벨 파블로비치. 독립적인 중앙 광장 시스템으로서의 빅시티, 모스크바 사례 연구(Big City as an Independent Central Place System, a Case Study of Moscow) // 러시아지역연구(Regional Research of Russia). 2018. №2. pp. 151-157.

엄 파벨 파블로비치. 퍼지 중앙장소시스템으로서 대한민국의 자본 집적(The capital agglomeration of the Republic of Korea as a fuzzy central place system) // 지리학회보(Bulletin of Geography). 2016. №34. pp. 7-16.

엄 파벨 파블로비치. 지하철이 대한민국 수도권 주민의 삶의 질과 거주의 균일성에 미친 영향(Влияние развития метрополитена на качество жизни и равномерность размещения населен ия в столичной агломерации Республики Корея) // 극동의 제(諸)문제(Проблемы Дальнего Востока). 2015. №6. 71-82쪽.

엄 파벨 파블로비치. 무너진 중심지 시스템으로서 도시집중화: 한반 도를 예를 들어(Городские агломерации как системы размытых центральных мест (на примере стран Корейского полуострова). // 지역연구(Региональные исследования). 2014. №3. C. 115 – 125.

엄 파벨 파블로비치. 무너진 중심지 연구 시스템에 도형 이론 적용(П рименение теории фракталов для изучения систем размыт ых центральных мест) // 러시아과학아카데미 소식. 지리학 시리즈 (Известия РАН. Серия географическая). 2014. №6. 7-16쪽.

엄 파벨 파블로비치. 대한민국 도시화의 지역적 특성(Региональн ые особенности урбанизации в Республике Корея) // 지역연 구(Региональные исследования). 2012. №2. 120-133쪽.

엄 파벨 파블로비치. 20세기 중반-21세기 초 대한민국 도시화 발전 과 주민 거주 시스템의 특수성(Особенности развития урбаниза ции и системы расселения Республики Корея во второй п оловине XX – начале XXI вв.) // 극동의 제(諸)문제(Проблемы Дальнего Востока). 2012. №3. 93-103쪽.

4. 고려인과학기술협회(AHTOK)[18]

    고려인과학기술협회은 1991년 러시아 고려인협회의 발전과 강화를 위해 젊은 세대 사이에 학문과 교육을 전파하고 해외에 거주하는한국인 학술협회 간 학문적, 직업적 교류를 확립하겠다는 목적으로 설립되었다. 매년 고려인과학기술협회은 러시아 전 지역, 카자흐스탄, 우즈베키스탄 그리고 한국의 학자들, 연구자들, 전문가들을 국제학술대회와 세미나에 초빙한다.

    고려인과학기술협회의 학술대회에서는 수학, 물리학, 정보기술학, 기계학, 재료학, 의학, 생명공학, 에너지공학, 건축학과 토목공학과 같은 이공계 분야의 활동뿐만 아니라 심리학, 교육학, 경제학, 마케팅, 디자인 같은 예술인문학 분야의 활동도 수행된다.

---

18) 고려인과학기술협회(AHTOK). 검색일: 2019년 1월 14일: https://aksts.ru/about-aksts/general/

고학년 학생들, 석박사과정생들까지 참가하는 청년 분과가 가장 수가 많다. 학술대회 전체 참가자의 삼분의 일 정도가 청년들이며 그들의 수는 매년 변함없이 증가하고 있다.

청년 연구자들에게 고려인과학기술협회의 학술대회는 우호적 환경에서 학술활동을 하고 자신의 연구 결과물을 발표하고 연구업적을 업데이트할 수 있는 훌륭한 기회이다.

◎ 조광춘 드미트리 이바노비치
(Чо Гван Чун (Дмитрий Иванович))

기계학 박사이며 모스크바에너지공과대학 조교수이고 고려인과학기술협회 부회장이다. 1977년 사할린에서 태어났으며 모스크바에너지공과대학을 졸업했고 기계학박사이며 조교수이다. 고려인과학기술협회의 활동에 아주 열성적이다.

모스크바에너지공과대학 «발전소»학부에서 조교수로 근무하고 있으며 부(副)학과장이며. «수력발전소의 전기 부분», «변전소 직류시스템» 과정의 강사이다.

■ **학술연구업적**

국가 표준 개발 «전기설비의 단락회로. 용어와 정의».

국가 표준 개발 «전기설비의 단락회로. 최대 1KW 전압의 AC 전기설비에서의 계산 방법».

기관 표준 개발 주식회사 «통합 에너지시스템의 연방네트워크(ФСК ЕЭС)» «변전소 통합직류시스템에 대한 요구사항».

기관 표준 개발 주식회사 «통합 에너지시스템의 연방네트워크» «전형적인 프로그램과 변전소 직류시스템 테스트 방법».

기관 표준 개발 주식회사 «통합 에너지시스템의 연방네트워크)» «변전소 자체 요구 시스템. 일반적인 설계 솔루션».

주식회사 «통합 에너지시스템의 연방네트워크)»의 인증 범위 내의 고압 배전기, 변전소 통합직류시스템 장비 테스트에 참여했다.

■ **교육 방법론에 관한 업적**

멀티미디어 강의 개발: «수력발전소의 전기 부분».

학부 산하 교육-실험센터에서 직류시스템에 관한 방법론적 교재 개발: 충전기 구터(GUTOR), 변환기 구터, 직류배전반 구터.

독일, 스위스에서 인턴 과정을 이수했으며 영어를 자유롭게 구사한다.

◎ 윤 스베틀라나(Юн Светлана)

교육 프로젝트 매니저이며 삼성 모스크바 리서치센터에 근무하고 있고 고려인과학기술협회 회원이다.

스베틀라나 겐나디에브나 윤은 연방정부의 보조교육 프로그램 «IT 스쿨 SAMSUNG»을 성공적으로 이끌었다. 2016년 학문과 교육 분야에서 «2016 루네트상»을 받았다. 루네트상은 고(高)기술과 인터넷 부문에 수여하는 전국 단위의 상이다. 제13회 «2016 루네트상» 수상식은 11월 22일 모스크바에서 개최되었다. 그녀는 삼성 리서치센터 생태계 발전팀 팀장이다. 그녀는 기계학 박사이며 이전에는 조교수로 노보시비르국립기계대학 원격교육연구소를 이끌었다.

5. 문화와 스포츠

◎ 장 안드레이(Тян Андрей)

음악가이자 바이올리니스트.

마린스키극장 심포니 오케스트라 바이올리니스트인 안드레이 장은 러시아연방 국방부의 지령으로 2016년 5월 31일 러시아연방 국방부 메달 №318 «팔미라의 해방을 위하여»를 수여받았다.[19]

---

19) 우리의 동포 안드레이 장이 메달 «팔미라의 해방을 기념하여»를 받았다(Наш

■ 간략 개요

2016년 3월 13일부터 3월 27일까지 팔미라에서의 영웅적 투쟁과 팔미라의 해방에 직접 참가한 공훈을 인정받아 러시아연방 국방부와 시리아 아랍군 군인들이 메달 «팔미라의 해방을 위하여»를 수여받았다. 또 팔미라 해방에 공훈을 세운 군 작전 입안자들과 지휘부들도 이 메달을 수여받았다. 팔미라 해방을 위한 군사작전 수행 시 연합군에 부여된 임무를 함께 수행한 시민 역시 이 메달을 수여받았다. 2016년 5월 5일 해방된 시리아 팔미르에서 콘서트가 개최되었고 마린스키극장 심포니 오케스트라 단장 발레리 게르기예프와 단원들에게 메달이 수여되었다.

발레리 게르기예프의 지휘를 받는 마린스키극장 심포니 오케스트라 단원들은 러시아국방부 문화국 국장 안톤 니콜라예비치 구반코프에게서 직접 메달을 받았다. 그는 2016년 5월 16일 시리아 아랍공화국에서 개최된 콘서트 참가자 전원에게 감사를 표했고 러시아연방 국방부장관 세르게이 쇼이구의 사의를 전달했다. 마린스키극장 심포니 오케스트라 바이올리니스트이자 아티스트인 우리의 동포 안드레이 장은 수상자 중 한 명이었다.

이것은 역사적인 콘서트 활동으로 받은 그의 첫 번째 군 관련 수상 경력이다. 안톤 구반코프의 말에 의하면, 모든 단원들은 러시아가 해외에서 수행한 반테러작전에 실제로 참가한 것이나 다름없었다. 전투에 끼친 그들의 공훈은 시리아의 해방을 위해 또 시리아 시민의 사기 진작을 위해 매우 중요하고 필요한 것이었다.

соотечественник Андрей Тян награждён медалью «За освобождение Пальмиры»). 검색일: 2018년 12월 10일: http://www.koreanclub.ru/our-compatriot-andrey-tyan-was-awarded-the-medal-for-the-liberation-of-palmyra/

■ 《문화상륙대》의 비밀이동에 관한 특수작전에 대하여

기밀을 철저하게 지켜면서 작전 준비가 세밀하게 이루어졌다. 음악가들은 치열한 전투 현장으로 이동한다는 정보를 절대 누출해서는 안되었다. 특수한 상황을 고려하여 작전에는 남자들만 선발되었다. 문화행사의 앞에 놓여 있는 곤경과 잠재적 위험성에도 불구하고 단원들은 자신의 지도부를 믿었고 국방부 측의 안전 보장을 절대적으로 신뢰했다. 러시아군의 특수부대 요원들이 시리아에 체류하는 동안 단원들의 안전을 책임졌다.

수상식 말미에 발레리 게르기예프가 사람들 앞에 나섰다. 믿기 힘들 정도의 검소함과 뛰어난 재능을 가진 발레리는 수상식에 특별히 와 준 자신의 동료들, 가족들, 지인들에게 감사를 표했다. 그는 자신의 단원들을 얼마나 걱정했는지, 군사 기지에서 그들을 어떻게 맞이했는지를 이야기했으며, 이 콘서트가 모든 단원들의 인생에서 역사적인 사건으로 남을 것이라고 말했다. 세상의 다른 곳에서 지내던 많은 음악가들이 팔미라에서 자신의 역할을 수행하고 싶어 할 수도 있으나, 어떻게 해야할지를 몰랐다. 하지만 러시아연방 국방부 덕분에 당시 상황에서 가장 필요하고 중요했던 마린스키극장 오케스트라의 투어가 이루어질 수 있었다. 문화가 인류 문명의 발전에 끼친 영향은 절대 돈으로 평가할 수 없다.

시리아 파견 시 안드레이는 출발 일시를 알고 있었다. 단원들은 군사기지에서 군인들을 만났고 곧장 브리핑을 들었다. 그들은 예기치 않은 상황이 발생할 경우 비전투원으로써 어떻게 행동해야 하는지 아주 상세하게 알려줬다. 모든 단원들에게 방탄조끼와 헬멧을 나누어주었고 팔미라에 가는 전 여정 동안 절대 벗지 말라고 했다.

이동은 신속하게 이루어지지 않았다. 그들은 6시간 동안 장갑차를 타고 갔다. 군 특수부대, 기갑부대, 헬리콥터의 호위를 받았다. 팔미라를 향해 엄청난 속도로 질주했다. 출발 전에 모두 물을 마셨기 때문에 그들 중 몇 명은 짧은 휴식이라도 원했지만 안전 때문에 휴식은 취하지 않았다. 이것은 그들에게 교훈이 되었다. 귀국할 때는 출발 전에 물을 마시지 않았다. 폐허가 된 팔미라에서 개최된 역사적 의미의 콘서트는 TV로 방영되었다. 그런 장소에서 연주한 것은 모든 단원들에게 명예였다.

■ 안드레이 장의 인터뷰 발췌문

"나는 평화 보존과 문화 계승에 끼친 우리의 공헌이 국가로부터 정당한 평가 받아 기쁩니다. 이것은 나의 첫 번째 메달입니다. 전쟁의 진원지에 있으면, 다른 시각으로 전쟁을 바라보게 될 것입니다. 전쟁이 가져온 파괴되는 모습을 직접 목도하면서 전쟁을 통해 생명의 가치를 여실히 깨달았습니다. 그곳에 있는 사람들은 메달이나 상이 아닌, 평화 보존을 위해 자신의 목숨을 걸었습니다."[20]

천여 명의 군중들 앞에서 콘서트가 개최되었던 원형극장, 이곳에서 펼쳐진 마린스키극장 오케스트라 콘서트에는 지역주민뿐만 아니라 러시아연방, 세르비아, 짐바비아, 페루, 남아프리카공화국 등에서 온 사람들도 있었다.

발레리 게르기예프[21]는 다음과 같이 언급했다.

---

20) 앞의 기사.
21) 발레리 게르기예프 – 소련과 러시아 지휘자. 1988년부터 마린스크극장(상트페테르부르크) 예술 지도자 및 총 감독, 뮌헨 필하모니 오케스트라 수석 지휘자, 2007-2015년 런던 심포니 오케스트라 단장.

"오늘 울려 퍼지는 음악에는 우리의 정신적인 고통, 분노심, 테러와 폭력에 대한 저항, 대량 살육을 자행하면서 이곳의 귀중한 세계문화유산을 파괴하려는 비인간적인 행위에 대한 저항이 담겨있습니다. 고통받는 팔미라에서 개최되는 우리의 콘서트는 평화에 대한 호소입니다. 증오와 테레에 대응한 전투에 함께 노력하자고 세계 모든 인민들에게 보내는 호소입니다."[22]

◎ 유 나탈리야(Ню Наталья)

가수, 나탈리야 유는 1979년 1월 26일 우스베키스탄에서 태어났으나, 전 인생을 통해 네바-상트페테르부르크에서 성장하고 생활했다. 어린 시절부터 노래하고 춤추는 것을 좋아했다. 그녀의 엄마가 기억하는 바에 따르면 3살 때도 항상 어디에서나 노래하고 춤추는 것을 부끄러워하지 않았다고 한다. 집에서는 가족들 앞에서 노래하고 춤을 췄다.

22) 앞의 기사.

유치원 음악교사도 어린 나타샤의 특별한 음악적 재능을 알아차렸고 부모에게 나타샤를 음악학교에 보내라고 조언했다. 이렇게 나타샤는 전문적으로 음악의 세계와 접하게 되었다. 음악학교 솔페지오 교사는 그녀의 목소리에 있는 특별한 옥타브와 음색의 아름다움에 감탄했다. 그러나 진지한 어린 소녀는 아직 보컬에 대해서는 생각하지 않았다. 나타샤는 바이올린 전공으로 음악학교를 졸업했고 이후 무소르그스키 음악대학에 입학했다. 2000년 음악대학을 졸업했다. 그해 마린스키극장 바이올리니스트인 남편과 결혼을 했고 온전히 가정에 충실하면서 3명의 아들을 길렀다. 엄마와 아내가 되고 몇 년이 지난 뒤 노래를 하겠다는 자신의 열망, 그리고 사람들에게 작은 희망과 행복을 선사하겠다는 소망을 실현시킬 때가 되었다고 생각했다. 2011년 국제 보컬 콩쿠르 «그랑프리 상트페테르부르크»에 참가해서 «팝 보컬 애호가» 부문에서 2위를 차지했다.

◎ 박 율리야 알렉산드로브나(Пак Юлия Александровна)[23]

가수 겸 아티스트, 박 율리야[24]는 1988년 7월 2일 우즈베키스탄에서 태어났다. 2010년 러시아연극예술아카데미 연극학부를 졸업했다. 2011년 그네신 러시아음악아카데미 팝 재즈 보컬학부를 졸업했다. 2012년 실내악극장 «엘 아트(El Art)»에서 근무했다.

스타스 나민이 지도하는 모스크바 음악

23) 러시아고려인(Российские корейцы).№5(178). 2018년 5월. 8쪽.
24) 박 율리야(Пак Юлия). 검색일: 2019년 1월 15일: https://www.kino-teatr.ru/kino/acter/w/ros/381021/bio/

드라마극장 배우이다.

채널 1 TV에서 기획한 《목소리-2(Голос-2)》에 디마 빌란 팀 소속으로 참가했다. 10년 동안 《고샤 쿠첸코의 음악 프로젝트》에 참가했으며 개인적으로 《율리야 박의 음악 프로젝트》 그룹의 보컬이고 스타스 나민 래퍼토리 극장, 불가코프 극장과 인민극장의 배우다.

■ 연극 활동

스타스 나민의 감독 하에 모스크바 음악 드라마 극장에서의 활동:

- 케루비노, 첫 번째 페이 그래프(《피가로의 결혼》)
- 판세타, 안토니오의 딸(《피가로의 결혼》)
- 젝키(《22세기의 선생님》)
- 수탉(《브레멘 음악대》)
- 군중: 사도들, 군인들, 가난한 사람들(《예수 그리스도 슈퍼스타》)
- 사랑의 부족(《머리카락》)
- 이웃집 여자(《내 마음의 산에서》)
- 배우들(《정상의 주민》)

■ 뮤지컬

- 왕자-'평범한 기적', 감독: 포폽스키(И. Поповски)(2010-2011년)
- 술라미피-'술라미피-영원히', 감독: 고류노바(И. Горюнова) (2011년)
- 졸루시카-'졸루시카', 감독: 마르티노프(Е. Мартынов)(2011-2012년)
- 외국인 여자-'비엔나의 볼', 감독: 마르티노프(Е. Мартынов) (2011-2012년)

- 항구의 아가씨-'보물섬', 감독: 니나 추소바(Нина Чусова)(2013-2014년)
- 화살-'다람쥐와 화살', 감독: 빅토르 스트렐리첸코(Виктор Стрельченко)(2013-2015)
- 마녀 시유키-'이스트위크 마녀', 감독: 야누시 유제포비치(Януш Юзефович)(2013-2015)

■ 실내악극장 «엘 아트»에서의 공연
- 게르다 뮤지컬 '백설공주' 공연
- 오다르카 뮤지컬 '크리스마스 이브' 공연

율리야의 아버지는 군인이지만 어린 시절부터 음악과 노래에 대한 애정을 가지고 있었다. 율리야는 태생적으로 아버지와 할아버지에게서 천부적인 목소리를 물려받았다. 할아버지는 소비에트연방 군오케스트라 지휘자였다. 율리야는 자신의 외모에 대해 이렇게 말한다.

"아버지와 할아버지의 유전자 때문에 내 외모는 아주 평범하지가 않다. 아버지는 반은 한국인이고 나는 이미 4분의 1만 한국인이다. 할아버지는 완전한 한국인이다. 러시아인들 사이에 있을 때 그들은 나를 한국인처럼 대한다. 사실 나는 내가 한국인인지 러시아인인지 잘 모르겠다. 게다가 엄마는 러시아인이고 아버지는 평생을 러시아에서 사셨기 때문에 우리 가족들 사이에는 동양문화가 거의 남아있지 않다. 하지만 내게는 동양문화에 대한 느낌이 있다."[25]

율리야는 자신의 장점으로 성실성을 들었다. 그녀의 삶의 좌우명은

---

[25] 연주하는 가수 율리야 박(Играющая певица Юлия Пак) // 러시아고려인(Российские корейцы). № 5 (178). 2018년 5월. 8쪽.

326 현대 고려인 인물 연구 1

《일하고, 일하고, 일하자! 자신에 안주하지 말라. 더 많이 일을 할수록 더 많이 얻을 수 있다!》이다.[26]

◎ 리 카탸(Ли Катя)[27]

가수, 그룹 «파브리카»의 보컬.

예카테리나 발레리예브나 리는 1984년 12월 7일 바바르디노발카리야의 티르니아우스시에서 태어났다. 카탸의 몸에는 터키인, 폴란드인, 러시아인, 한국인 등 여러 계통의 피가 흐른다. 카탸의 할아버지는 한국인으로 중국에서 태어났다. 청소년기에 시베리아로 옮겨와서 일을 하기 시작했다. 소비에트연방과 중국의 분쟁 이후 국경이 폐쇄되면서 소년은 낯선 나라에 남겨졌으나, 빠르게 그 나라에 적응했다.

카탸 리의 아버지는 자유형 레슬링 선수이고 엄마는 교사이다. 카바르디노발카리야의 베르흐니 쿠르쿠진 마을에서 어린 시절을 보냈다. 카탸의 집은 두 산 사이의 아주 조용한 곳에 위치해 있어서 아이들이 그곳을 산책하며 다녔다. 카탸는 노래 부르기를 원했고 TV에 나오는 자신의 모습을 보고 싶어 했다. 카탸는 학교에서 동급생들이 자신의 성(姓)을 가지고 놀렸기 때문에, 창피해 했다. 카탸는 수업이 끝나면 다른 도시에 있지만, 지금의 친구들을 만나게 된 보컬 스튜디오 '페닉스'를 향해 전속력으로 날듯이 향했다. 카탸는 수많은 보컬경연대회에 참가

---

26) 앞의 기사.
27) 카탸 리: 스타의 약력(Катя Ли: профиль звезды). 검색일: 2019년 1월 10일: http://7days.ru/stars/bio/katya-li/#ixzz5oh1nK8l6

하여, 여러번 1등을 차지했으며, 콘서트에도 출연했다.

학교를 졸업한 카탸는 문화예술대학에 입학했다. 음악교육을 받은 적이 없었음에도 상트페테르부르크국립 예술문화대학의 재즈학과는 그녀를 받아주었다. 학교를 다니면서 재즈 클럽, 생음악 레스토랑에서 아르바이트로 노래를 불렀다. 상트페테르부르크국립예술문화대학 3학년생인 카탸 리에게 그룹 «하이파이(Hi-Fi)»의 멤버들이 관심을 보였다. 그들은 모스크바에서의 오디션에 그녀를 초청했으며, 곧이어 카탸는 솔로를 맡아 2005년 5월부터 2010년 2월까지 활동했다. 카탸는 그룹 ≪하이파이≫에서 일하면서 자신이 원하던 모든 것들, 즉 인기, 콘서트, 순회공연, TV출연 등을 이룰 수 있었다.

«발자취를 따라»(감독: 팀의 프로듀서인 에리크 찬투리야(Эрик Чантурия), 2006년), «행복에 대한 권리» (2007년), «일곱 번째 꽃잎»(감독: 예브게니 쿠리친(Евгений Курицын), 2008년), «우리는 천사가 아니다»(감독: 알란 바도예프(Алан Бадоев), 2008년), «잊혀진 9월»(감독: 파벨 에세닌(Павел Есенин), 2009년), «"사랑이라는" 상태»(2010년) 등 그룹 «하이파이»의 뮤직비디오에 출연했다:

2010년 초 카탸는 그룹을 탈퇴해서 솔로로 활동하기로 결정했다. 카탸는 정기콘서트를 마친 후 그룹을 탈퇴해서 미국으로 가겠다고 발표했다. 귀국 후 솔로로 활동할 계획이었으나 프로듀서 이고리 마트비옌코의 제안을 받아들이면서 애초의 계획은 무산되었다.

2010년 5월 솔로 활동을 결정한 사티 카자노바가 그룹 «파브리카»를 떠났다. 그리고 카탸 리는 그녀의 자리에 오라는 제안을 받았다. 카탸는 완전히 새로운 스타일로 노래를 부른다는 결정을 내린 후 그 제안에 동의를 표했다. 게다가 장차 동료가 될 사샤 사벨리예바 및 이리나 토네바와는 오래 전부터 알던 사이였다. 카탸는 이미 베테랑이었음에도 그룹 «파브리카»의 구성원으로 무대에 서기 위해 오랫동안 엄청난 연습을 해야 했다. 그리고 그 결과, 모든 그룹 팬들을 감동시켰다.

«알리 바바»(가수 아라시가 뮤직비디오에 출연, 2010년), «너에게 키스를 한다» (2010년), «정거장»(듀오 '비너스'와 함께 출연, 2011년), «사랑에 관한 영화들»(감독: 알란 바도예프(Алан Бадоев), 2012년), «그녀는 나다» (2012년). «졸루시카» (2012년), «미인으로 태어나지 않았다» (2013년) 등 그룹 «파브리카»의 뮤직비디오에 출연했다.

그룹 «파브리카»의 보컬 카탸 리는 자신이 직접 옷을 입어보기도 하고 다른 그룹원들에게 옷을 입어보게 하면서 의상디자이너를 준비하고 있다. 그룹 «파브리카»의 무대의상은 그녀의 스케치에 따라서 제작된 것이다.

2011년 가을 모스크바에서 열린 패션 위크에 디자이너로 데뷔했다. 카탸 리는 관객들에게 자신이 디자인한 의상을 선보였다. 로스앤젤레스로 여행하는 동안 카탸는 ≪마법사의 제니스의 패션스쿨≫이라는 쇼를 이끌던 제니스 디킨슨으로부터 직접 일하자는 제안을 받았으며, 심지어 그녀는 몇 벌의 의상을 카탸에게 주문하기도 했다. 2012년 자신의 컨셉 의상 컬렉션을 개최했으며, 자신과 같은 이름인 K-LEE라는 브랜드를 런칭했다.

카탸는 다음과 같이 언급했다. "내 의상은 용감한 사람들, 자신만의 개성을 드러내려는 사람들을 위한 것입니다. 슈퍼 히어로는 두 번째 '나'이기 때문에, 내 컬렉션의 모든 의상은 나를 위해 고안된 것입니다. 언젠가 미용사이자 '컬트 향수 몰레큘(Molecule)'의 창조자인, 지구상의 창조적인 두 명의 인물인 스팅과 게자 숀은 사람들에게 의상을 보여주라고 조언하고는, 제가 이런 퍼포먼스를 개최하도록 용기를 복돋아 주었습니다. 내 의상들은 내구성, 내열성, 방수성 소재로 만들어지며 최신 인체 공학적 요건을 충족시키는 것이며, 움직이는데 불편함이 없으며 알레르기를 유발하지 않습니다. 내 의상의 공기역학적 프로파일은 마찰 강도를 최소화하고 유동 저항을 보정해 줍니다. 그리고 여성들에게 특히 중요한 것은 이 의상들이 최신 유행에 따른 것이기 때문에, 남성들의 선풍적 흐름을 조성해 준다는 것입니다."[28]

◎ 강 에라(Канн Эра)[29]

가수, 작곡가, 보컬 강사.

이리나 강(활동 예명-에라 강)은 사마르칸트 사라토프에서 태어났다. 1997년 음악학교 포르테 피아노 반에서 수학했다. 에라 강은 깊이 있고 한 음색을 지니고 있다.

에라 강은 사라토프 시장상, 사라토프 주지사상을 수상했다. 사라토프에서 피아니스트 다니일 크라메르(Даниил Крамер)를 만나게 되었고 이후 그는 그녀의 음악 대부가 되었다. 크라메르는 에라 강의 노래를 들은 뒤 그녀에게 이후 어떤 식으로 자기 계발을 할 것인지 조언했고 조언과 지원을 아끼지 않았다. 에라 강이 다니일 크라메르와 함께 순회공연을 다닐 당시, 다니일은 그녀에게 어머니의 이름(어머니의 이

---

28) 그룹 «파브리카»의 보컬 카탸 리가 의상 컬렉션을 선보였다(Солистка «Фабрики» представила коллекцию одежды K-Lee). 검색일: 2019년 1월 15일: https://yesmagazine.ru/fashion_news/Katya_Li_predstavila_svoyu_kollektsiyu_odegdy_K-LEE/

29) 에라 강. 약력(Эра Канн. Биография). 검색일: 2018년 10월 10일. https://www.peoples.ru/art/music/pop/era_cann/

름이 에라이다)을 예명으로 하라고 조언했다. 에라 강은 최우수상을 받으면서 학교를 졸업한 뒤 2007년 모스크바로 이주하여 국립 팝 앤드 재즈아트 음악대학에 입학했다.

에라 강은 대학을 다니면서 음악 페스티벌 «재즈의 목소리», «청년들의 창작», «재즈페스티벌», «소중한 계절들», «브로드웨이의 멜로디», «재즈의 메신저»에 참가했다. 2009년 에라 강은 다니일 크라메르 및 아카데미 심포니 오케스트라와 함께 사마르칸트국립필하모니에 출연했다.

대학을 졸업하면서 에라 강은 그네신 러시아음악아카데미에 입학했고 동시에 재즈 그룹 «크래이지 밴드(Crazy Band)»를 결성하여 지금까지 러시아 순회공연을 다니고 있다. 그들은 «황금고리(Золотое Кольцо)» 극장의 모스크바 홀, 건축회관 부설 문화의 집, «재즈 아트 클럽», 기자 회관과 재즈 유람선에서 콘서트를 개최했다. 또한 사라토프 페스티벌 «재즈와 클래식 사이(Jazz-Inter-Classic)»에도 참가했다. 이외 에라 강은 러시아의 많은 재즈인들과 공동 작업을 하고 있다. 그들 중 특히 유명한 사람은 다니일 크라메르, 세르게이 마누캰(Сергей Манукян), 아나톨리 크롤(Анатолий Кролл), 발레리 포노마레프(Валерий Пономарев), 블라디슬라프 메댜니크(Владислав Медяник)와 올레그 부트만(Олег Бутман)이다.

투어 콘서트 «X 팩터. 주요 무대(X-фактор. Главная сцена)»에서 에라 강은 러시아민요를 불렀다. 심사위원 잔나 로제스트벤스카야는 순수한 한국인의 혈통을 가졌지만 러시아민요를 깊이 있고 열정적으로 부른 에라 강에게 주목했다. «목소리 4계절(Голос 4 сезон)» (2015년)에서 멸종위기에 처한 종(Endangered Species)을 불렀고 바실리 바스타 래퍼 팀의 구성원으로 프로젝트에 참가하였다.

◎ 박 유리(Пак Юрий)

가수, 20세.

블라디보스토크에서 태어났으며 모스크바에서 살고 있다. 부모님은 고려인이다. 2살 6개월 되던 때 부모님이 모스크바로 이주했다. 물리수학학교를 졸업한 뒤 바우만 모스크바국립공과대학에 입학했다.[30] 유리 박은 러시아와 한국의 문화와 언어를 보유한 사람 중 한 명이다. 음악에 대한 사랑은 사할린 출신 한인인 할머니로부터 물려받은 것이다. 유리 박은 할머니와 함께 아마추어 무대에 첫발을 내디뎠고 다양한 음악콩쿨에 참가했다. 할머니는 한때 음악학교 색소폰반에 입학하기도 했다. 유라는 4살 때 처음으로 무대에 등단했다. 그 이후 그는 가수와 예술가가 되기로 결심했다. 이 세상에 첫눈에 반한 사랑이 있다면 그것은 무대에 대한 사랑일 것이라고 젊은 가수는 여기고 있다.[31] 그는 한 번도 보컬을 배운 적이 없으며 단지 음악을 들으면서 그것을 따라 불렀고, 자신의 음감과 감수성을 믿었다.

1번 채널에서 기획한 프로그램 «7인의 목소리: 재다운로드(Голос

30) «목소리». 한국어로 노래를 불렀다(«Голос» запел на корейском) // 러시아고려인(Российские корейцы). № 11(184). 2018년 11월. 7쪽.

31) 유리 박. «이 세상에 첫눈에 반한 사랑이 있다면 이것은 무대에 대한 사랑이다»(Юрий Пак. «Если и существует в этом мире любовь с первого взгляда, то это любовь к сцене»). 검색일: 2018년 12월 25일: https://koryo-saram.ru/yurij-pak-esli-i-sushhestvuet-v-etom-mire-lyubov-s-pervogo-vzglyada-to-eto-lyubov-k-stsene/

7: перезагрузка)»에서 처음으로 한국어로 노래를 불렀다. 최근 세계 적으로 히트한 《강남스타일》을 자신의 독창적인 스타일로 재해석하여 부른 뒤 인터넷 채널 유튜브에 올린 유리 박의 동영상은 75만 이상의 조회수를 기록하였다.

■ 잡지 《엘레 걸(ELLE Girl)》과의 인터뷰 발췌문

저는 언어와 감성 터득을 통해 다민족 정체성을 가진 사람이 되어 가고 있습니다. 저는 여러 나라 출신의 사람들에게 흥미로운 대상이 될 수 있습니다. 제 창작 세계에서 한국문화는 매우 중요합니다. 러시아의 많은 아티스트들은 자주 서구의 작품을, 즉 서구의 아티스트들을 모방 하고 있습니다. 그렇다면 한국인은 자기 문화의 과실들을 이용할 권리 가 있지 않을까요?[32]

전 세계적으로 유명한 K-pop 문화는 유리 박이 역사적 조국의 문화 로서만이 아니라 러시아의 팝 문화와 자신의 음악적 재능, 새로운 음악 장르, 매니저 사업의 경험, 음악 산업에 대한 접근을 결합하도록 만들 고 있다.[33] 현재 유리 박은 러시아 TV의 역사상 최초의 K-pop 진행자 이자 TV 채널 MTV의 가수로 활동하고 있다.

---

32) 유리 박 아카 하루: 《K-팝은 단순한 음악이 아니다》(Юрий Пак aka HARU: «K-pop – это не просто музыка»). 검색일: 2019년 1월 15일: http://www.ellegirl.ru/articles/yuriy-pak-aka-haru-k-pop-eto-ne-prosto-muzyika/

33) 유리 박-러시아의 첫 아이돌 VJ(Юрий Пак – первый в России айдол-виджей). 검색일: 2018년 12월 21일: https://www.mtv.ru/news/park-yury-mtv-kpop-chart/

◎ 한 폴리나(Хан Полина)

스포츠 선수, 태권도 유럽선수권대회 챔피언이다.[34]

폴리나 한은 1999년 로스토프나도누에서 태어났다. 로스토프나도누에 위치한 올림픽 출전 선수 육성을 위한 스포츠학교 №11, 로스토프의 스포츠클럽 «그랜드마스터»에 교육을 받았다.

트레이너는 아루투르 한이다. 2017년 불가리아의 소피아시에서 개최된 태권도 유럽선수권대회에서 올림픽 체급에 준하여 67kg 이하 경기에 출전하여 금메달을 획득했다. 2017년 우수 러시아 여성 태권도 선수 순위에서 상위에 랭크되어 있다. 로스토프 출신의 폴리나 한은 유럽 최고의 여성운동선수 16인에 들어간다. 2018년 11월 폴리나 한은 위에 언급된 체급에서 러시아 챔피언이 되었다.

---

34) Полина Хан. https://infosport.ru/person/thekvondo-vtf/han-polina-stanislavovna 검색일: 2018년 12월 21일

◎ 헤가이-미구노바 율리야(Хегай-Мигунова Юлия)[35]

자동차 랠리의 스타.

29세이며 모스크바에 살고 있다. 모스크바국립국제관계대학 법학부를 졸업했으며 국립연구대학교 "고등경제스쿨"에서 광고 전공으로 석사학위를 받았다. 이곳에서 스포츠 커뮤니케이션에 대해 강의를 하는 동시에, 전문가 클럽 «발다이»와 협업 중이며, «가스프롬-루스벨로» 사의 커뮤니케이션부를 이끌고 있다. 취미는 모터스포츠이다.

전(全)러시아국영TV·방송사(ВГТРК) 부사장인 세르게이 헤가이[36]와

---

35) 졸로토프 A. 줄스는 어디로 질주하는가. 자동차 랠리의 스타가 된 러시아의 여성 레이서. Золотов А. Куда несет Джулс. Российская гонщица стала звездой ралли-рейдов // 검색일 2019년 1월 30일: https://www.forbes.ru/forbeslife/365021-kuda-neset-dzhuls-rossiyskaya-gonshchica-stala-zvezdoy-ralli-reydov
36) 헤가이 세르게이 안토노비치. 전(全)러시아국영TV·방송사의 부사장. 조국의 TV의 발전에 끼친 공헌과 오랫동안에 걸친 유익한 활동을 높이 평가받아

영화감독 마리나 미구노바의 딸로 어린 시절부터 무척 활동적이었다. 자전거와 스쿠터 타는 것을 좋아했지만 그녀의 불행을 예언하는 것은 그 무엇도 없었다. 왜냐하면, 율리야는 아버지처럼 은행가가 되어 재정 관련된 일을 하기를 원했기 때문이다. 은행가가 되려는 꿈에 점점 흥미를 잃고 있었던 율리야는 법률 분야에 자신의 삶을 바치기로 결심했다.

18세 때 줄스(율리야)는 모스크바국립국제관계대학 법학부에 입학했고 이후 스쿠터와 오토바이를 타기 시작했으며 아버지에게 모터사이클을 타게 해달라고 부탁했다. 그녀는 흰색 레이서복장과 헬멧을 착용하고 하얀 야마하 바이크에 올라 모스크바를 질주했다. 2007년 6월 그녀는 모터사이클을 선물로 받았는데, 9월 큰 사고를 당했다. 다리에 7곳이 골절되었다. 아버지는 딸의 행동에 대해 한 번도 말을 한 적이 없었는데, 이 사고에 대해서도 마찬가지였다. 그런데 이 운명의 순간은 감독인 어머니와 관련이 있다. 사고가 발생하기 얼마 전 어머니는 딸에게 영화 《사이드 스텝》(2008년)에 출연할 것을 권했다. 영화에서 여주인공역을 맡은 율리야는 모터사이클 사고를 당한다. 영화에서 8곳을 꿰맸는데, 바로 이 영화가 끝난 후 그녀에게 줄스라는 별명이 붙었다. 율리야는 웃으면서 이 사건에 대해 이렇게 얘기했다.

"모든 것이 영화 속에서와 같이 발생했어요. 다친 것도 꿰맨 것도 영화랑 똑같았거든요."

물론 아버지는 모터사이클을 압수해 버렸지만, 이미 늦었다. 줄스는 돈을 모을 수 있는 방법을 찾았고 부모님 몰래 스즈키 사의 새로운 모터사이클을 구입했다. 그리고 또 다시 사고를 당했다. 그녀가 회복해서 프로 수준의 스포츠 선수생활을 할 수 있을지가 확실하지 않을 정도로

2007년 6월 27일자 러시아연방 대통령 지령 №815에 근거하여 우호훈장을 받았다.

심각한 사고였다.

"전 소생술을 받았습니다. 폐가 찢어졌고 간이 깨졌죠. 모든 게 다 파열되었어요. 게다가 제 혈액형은 RH-AB형이에요."

지금 줄스를 보면, 그녀의 몸이 조각났으며, 수술 후 의식을 회복한 뒤 차라리 혼수상태에서 깨어나지 않는 것이 더 나았을 거라는 생각을 했었다는 사실을 믿을 수 없을 정도다. 줄스는 다음과 같이 회상했다.

"저는 제 20살 생일을 병원에서 맞이했어요. 그러나 그 어떤 것도 목발을 집어 던지고 내 발로 일어서서 스쿼트와 계단오르기 그리고 매일 10킬로미터의 크로스컨트리를 해내는 것을 막지는 못했답니다."

부상에도 불구하고 허약해 보이는 율리야 미구노바 헤가이는 다시 토요타 랜드 크루져 200의 핸들 앞에 앉아서 모래 언덕, 흙, 기타 오프로드를 주파했다. 율리야는 29세이며 지인들은 그녀를 줄스라고 부른다. 그녀는 2016년 랠리를 통해 데뷔했으며 2018년에는 월드컵의 모든 단계를 통과하기로 결심을 굳혔다. 2018년 줄스는 월드컵 세계 랭킹 3위를 차지했다. 그녀는 이미 월드컵에 대한 기초 준비를 모두 마쳤다. 시작 3개월 전부터 훈련을 했다.

"저는 경주용 카트를 타고 훈련을 받았습니다. 하지만 비가 오는 날에도, 추운 날에도 굽히지 않고 하루에 100바퀴씩 돌았답니다."

전 세계에 걸쳐 11개 단계로 구성된 2018년 월드컵은 2월에 시작되었다. 매 단계는 2~7일 동안 치러지며, 각 단계의 경주거리는 600~1000㎞이다. 이러한 경로는 안전에 큰 해가 된다. 하지만 줄스는 이를 아주 담담하게 받아들인다.

"물론 아직 7단계가 남아있습니다. 그 다음에는 주요 랠리에 참가하기 위해 지불해야 하는 20만 유로에 대해 파트너와 상의해야만 합니다.

«다카르»를 통과하기 전까지 저는 절대 안심할 수 없습니다."[37]

율랴는 극단, 모험, 자유와 승리를 향해 질주하는 현대 러시아 아가씨들의 우상이다.

◎ 최 드미트리(Цой Дмитрий)[38]

체스기사, 드미트리 최는 2004년 모스크바에서 태어났다.

수차례 모스크바와 러시아 대회에서 체스 전 종목 챔피언이 되었으며 2018년 라트비아 공화국 리가에서 열린 유럽 클래식체스 선수권대회 준우승자, 2018년 래피드체스 세계선수권대회 우승자다.

9세 때 드미트리는 클래식체스 세계선수권대회에서 동메달을 수상했다. 7년 동안 러시아 주니어 팀 소속이었다. 그의 목적은 알렉세이 김 이후 고려인 최초로 체스 명인이 되고 체스에서 최고의 칭호인 국제 그랜드마스터로 불리는 것이다. 2017년에는 국제체스연맹 스포츠 마스터의 기준을 충족시켰다.

37) 앞의 기사.
38) 체스. 드미트리 최(Шахматы. Цой Дмитрий) // 러시아고려인(Российские корейцы). № 3 (188). 2019년 3월. 12쪽; 세대별 토너먼트 경기 «호두까기 인형»(Матч-турнир поколений «Щелкунчик») // 검색일: 2019년 1월 21일. http://ruchess.ru/championship/detail/2015/match_turn_tschelkunchik/

제3장
고려인 청년단체들

1. 민족정체성 위기

포스트소비에트 러시아에 찾아온 거대한 사회적 위기는 전통적인 정체성의 근저를 해체, 변형시켰으며 새로운 자기인식 모델의 탐색과 구축을 요구했다. 그것들은 정치·경제적 조직과 단체, 커뮤니케이션, 국가의 특성과 상징의 기반이 되었다. 새로운 국가 형성의 복잡한 과정은 사람들의 의식체계 독특하고 모순적으로 반영되었다.[1)]

급진적인 사회 개혁과 그에 동반되는 사회불안이라는 조건 속에서 정체성의 위기가 찾아왔다. 인간이 사회에서 자신과 자신의 위상을 규정하는데 매개 역할을 하는 사회적 범주의 대다수가 경계와 가치를 잃어버린 시점부터 개인 및 사회대중의식은 특별한 상황을 맞이하게 된다.

20세기 후반 민족, 민족공동체에 대한 소속감, 즉 자신의 민족정체성의 자각으로 특징지을 수 있는 과정들이 강화되었다.

---

1) Андреева Г.М. Психология социального познания / Г.М. Андреева. М., 2004. С. 187.

민족정체성의 성장은 20세기 후반 인류 발전의 주된 특징 중의 하나이다. 자신의 뿌리에 대한 각각의 개인이나 전체로서 민족의 관심은 옛 풍습, 잃어버린 언어, 민족 전통, 설화 등을 복원하려는 시도에서부터 자신의 민족국가를 건설하거나 복구하려는 노력에 이르기까지 여러 가지 형태로 나타났다.

민족의식 고양으로 이어지는 민족정체성의 위기는 왜 찾아오는가? 민족정체성 성장의 심리적, 정서적 원인은 무엇인가? 사회적 불안이 급격하게 증가하는 상황에서 민족공동체들이 자주 응급 지원 단체의 역할을 하게 되는 이유는 무엇일까?

사회학 학파들은 민족정체성 성장의 원인을 이렇게 설명한다.

1) 보다 더 발전된 민족의 경제와 기술 확대를 가져온 노동의 민족 문화적 분업에 대한 후진 민족의 반작용에 의한 것이다.
2) 물질과 정신문화의 통합에도 불구하고 민족 내부의 상호 작용 강화라는 결과를 잉태시킨 세계사회의 경쟁에 의한 것이다.
3) 정치경제에서 거대사회그룹의 영향력 강화와 대중매체를 통한 그들의 응집력 강화에 의한 것이다.

인간은 항상 자신을 '우리'의 일원으로 느껴야만 한다. 소속감을 통해 삶의 지주(支柱)를 찾는 사람들의 의식 속에서 민족만이 그러한 욕구를 충족시킬 수 있는 유일한 집단은 아니다. 그런 집단 중에는 정당, 종교단체, 사회단체 등이 있다.

많은 사람들은 다양한 문화에 몰두하면서 살아가지만 사회시스템이 붕괴되는 시기에는 대다수의 사람이 보다 안정적인 것에 집착한다. 격렬한 사회적 불안의 시대를 겪고 있는 다른 나라들에서와 같이 러시아에서 그런 집단으로는 세대를 아우르는 공동체인 가족과 민족을 들 수 있다. 타시펠(Tashfel)과 터너(Turner)[2]의 범주 별 그리드를 사용하면 사회적 정체성과 사회적 분화는 '우리'와 '타자(他者)'의 범주화 과정에서 구축된다. 또는 포르시네프의 의견에 따르면 "대립되는 모든 것들은 연합하고 모든 것들은 대립하며 대립의 척도는 연합의 척도이다."

정체성을 식별하기 위한 과정은 단일하기 때문에 이 과정에서 사회적 정체성이 형성된다. 사회적 정체성은 자신이 속한 집단과 다른 집단에 대한 비교의 결과물이다. 긍정적인 사회적 정체성을 추구하는 과정에서 집단이나 개인은 자기 규정, 다른 이들과의 차별화, 자신 자율성의 확고화 등을 추구한다.

민족정체성 성장의 중요한 원인으로 직업적 이주, 수백만 명에 달하는 이민자와 난민들로 인한 이주, 여행 등과 같은 직접적인 민족 간 교류와 현대 대중매체를 통한 간접적인 민족 간 교류를 들 수 있다. 비교를 통해서만 가장 명확하게 자신이 가진 '러시아성', '유럽성', '한국성' 등의 독특한 특성을 규정지을 수 있다는 이유에서 반복되는 교류는 민족정체성을 중요한 것으로 만든다.

민족정체성 성장의 심리적 원인은 모든 사람들에게 단 한 가지뿐이지만 사회의 불안정을 가져올 만큼 사회가 급격히 변화할 때 민족은 특별한 의미를 지닌다. 이런 조건에서 민족은 종종 위기대응집단의 역할을 한다.

민족 간 교류는 개인이나 집단에게 자신과 다른 민족 집단의 고유성에 대한 지식을 획득할 수 있는 많은 가능성을 제공하고 커뮤니케이션 기술을 형성하게 해준다. 민족 간 교류 경험의 부재는 자아정체성에 대

---

2) Tajfel H., Turner J. C. An integrative theory of intergroup conflict // The social psychology of intergroup relations / Ed. W. G. Austin, S. Worchel. Monterey, CA: Brooks-Cole, 1979. P. 33–48.

한 관심을 추동시키지 않는다. 자신의 민족 문화적 특성과 확연히 다른 조건에서 살아가는 개인들에게 민족정체성은 아주 강렬하게 나타나지만, 문화적 특성이 유사한 집단 사이에서 살아가는 개인에게 자아정체성은 중요한 문제가 되지 않는다. 러시아 고려인은 전 지역에 분산되어 거주하고 있다. 자신의 의지와는 무관하게 외모에서 차이가 나고, 일정한 수준에서 심리와 정서의 차이를 느낀다. 혼혈 가정의 구성원조차도 민족정체성 문제에 부딪힌다. 이 문제를 해결하기 위해서는 모든 러시아 국민의 민족정체성과 자아정체성이 최고 수준에 이를 때까지 교육과 문화의 수준을 고양해야만 한다.

2. 고려인 청년단체

고려인 청년이 느끼는 정체성 위기의 가장 큰 원인은 그들 대다수가 상대적으로 최근부터 대도시에 거주하기 시작했다는 점에 찾을 수 있다. 우즈베키스탄, 키르기즈스탄, 러시아의 다른 지역에 거주하는 고려인들과 모스크바, 상트페테르부르크와 같은 대도시에 거주하는 고려인들의 심리와 정신 상태는 현격하게 차이가 난다. 그들 사이에는 의사소통의 장벽이 놓여있고 때때로 이것은 부정적인 모습을 보이기도 한다.

고려인 청년의 자아정체성 탐색 과정은 긍정적인 사회정체성 속에서 발현되었다. 최근 10년 동안 러시아어를 사용하는 고려인 청년들은 집단으로 연결되면서 고려인 청년사회단체를 조직하고 대규모 고려인 문화 페스티벌을 개최하고 있다. 청년들은 민족문화 자치단체와 공공 기관이 해결해야 할 과제를 구체적으로 제기하고 있다. 볼고그라드 청년단체 《미리내》의 회장 이고리 김은 민족정체성 확인을 위한 기본적인

카테고리를 정했는데 물론 이것은 민족사회문화단체의 의제가 되어야
만 할 것이다.

1. 신세대 고려인들의 한국 문화, 역사, 전통 그리고 관습을 실질적
   으로 보존하기 위해 사회활동가들이 활동하며 지켜야 할 정관상
   전략적 목적과 과제를 개발함에 있어서의 토대. 러시아에는 이미
   4+세대가 살고 있으며 세대가 더해갈수록 문제는 점점 더 첨예해
   지고 있다.

2. 21세기 고려인들이 취업을 위해 역사적 조국으로 이주하는 원인
   들. 물론 원인의 99%는 명쾌한 바, 경제적 문제 때문이다. 하지
   만 러시아에 거주하는 고려인의 대다수는 훌륭하고 안정된 직업
   과 발전 전망을 가지고 있으며 러시아에 있을 때 편안함을 느끼
   는 그들은 대한민국으로의 이주를 원하지 않는다. 러시아에 남아
   있는 많은 고려인들이 자신의 분야에서 충분한 성공을 거두었음
   에도 불구하고 한국인들 사이에서는 고려인이 공장 일용직으로
   만 일할 수 있을 뿐, 그 이상의 능력은 없다는(노동비자로 한국에
   입국한 이들 중 99%는 공장에서 일한다) 고정관념이 축적되어
   있다. 이로 인해 고려인과 한국인이 서로를 이해하지 못하는 경
   우가 발생한다.

3. 러시아제국, 소비에트연방, 현대 러시아 등 다양한 시기에 여러
   세대에 걸친 고려인의 성공 스토리. 공개된 지식 기반을 지속적
   으로 업데이트해야 한다.

4. 해외동포들을 대상으로 한 대한민국 프로그램의 개발과 보급의
   이유. 뛰어난 전문가 모집에서부터 성공한 고려인이 거주하고 있
   는 지역에서 대한민국의 관심사를 로비하려고 그들의 충성도를
   구축하는 것까지, 이런 프로그램은 실로 많다.

이 장에서는 독자적이고 자립적인 고려인 청년 사회단체들을 소개하고자 한다. 볼고그라드, 사라토프, 모스크바, 상트페테르부르크에 독자적인 청년단체들이 만들어졌다. 경제적 어려움에도 불구하고 고려인 청년들은 서로 소통하며 자신들이 특별한 정체성을 지닌 러시아 고려인이라고 주장한다. 또한 고려인과 한국의 역사에 대한 관심이 높아지고 있다. 이러한 사회단체에서 한국어 강좌, 태권도, 한국의 전통무용, K-pop을 배우며, 잃어버린 민족 전통을 되살리고 있다.

◎ 볼고그라드 고려인센터 «미리내»(ВОЛГОГРАДСКИЙ КОРЕЙСКИЙ ЦЕНТР «МИРИНЭ»)

지역사회단체로 2012년부터 존속하고 있다.
- 임무: 우리는 자기 민족의 문화, 전통, 역사를 보존하면서 자아실현과 발전을 위해 노력하고 볼고그라드 지역 내 다양한 민족들간의 평화와 화합의 강화에 협력하며, 높은 도덕성과 적극적인 시민 정신을 함양한다.

- 우리는 누구인가? 우리는 젊고 활동적이며 무관심하지 않다! 우리는 소통과 강렬한 감정을 추구하고 있다. 우리는 희망을 꿈꾸며 많은 일을 하면서 노력하고 있다. 우리는 다르지만, 많은 것들이 우리를 하나로 만들어주고 있다. 한국문화에 대해 따뜻하고 우호적인 태도를 취하며 열정적 관심을 지니고 있다!

우리는 설립 이후 단체에 보존되어온 특별하지만 아주 독특한 분위기를 자랑스럽게 생각한다. 우리에게 성실하고 훌륭한 사람들이 모여들고 있다는 것이 실로 유쾌하다!

◎ 김 이고리(Ким Игорь)

고려인청년단체 «미리내» 회장.

이고리 김은 1991년 볼고그라드에서 태어났다.

2016년 볼고그라드국립대학 경제와 국가경제관리학부를 졸업했다. 전공은 경제학의 수학적 방법론이다.

2011년. 볼고그라드주 청년정부 (Youth Government of Volgograd City)에서 일했다.

2012년부터 현재까지 지역 비영리 고려인청년단체 «미리내» 회장 직을 맡고 있다.

2012년. «연방회사 마이 박스(Federal Company MY BOX)»에 근무하고 있다.

2013년. 볼고그라드국립대학교 경영 및 지역경제학부 산하 학생 학술 클럽을 조직했다

2017년. 연방기업 마이 박스 모스크바 지사에서 근무.

◎ 사라토프고려인센터 '동막골'(САРАТОВСКИЙ КОРЕЙС КИЙ ЦЕНТР 'ТОНМАККОЛЬ')

사회교류단체로 2016년 5월 설립되었다.

우리는 사라토프시와 사라토프주의 주민들이다. 우리는 한국 문화에 대한 관심과 우리 공동의 목적 달성을 위한 사회활동에 종사하겠다는 염원으로 하나가 되었다.

■ 목적

1. 한민족의 문화, 전통, 역사의 보존과 전파.

2. 문화, 사회, 스포츠, 교육 프로젝트와 프로그램의 조직.

3. 사라토프주 다양한 민족 간의 평화, 우호, 연대의 강화.

4. 사라도프주 주민, 대한민국과 조선민주주의인민공화국 주민 간
   의 사회문화적 교류와 협력 증진.

5. 조직 구성원들의 주도성, 책임감, 문화, 높은 윤리와 도덕성, 능
   동적인 시민적 지위의 발전.

우리는 정치, 종교, 상업적 이윤과 관계없는 독립적인 사회단체이다.
우리는 우리 단체의 목적 달성에 부합하는 활동을 하는 모든 단체들과
평등한 협력을 위해 개방되어 있다. 우리는 다른 사람들이지만, 많은
것들이 나라로 만들어주고 있다. 그것은 자기개발에 대한 관심, 우호,
의지 그리고 한국문화에 대한 사랑이다. 이 모든 것을 원한다면 동막골
로 오십시오!

◎ 김 안드레이-세르게이(Ким Андрей-Сергей)

사라토프고려인센터 《동막골》 회장이다.

안드레이 세르게이 김은 1986년 우즈베
키스탄공화국 호레즘주 우르겐차 마을에서
태어났다. 사라토프국립대학 컴퓨터 및 정
보공학부를 졸업했다. 전공은 컴퓨터 보안
이다.

사라토프에 위치한 예람(EPAM)사(社)
에서 프로그래머로 일하고 있다. 예람은 러

시아, 독립국가연합의 국가들, 중앙과 동유럽에 있는 소프트웨어 개발 및 솔루션 공급 업체 중 최대 규모이다. 2016년 5월 안드레이 세르게이의 주도로 사라토프고려인센터 《동막골》이 설립되었다.

◎ 모스크바고려인청년운동(МОЛОДЕЖНОЕ ДВИЖЕНИЕ КОРЕЙЦЕВ МОСКВЫ, МДКМ)

사회단체로 2017년에 설립되었다.

모스크바고려인청년운동은 공통의 이해와 공동의 목적 달성을 위한 권리 보호를 기반으로 설립되었으며 회원제에 기초한 자발적 청년시민 사회단체이다. 단체는 회원들 간의 평등, 합법, 공개, 자발성, 자치의 원칙에 입각하여 운영된다.

■ 모스크바고려인청년운동의 목적과 활동 유형

- 모스크바고려인청년운동의 주된 목적은 다음과 같다. 한국문화에 관심이 있는 고려인들과 다른 민족 청년들의 권리와 법적 이해관계 보호를 위한 공동행동 도모 및 러시아, 독립국가연합의 국가들, 유라시아 다른 국가들 청년들 간 우호, 상호이해, 상호협력 조성; 고려인의 자아정체성과 개발에 부응하는 강력한 단일 네트워크 구축; 전통의 보존, 전파.
- 모스크바와 전(全)러시아에서 한국문화에 대한 관심 고조를 위해 협력.
- 민족 간 관계 개선과 강화, 유라시아 지역의 통합 프로세스 강화와 유지 관리에 협력.
- 청년들의 사회, 문화, 애국, 정신 및 도덕적 발전의 조성, 사회 발

전을 위해 청년의 잠재력 극대화, 지역 봉사활동 추진, 자라나는
세대들에게 교과수업, 체육수업, 스포츠와 노동활동의 필요성 인
지 형성 등에 대한 협력.

• 나치주의, 반유대주의, 외국인 혐오증 및 기타 극단주의, 언어, 출
신 지역과 민족, 성, 국가, 경제적 상황, 이데올로기와 종교적 신념
에 따른 차별 방지.

◎ 배 파벨(Пай Павел)

파벨 파블로비치 배는 1995년 우즈베키스탄공화국 타시켄트주 얀기율리시에서 태어났다. 2008년부터 모스크바에서 살고 있다. 모스크바국립대학 지질학부를 졸업했으며 전공은 석회 및 해양지질학이다. 2017-2019년 모스크바국립대학에서 석유 및 가스침강을 전공으로 석사학위를 취득했다. 2018-2020년 모스크바국립대 투자비즈니스 최고스쿨에서 경영학으로 석사학위를 취득했다. 2017년 모스크바고려인청년운동을 설립했다.

◎ 상트페테르부르크고려인청년운동 스카이(МОЛОДЕЖНОЕ ДВИЖЕНИЕ КОРЕЙЦЕВ САНКТ-ПЕТЕРБУРГА SKY)

2018년에 설립되었다.

상트페테르부르크고려인청년운동 스카이는 상트페테르부르크 고려인 청년들의 주도 하에 설립된 단체이다. 상트페테르부르크고려인청년운동 스카이의 기본적인 이념은 문화, 창작, 비즈니스, 스포츠, 예술 및 기타 모든 분야에서 고려인 청년들의 발전과 단결을 도모하는 것이다.

우리 활동의 중요한 가치는 우리 사람들이다.

이 단체의 가장 중요한 과제는 흰원들의 개성의 발전과 잠재력 현재화이다.

단체 회원들 간 상호관계는 상호존중, 청렴, 개방과 상호이해의 원칙에 기초하고 있다.

우리는 우리 단체에 존재하는 따뜻한 분위기를 자랑스러워하며 참신하고 적극적인 청년들을 항상 반긴다!

우리는 다른 사회단체들과 동등한 협력관계를 발전시키는 독자적인 사회청년운동 단체이다.

3. 고려인 비즈니스클럽연합(ОКБК)

2016년은 독립국가연합과 러시아 고려인 청년들의 활동이 국제적 수준에서 드러난 해이다. 이미 오래 전부터 독립국가연합에 고려인 기업가들을 위한 플랫폼을 만들어야 한다는 아이디어는 오래전부터 있었으나, 그런 아이디어가 처음으로 논의된 것은 2016년 7월 8일 알마티

시에서 카자흐스탄인민회의의 후원 하에 카자흐스탄고려인 합동 포럼이 개최되었던 '우호의 집'에서였다. 포럼은 카자흐스탄과 한국 기업가, 다른 나라 출신 파트너들을 위한, 투자 유치 문제의 논의를 위한, 그리고 우호적인 비즈니스 환경의 발전 및 정성적 상호관계의 발전에 걸림돌이 되는 행정적 불편함의 해소 등을 위한 대화의 장이었다.

독립국가연합의 다른 나라들과 러시아도 이 포럼에 관심을 보였다. 이를 위해 2016년 9월 17일 키르기즈스탄에 조정위원회가 설립되었다. 가장 중요한 사건은 고려인비즈니스클럽연합 설립에 관한 양해각서에 서명을 한 일이었다. 회의에는 키르키즈스탄, 카자흐스탄, 우즈베키스탄, 러시아연방의 지도자들, 기업가들 그리고 다른 분야의 대표들이 참석했다.

고려인 기업가들의 차기 만남의 일정과 장소는 2016년 11월 18일 타시켄트였으며, 그곳에서 제2차 고려인비즈니스클럽연합 조정위원회가 개최되었다.

위원회에는 다음의 클럽들이 참가했다 :

　　1) 카자흐스탄 고려인연합 비즈니스클럽

　　2) 우즈베키스탄 고려인 사업가 클럽 «고려인.우즈(Koryoin.uz)»

　　3) 키르기즈스탄 비즈니스클럽 «비시케크 포럼(Бишкек Форум)»

　　4) 키르기즈스탄 비즈니즈연합 «프로그레스(Прогресс)»

　　5) 러시아 사업가들, 상트페테르부르크 김치클럽

2017년 4월 21-23일 진행된 2017년 독립국가연합 신세대 고려인 비즈니스 포럼의 범위 내에서 제3차 고려인비즈니스클럽연합회의가 개최되었다. 이 회의에는 러시아, 카자흐스탄, 키르기즈스탄, 우즈베키스탄과 우크라이나에서 200여 명 이상의 비즈니스협회 대표들, 기업의 사장들, 톱 매니저들이 참가했다. 포럼의 목적은 독립국가연합 국가들, 러시아 기업가들과 재외 한국인 기업가들의 상호협력을 위한 상설 대화와 정보 교환 플랫폼을 만드는 것이었다.

2017년 10월 6-8일 키르기즈스탄공화국에서 독립국가연합 고려인 비즈니스클럽연합 지역포럼이 개최되어, 지난 1년 동안 포럼의 활동을 결산했다. 이 포럼에는 독립국가연합 5개국에서 70명 이상의 대표들이 참석하였다.

회의 주최 측은 다음 8개 비즈니스클럽이 회의에 참석했다고 발표했다[3]:
1) 카자흐스탄 고려인연합 비즈니스클럽
2) 우즈베키스탄 고려인 사업가 클럽 «고려인.우즈(Koryoin.uz)»
3) 키르기즈스탄 비즈니스클럽 «비시케크 포럼(Бишкек Форум)»
4) 키르기즈스탄 비즈니스연합 «프로그레스(Прогресс)»
5) 러시아 사업가, 상트페테르부르크 김치클럽
6) 모스크바 비즈니스클럽 «선봉(Сонбон)»
7) 전(全)우크라이나고려인연합 비즈니스클럽
8) 연해주 비즈니스클럽 «원동(Вондон)»

고려인비즈니스클럽연합은 클럽 회원 수 증가로 고려인의 삶의 질 향상을 자신의 임무로 상정했다. 목적은 커뮤니케이션, 우호적인 교류, 사업 정보와 경험 교환, 공동 협력, 비즈니스 발전과 신사업안 입안 등의 현실화를 위해 고도의 전문성과 도덕성을 갖춘 비즈니스 지도자들의 단일 플랫폼을 만드는 것이다.

---

3) 고려인비즈니스클럽연합. 역사(Объединение корейских Бизнес-клубов. История) // 검색일. 2018년 11월 21일: https://okbk.club/history/

고려인비즈니스클럽연합의 과제는 다음과 같다:

　　1) 독립국가연합 고려인비즈니스클럽 간 대화 실현.

　　2) 해외국가들과 상호협력 비즈니즈에서 보다 효율적으로 상호작용할 수 있는 환경 조성.

　　3) 독립국가연합국가 내 고려인비즈니스클럽의 선전 및 발전.

　　4) 독립국가연합국가 내 고려인사회단체의 상호작용에 대한 조력 및 지원.

　　5) 국제펀드 및 장기적 사업안의 입안 및 발전.

고려인비즈니스클럽연합의 의의는 다음과 같다:

　　1) 나이, 지위, 재정 상태와 무관하게 고려인비즈니스클럽연합 회원들의 평등한 권리를 보장한다.

　　2) 고려인비즈니스클럽연합 회원들 간의 신뢰를 조성한다. 상호관계는 공정성, 투명성, 존중에 기초한다.

　　3) 고려인비즈니스클럽연합 회원들은 자신의 입장을 개진할 권리를 지니며, 모든 의견에 대해 인내와 이해의 자세를 갖춘다.

　　4) 고려인비즈니스클럽연합의 사회적 책임감: 고려인비즈니스클럽연합은 사회와 국가의 이익을 고려하는 사람들을 연결시켜주며, 자선활동에도 종사한다.

　　5) 고려인비즈니스클럽연합과 그 회원들은 정치와 종교에 관여하지 않고 어떠한 정치적 입장도 표명하지 않는다.

　　6) 고려인비즈니스클럽연합의 규율 준수: 고려인비즈니스클럽연합 회원들은 조직의 규율을 준수할 의무가 있다.

　　7) 끊임없이 발전하고 학습한다.[4]

---

4) 고려인비즈니스클럽연합(ОКБК) // 검색일: 2019년 1월 22일: Сайт: https://okbk.club/mission/

신세대 고려인 국제비즈니스포럼은 정기적으로 개최되고 있다. 제2차(2018)와 제3차(2019) 포럼이 상트페테르부르크에서 개최되었다. 2019년 개최된 제3차 신세대 고려인 비즈니스포럼은 다음 안건을 프로그램에 포함시켰다.[5]

1) 한국-독립국가연합-중국의 경제적 협력과 관계 개선.
2) 비즈니스 발전을 위한 우호적 플랫폼으로서 고려인비즈니스클럽 연합의 투자 유치.
3) 해외와 러시아 기업들에 대한 전략적 계획의 차별화 도모.
4) 인사 관리와 기업 활동의 효율성 재고를 위해 노력.
5) 국제비즈니스의 수단으로서 금융상품을 이용.
6) 비즈니스를 성공적인 프랜차이즈로 패키징하는 방법으로서의 프랜차이즈.
7) 비즈니스 분야에서의 위기 관리와 경제 안전.
8) 한국 기업가들 간의 투자, 무역 및 대외경제 관계, 그 외 비즈니스의 전반적 발전, 포럼에 참가한 각 개인의 성장과 직접적으로 관련된 기타 다른 주제.

고려인의 새로운 세대는 야심차고 광대한 규모의 과제가 제시하는 목적을 실행하기 위한 계획과 접근법을 지니고 있다. 고려인이 새로운 후세들은 독립국가연합의 회원국, 대한민국 그리고 중국 간의 대외경제 및 문화관계에서 반드시 필요하고도 충분한 가교가 되기를 바라고 있다.

클럽의 지도부들은 다음과 같다. 상트페테르부르크에 위치한 김치비즈니스 클럽의 임 세르게이 뱌체슬라프, 알마아타에 위치한 카자흐

---

5) 앞의 기사.

스탄 고려인연합회 비즈니스클럽의 김 뱌체슬라프 세묘노비치, 키르기즈 고려인 클럽 «비시케크 포럼»의 이 블라디미르 아나톨리예비치, 기업가 연합 «프로그레스»의 임 올렉 빅토로비치, 모스크바에 위치한 비즈니스클럽 «성원»의 김 드미트리 옝기예비치, 타시켄트에 위치한 클럽 고려인(Koryoin)의 김 뱌체슬라프 알렉산드로비치, 드네프로페트롭스크에 위치한 전우크라이나 고려인연합 비즈니스클럽의 박 표트르 블라디미로비치, 고려인비즈니스클럽연합 회장 주 콘스탄틴 겐나디예비치 등이다.

김치클럽의 회원 중 한 명인 베라 한은 고려인 청년들의 공통 의견을 다음과 같이 표명했다.

"여러 가지 동인들을 고려할 때, 우리는 새롭지만 비즈니스 발전에 매우 우호적인 환경에서 살고 있다고 말할 수 있습니다. 우리 고려인 신세대 사업가들은 우리의 부모나 할아버지, 할머니 세대들처럼 더 이상 살아남아 일어서려고 노력할 필요가 없습니다. 우리는 아이디어로 가득 차 있으며, 발전하고, 서로 정보를 나누며, 우리 선조들의 세기에 걸친 경험에 기초한 상태에서 그 경험을 다른 나라에 있는 우리의 형제자매들과 교환함으로써 우리의 장래 사업을 구축하고 우리 아이들의 전반적인 발전을 위해 플랫폼을 만들 수도 있습니다."[6]

6) 김 A. 독립국가연합 신세대 고려인 비즈니즈 포럼. 2017(Ким А. Бизнес-форум нового поколения корейцев СНГ. 2017) // 검색일: 2019년 1월 21일: https://koryo-saram.ru/biznes-forum-novogo-pokoleniya-korejtsev-sng-2017-3-e-sobranie-obedineniya-korejskih-biznes-klubov/

결론

　본 프로젝트를 위해 자료를 수집하는 과정에서 많은 사람을 만났고 인터뷰를 했으며 러시아고려인의 역사에 대한 강의를 들었다. 고려인 청년은 자기 선조들의 역사, 자신의 뿌리에 대해 엄청난 흥미를 가지고 있다. 그들은 이미 고려인 4-5세대임에도 불구하고 윗사람에 대한 존중, 부모에 대한 공경, 노동에 대한 사랑, 검소함 등 유교적 전통을 간직하고 있다.

　어른들은 청년세대를 과소평가하고 있다는 사실을 인정해야만 한다. '아랫사람은 윗사람들에게 무조건 복종해야 한다'는 유교적 전통은 윗사람들이 청년들을 다른 시각으로 바라볼 수 있는 가능성을 차단한다. 청년들은 윗세대보다 현명하고, 합리적이고, 계획적이며 독립적이다. 청년들이 발전하기 위해서는 그들에게 전폭적인 신뢰를 보내고 물질적으로 도움을 주어야할 뿐만 아리나 경험도 공유해야 한다.

　여기에 젊은 학자 및 청년운동의 지도자들과 진행한 인터뷰 중 일부 구절을 인용하겠다. 그들은 자신들의 정체성, 역사적 모국인 한국, 한국인으로서 자신에 대해 다음과 같이 언급했다.

지리학자 엄 파벨과의 인터뷰 발췌문:

"우리는 러시아에서 교육을 받았고 러시아대학을 졸업했습니다. 우리는 학업의 전 과정을 러시아에서 마쳤습니다. 그래서 우리는 50%는 러시아인이고, 50%는 한국인입니다. 우리에게는 이곳 러시아와 저곳 한국에서 모두 타자라는 모순된 상황에 놓여있습니다. 한국에서는 우리를 다소 이방인처럼 바라봅니다. 러시아에서는 내가 러시아에서 태어났고 러시아 사회의 일원임에도 불구하고 중국인으로 보기도 합니다. 게다가 가끔 나는 내가 한국인과 러시아인 모두에게 이방인라고 느낍니다.

한편 발전에 대한 항시적인 욕구가 나를 자극한다는 것은 큰 장점입니다. 우리에게는 한국인의 성실함과 러시아어에 능통하다는 재산을 가지고 있습니다. 우리는 러시아 학교에서 인생을 배웠기 때문에 보다 더 합리적이며, 따라서 어떤 상황에도 빠르고 유연하게 대처할 수 있습니다.

현대 남한 사회는 인구통계학적으로 노령화와 인구 감소라는 큰 문제를 안고 있습니다. 인구통계학적 전망에 의하면 2050년 남한의 인구는 큰 폭으로 감소할 것이고 노인 부양으로 인한 세금은 큰 폭으로 증가할 것입니다. 인구 노령화로 발생하는 이런 문제는 유사한 인구 재생산 모델을 아직 실행하지 않은 외국인의 유입을 통해 해결할 수 있습니다. 이러한 관점에서 러시아고려인은 한국의 구명정이라고 할 수 있습니다.

우리는 민족적으로 동일합니다. 아직 한국에는 고려인들에게 도움을 줄 수 있는 재정적 가능성이 있습니다. 한국은 고려인들이 언어를 배우고 한국사회에 적응할 때 전폭적인 지원을 해야만 할 것입니다. 우리를 통해 한국은 노령화와 인구 감소 문제를 해결할 수 있기 때문입니다.

우리 고려인에게 가장 큰 문제는 한국어를 모른다는 점입니다. 이로 인해 대다수의 고려인은 저임금 노동에 종사할 수밖에 없지만, 만

약 한국어에 능통해진다면, 그땐 얘기가 완전히 달라질 것입니다….[1]

공학 박사 조광춘(최 드미트리)에 대하여

남사할린 출신의 드미트리의 가족은 그가 어릴적부터 한인이 실질적으로 살지 않는 도시 지역에서 살았기 때문에, 한인들과 거의 교류가 없었다는 사실이 이상할 바 없다. 모스크바에서 학교를 다녔던 그에게는 고려인 친구역시 없었으나, 한인 가족과 러시아인 가족에서의 생활양식에 차이가 있음을 늘 느꼈다.

모스크바에너지공과대학을 다닐 때, 그는 방학동안 집에 다녀온 것을 제외하면 한국 문화와 단절되어 있었다. 이런 생활은 그가 박사과정을 마치기 직전인 2004년까지 계속되었다. 박사 과정에 있던 조광춘은 모스크바사할린고려인협회에서 활동하기 시작했다.

그는 청년사회의 방침을 선도하며, 사회활동의 첫걸음을 모스크바에 있는 동포들과 함께 시작한 것이었다. 청년 파티, 축제, 자연으로의 여행 조직 및 그가 참가하여 이루어진 다른 활동들은 그에게 행정적 업무를 위한 값진 경험이 되었다. 그곳에서 그는 미래의 자기 부인을 만났다. 그는 고려인 청년들이 서로 교류하면서 생동감 있고 진정한 관심을 보이는 것이 무척 흥미로웠다. 그런 만남에 대해 고려인 청년들이 감사해 한 것이 이후 그가 이런 방향의 활동을 지속적으로 발전시키게 된 주요한 동기로 작용했다.

긴 단절의 기간 이후 찾아온 사회활동으로 그는 내부에서 잠자고 있던 한국인으로서 자아정체성에 대해 눈을 뜨게 되었다. 마침 그는 한국인과 러시아인 중 자신을 누구로 인식하고 있는가의 문제에 직면했다.

---

1) 엄 파벨. 한국을 위한 구명정 // 러시아고려인(Эм Павел. Спасательная шлюпка для Кореи // Российские корейцы). №12 (185). 2018년 12월.

모국어로서 러시아어, 유치원, 초중고등학교, 대학교까지 같이 생활해온 러시아 친구들과 연결된 러시아인의 정서가 말할 것도 없이 더 크게 느껴졌다. 그에게 러시아는 유일한 조국이다. 하지만 그의 부모님에 의해 가족 전통과 관습으로 굳어진 한국 문화, 가정, 친구 관계, 위계질서 등에서 웃어른들에 대한 태도는 그의 삶에서 불가분한 일부가 되었다.[2]

고려인과학기술협회 회원(АНТОК) 넬랴 김(Неля Ким) 인터뷰 발체문:

선조들의 전통을 보존한다는 것… 전통은 정신적 보물입니다. 전통을 보존해야할 필요가 있는가라는 문제에 대해 논쟁을 할 수도 있습니다… 신성한 것에 돌을 던지기를 원하는 사람들은 매우 많습니다. 그들은 시간은 앞으로 나아가며 새 시대는 새로운 정신과 자유를 원한다고 말합니다. 하지만 세대와 나이를 초월하여 즉 모든 것에 물음표를 던지는 청년들부터 철학적으로 삶을 조망하는 나이든 사람들까지 모두에게 다 같이 전통은 지혜 그 자체이고 보존할 가치가 있다고 생각한다. 인간의 정신적 가치는 민족의 토양 위에서 문화화 됩니다. 한 민족의 구성원들이 모국 이외의 곳에서 집중적으로 거주하는 지역에서는 전통을 아주 소중하게 생각합니다.

파벨 박(Павел Пай), 모스크바고려인청년운동(МДКМ) 회장

"왜 단순한 청년단체가 아니고, 다름 아닌 고려인 청년단체인가?"

답은 간단합니다. 고려인만이 눈치가 무엇인지, 그리고 왜 그것이 우리에게 필요한지 것인지 이해할 수 있습니다.

우리는 러시아고려인만 받아들이는 폐쇄된 조직이 아닙니다. 우리는

---

2) 조관춘. 자신에 대한 메모. 송잔나의 문서(Чо Гван Чун. Заметки о себе. Архив Ж.Г. Сон). 2018년 9월.

우리의 역사, 문화, 전통에 관심이 있는 모든 사람들에게 열려있습니다.

자신과 비슷한 사람들과 같이 활동하고 교류하는 것이 더 편안하고 그때 자신이 누구인지 깨닫게 됩니다. 물론 고려인이라는 고민을 가지고 있는 사람들을 때로는 자존심, 쓸모없고 불합리한 '자랑감'과 같은 문제를 가진 사람들이라고 말할 수도 있습니다. 하지만 고려인들은 성실하고 열정적이며 원하는 바를 이룰 수 있는 능력이 있고 매우 교양 있으며 지혜롭습니다. 긍정적인 모든 순간들을 하나로 결합하여 올바른 방향으로 나아가도록 하기 위해 우리는 모스크바고려인청년운동을 설립했습니다.[3]

안드레이 세르게이 김, 사라토프한인센터 «동막골» 회장

"저는 전통적인 고려인 가정에서 교육을 받았습니다. 많은 고려인들처럼 저는 돌, 중매, 한국식 혼례, 환갑, 장례식, 제사와 같은 모든 것을 보면서 자랐습니다. 저는 원래 무신론자이지만, 한국 전통에 대해서는 종교와 비슷한 느낌을 가지고 있어서 아무 이유도 없이 그저 필요하기 때문에 무언가를 해야 할 때도 있습니다. 가령 매해 추석과 한식이 되면 저희는 산소에 가서 차례를 냅니다. 저는 솔직히 이런 것을 왜 해야 하나라는 생각을 하기도 합니다. 외국에서는 말할 것도 없지만 한국에서도 일부 한국인들은 이미 차례를 지내지 않는다고 합니다. 내세를 믿지 않는다면 왜 차례를 지낼까? 그건 그저 필요하기 때문입니다. 그 날 산소에 갈 수 없다면 집에서 차례음식으로 차례상을 차리고 절이 아니라 인사만 하면 됩니다."[4]

---

3) 배 파벨. 자신에 대한 메모. 송잔나의 문서(Пай Павел. Заметки о себе. Архив Ж.Г. Сон). 2018.

4) 안드레이 세르게이 김. 자신과 동시대인에 대하여. 송잔나의 문서(Андрей-Сергей Ким. О себе и современниках. Архив Ж.Г. Сон). 2018.

러시아의 청년들은 소련 해체 이후 태어나고 자란 매우 다른 세대이다. 그들은 1990년대 초에 빵을 사기 위해 긴 줄을 서지 않았다. 그들 세대는 2000년대의 스킨헤드들과 충돌하지도 않았다. 이 세대는 **진정한 글로벌 시대**에 자랐다.

이전에도 글로벌리즘이 존재했다. 그러나 두 체제의 대립, 즉 (자본주의와 공산주의)양극의 대결이 그것의 심화를 심각하게 억제했다. 이제 세계는 점점 더 단일한 정보, 경제 및 정치시스템으로 변모하고 있다. 경제 분야에서 국제적 수준의 합작회사들이 만들어지고 있다. 고려인들은 소연방의 해체 이후의 공간에서 단결을 통해 한편으로는 비즈니스를 위해 넓은 기회와 전망이 열려 있는 가능성, 그리고 다른 한편으로는 다른 나라 출신의 한인들을 통일시킬 수 있는 방법에 도달했다. 다른 나라 출신의 한인들을 위한 통일된 경제적 공간을 창출하는데 기여한 것은 대한민국의 사업가들이었다. 이런 아이디어는 CIS 회원국과 러시아 전역으로 빠르게 퍼져 나갔고, 젊은 고려인 사업가들의 지지를 받았다. 이러한 사안과 관련하여 고려인들의 역사적 모국인 대한민국과 고려인들의 이러한 통합 현상을 조명하는 것이 중요하다고 판단하여 우리는 우리 연구의 지리적 범위를 넘어섰다.

소련 해체 이후 공간에서 고려인 청년들은 민족 정체성의 위기에서 벗어나 스스로 조상의 역사와 문화, 그리고 잃어버린 한국어에 대한 큰 관심을 보이면서, 고려인으로서 자신의 자아인식과 사고방식을 견고하게 만들고 있다. 많은 가정에서 세대들 간의 계승과 민족전통, 어른에 대한 존경, 공부에 대한 욕구, 성공적인 경력 등이 보존되고 있다. 대한민국의 여러 기관과 단체, 개인들과의 접촉을 통해 고려인으로서의 정체성이 풍부해지고 있다고 말할 수 있다.

오늘날 모든 회사의 문호가 러시아어를 구사하는 한인들에게 개방되어 있으며, 기업과 조직이 기꺼이 그들을 채용하고 있는바, 고려인이 되는 것이 자랑스럽다. 고려인들은 근면성, 융통성, 합리성, 준법성, 어떤 상황에서든 주어진 여건에 대한 신속한 대응으로 러시아 사회의 존경을 받고 있다. 젊은이들은 자신의 역사와 조상, 그리고 그들이 고려인이라는 사실을 자랑스럽게 생각하고 있다.